创业的必修课系列

U0731623

管好员工这几招就够

（图解实操版） 雄信文化 编著

清华大学出版社

北京

内 容 简 介

90 后面试为何总是爽约？

90 后管理为何让人头疼？

90 后的稳定性为何奇差？

90 后离职为何居高不下？

这是一本针对 90 后员工管理的书。90 后个性鲜明，有主见，喜欢天马行空，是时代的进步和环境的变化让他们具备这种自我意识强烈的性格。企业管理者不能故步自封，要用一种行之有效、与时俱进的管理模式让 90 后员工心悦诚服。

本书通过 9 大专题内容、60 多个管理招数、80 多个案例、300 多幅图片，详细地阐述了高效、实用的创新管理方法，让管理者成功"hold"住 90 后员工，打造一支忠诚的新生代团队。

本书内容包括：90 后的职场现状；制度管理，明确方向；权威管理，赢得尊敬；温情管理，以人为本；考核管理，量化效率；批评管理，以心换心；激励管理，点燃激情；沟通管理，和谐人际；授权管理，解放自己。

本书不仅适合准备创业或者正处于创业中的管理者们阅读，也适合与 90 后有接触的管理者、人事类管理人员以及对 90 后这个群体的管理感兴趣的读者阅读。

图书在版编目(CIP)数据

管好员工这几招就够(图解实操版)/雄信文化编著. --北京：清华大学出版社，2016

(创业的必修课系列)

ISBN 978-7-302-42525-0

Ⅰ. ①管…　Ⅱ. ①雄…　Ⅲ. ①企业管理—人事管理—图解　Ⅳ. ①F272.92-64

中国版本图书馆 CIP 数据核字(2016)第 000888 号

责任编辑：杨作梅

装帧设计：杨玉兰

责任校对：吴春华

责任印制：王静怡

出版发行：清华大学出版社

　　　　　网　　址：http://www.tup.com.cn，http://www.wqbook.com

　　　　　地　　址：北京清华大学学研大厦 A 座　　　邮　编：100084

　　　　　社总机：010-62770175　　　　　　　　　邮　购：010-62786544

　　　　　投稿与读者服务：010-62776969，c-service@tup.tsinghua.edu.cn

　　　　　质量反馈：010-62772015，zhiliang@tup.tsinghua.edu.cn

　　　　　课件下载：http://www.tup.com.cn，010-62791865

印 刷 者：北京鑫丰华彩印有限公司

装 订 者：三河市溧源装订厂

经　　销：全国新华书店

开　　本：170mm×240mm　　印　张：21.75　　字　数：435 千字

版　　次：2016 年 3 月第 1 版　　　　　　　印　次：2016 年 3 月第 1 次印刷

印　　数：1～3000

定　　价：49.80 元

产品编号：062731-01

1. 写作驱动

作为一名管理者，你是否为 90 后员工流失率高而束手无策？

你是否曾经试图通过自己的努力去读懂、用好 90 后员工，却发现收效甚微？

你是否常常对 90 后的行为和态度感到难以理解？

你是否常常这样问自己，面对 90 后这个充满个性的群体，到底该用怎样的管理模式才能进行有效的管理？

......

我想，这些问题每天都在困扰着企业管理者。

因此，我们要探讨的是当管理者面对 90 后的种种特征，以及这些特征给管理者带来的重大挑战时，要如何将管理进行下去。

人们常说管理是一门艺术，同样起点的人，由于天赋和努力程度的差别，往往会产生不同的管理效果。我认为，在 90 后管理的这门艺术上，可以分为以下 3 种不同的管理效果。

合格：可以"hold"住 90 后员工的合格管理者。

优秀：被 90 后员工喜爱的优秀管理者。

卓越：可以帮助 90 后员工成功的卓越领导者。

作为一名管理者，你希望自己达到哪种效果？或者是你希望自己成为哪种人？

当你捧起这本书的时候，请你先进行自我审视，想想你曾经是如何管人的；当你读完这本书的时候，请你停下来自我审视，想想哪些你已经做到，哪些你可以做到，哪些是你未知的盲区。只有清晰地了解自己当前的状态，才能更好地提升自己的管理目标。

2. 系列图书

为了帮助创业的新手朋友能够一开公司就赚钱，避免走弯路、错路，浪费时间和精力，创业十五年的雄信团队，精心策划，将自己的经验汇集整理，编写了本套"创业的必修课系列"图书，帮助创业的朋友解决各方面的问题，主要品种如下。

- 新手这样开办公司(图解实操版)；
- 每天学一点销售学(图解实操版)；
- 制度才是真正的老板(图解实操版)；
- **管好员工这几招就够(图解实操版)；**

- 轻松成为财务内行(图解实操版);
- 企业融资借贷全攻略(图解实操版)。

3. 本书内容

本书为"创业的必修课系列"中的《管好员工这几招就够》(图解实操版),主要内容是 90 后的职场现状;制度管理,明确方向;权威管理,赢得尊敬;温情管理,以人为本;考核管理,量化效率;批评管理,以心换心;激励管理,点燃激情;沟通管理,和谐人际;授权管理,解放自己。

4. 作者售后

本书由雄信文化编著,同时参加编写的人员还有贺琴、刘雄宇、颜信、杨侃滢、谭贤、柏松、谭俊杰、徐茜、苏高、张瑶、李四华、刘琴、周旭阳、袁淑敏、谭中阳、杨端阳、徐婷等人,在此表示感谢。

由于作者知识水平有限,书中难免有错误和疏漏之处,恳请广大读者批评指正,联系邮箱:itsir@qq.com。

目录

第1章
90 后的职场现状

学前提示

90 后，这群古怪、张扬、叛逆的"时代星人"，正肩负着几代人的质疑走进职场，作为信息时代的第一批体验者和改革开放的第一代受益人，这群被打上"玩酷""小鲜肉""非主流""火星文"标签的时尚者，会在职场里发生哪些有趣的事迹？他们又能给企业带来什么？

要点展示

90 后的"奇葩"应聘

90 后的职场现象

90 后的人格和行为分析

抛弃过时的管理模式

1.1　90 后的"奇葩"应聘

在大多数人眼中，"90 后"并不是一个绝对的褒义词。有人认为他们过分自我、追求个性、功利心强且缺乏信仰，有人则认为他们年轻、活跃、勇于挑战新鲜事物。自改革开放以来，中国成功地从计划经济体制转入市场经济体制，人们的观念产生了巨大变化。作为信息时代的第一批体验者，90 后比 80 后、70 后等更早地赋予时代标记——追求物质、重视自我，过早接触社会和成人世界，时常洋溢着自信的光辉。

常常有这样的词语形容他们——"愤青""迷惘的一代""啃老族"。这些颇具贬低意味的词就像一面放大镜，把他们的缺点扩大在人们的视野中。然而，他们仍旧一往无前。

一个时代的变革，终究需要有人担起属于他们的重负，每个时代的人都会打上标志这个时代的鲜明烙印。正因为如此，初入职场的 90 后才会表现出更为标新立异的一面，在求职过程中，那些"无厘头"式的应聘方式总是让人事部门主管瞠目结舌又哭笑不得。

1.1.1　面试，想爽约就爽约

很多人事部经理都会遇到同一个问题，那就是频频被 90 后应聘者爽约，而且爽约的理由还千奇百怪，下面给大家一一罗列。

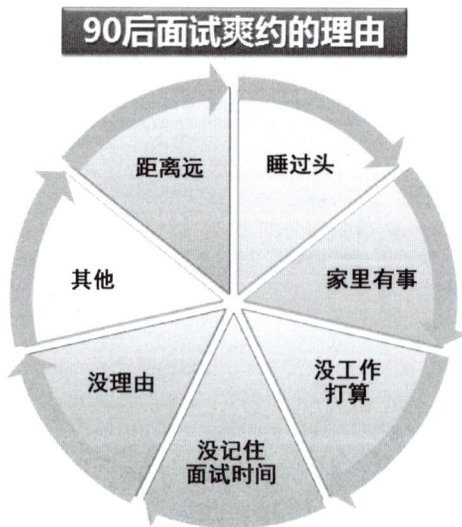

1. 距离远

很多人会因为距离太远而拒绝面试，这很正常，但是现在的 90 后却是在答应了面试之后，以这个作为爽约的理由。

一家公司的人事部经理在招聘新员工时就遇到了这样"奇葩"的事。他看了一个 90 后毕业生投的简历后，觉得合适就给对方打了电话，询问过一些基本情况之后，知道对方住的地方离公司比较远，他便特意在电话里强调了路程的问题，但对方不以为然，坚定地表示没有关系，于是人事部经理就把这次面试定了下来，并且通知了老板。

到了下午，经理提前打电话告知对方如何坐车，一个半小时后，对方打来了电话，说他已经下了公交车，询问接下来该怎么走，经理给他指明了路线，对方一听，突然来了一句："不去了，太远，不认识路。"经理被这句话"雷"得半天说不出话来，明明只要再步行 10 分钟就能到公司了，而且不认识路问问周围的人就可以了，他竟然丢下一句"太远，不认识路"就掉头走人。

对此，经理感到很不可思议，他说："他都已经到附近了，居然这点路途嫌遥远，而且老板特意抽出时间来准备这场面试，他都到门口了，说不来就不来了，实在无法理解现在的年轻人的想法。"

2. 睡过头

爱睡懒觉是 90 后的通病，他们没有时间观念，常常是"睡到自然醒"。

早上九点一刻，张经理准时走进自己的办公室，他开始收拾桌子，为即将到来的面试做准备，这次面试的对象是一名 90 后，刚刚毕业没多久，虽然没有什么工作经验，但是专业很符合公司的要求，因此张经理对此次面试还是比较期待。

九点半，张经理蹙着眉头拿起了电话，拨了对方的号码，电话响了很久才被接起，一丝模糊不清的声音从电话里传过来："喂？"好像还没睡醒的样子。张经理一愣，接着便开门见山，直接询问对方没有准时来参加公司面试的原因。

"对不起，我睡过头了。"对方很坦然地说道，然后说了几句就匆匆把电话挂了，工作了这么多年的张经理也有些不淡定了，他说："工作这么多年，遭遇应聘者面试爽约，很正常，但是90后应聘者给我的爽约理由永远是最无奈、最让人哭笑不得的。"

3. 家里有事

"明明电话里答应得好好的，时间、地点也都交代清楚了，但是到面试时间点了，人影都看不到。"一家私营企业的人事部门主管忍不住摇头，感慨地说，"现在的90后太有个性了，面试不来也不打招呼，让人白等半天后，一个电话过去询问，才知道家里有事不来了，问是什么事，结果憋半天，说是朋友过生日。"

4. 没工作打算

某家私企的王经理在网上看中一个90后的简历，就打电话邀请对方来公司面试，对方答应了。可第二天，王经理没有等到对方，就打电话过去询问，对方竟然告诉他："目前还没有工作打算。"

"既然没有工作打算，还在网上投简历干吗？而且邀请他来参加面试的时候，就应该考虑清楚，如果没有这个打算，当时就应该说清楚，答应了又不来，实在是很耽误双方的时间。"王经理表示，这个月他经历的90后面试爽约不低于5次。

5. 没记住面试时间

"90后面试爽约的理由千奇百怪，虽然每个时代都会遇到这样的人，但是90后给我的感觉最为强烈。"某公司的人事部王小姐表示，"我每个星期都会遇到面试爽约的人，上次有个90后女孩给我们公司投了简历，我邀请她星期三早上十点来公司参加面试，女孩在电话里答应得很爽快，结果她爽约了，然后我打电话向她询问爽约的理由，她说她忘记面试的时间了。"

"我后来也反思过，是不是自己在电话里没有表述清楚，从那之后，我对每个应聘者，都会以短信的方式提醒他们面试的时间和地点，但是即使这样，这种情况还是会发生。"

6. 没理由

谈到 90 后面试爽约的问题，一家公司的人事部经理无奈地表示："每次约定好了面试时间，10 个里面就有三四个不来的。"

公司通常会有很多招聘的渠道，每到毕业季，用得最多的还是招聘会，学生们在递交简历的时候，通常表现得非常积极，但之后人力资源部门组织面试时，就会有一批人爽约，爽约的理由各种各样，最直接的是有一个男孩直接在电话里说："没理由。"

很多企业应该都面临过这样的尴尬，90 后这种"无组织无制度"的表现往往让人事部门主管头疼不已。除了上面所罗列的爽约理由外，还有一些让人哭笑不得的理由，譬如，路上遭遇小偷，身体不舒服等，甚至有的直接说要去其他公司面试。

大千世界，无奇不有，尤其当企业遇上 90 后这个集体，各种"乱""散"的问题就更加凸显。曾经，管理者的重心主要放在如何有效地利用和合理地开发员工的潜能问题之上，如今，如何将新一代的 90 后收纳旗下，并且让之服从公司管制成了管理者面临的新问题之一。

1.1.2 很"萌"也很"纯"：公司有美女帅哥吗

在如今这个多元化的社会，"颜值爆表""小鲜肉"等词经常出现在新生代的网络用语里，这类别具一格的新型词汇在 90 后的群体中广泛流传，被他们喻为脱离老套、追求新鲜感的一种手法。而进入职场，90 后更是带着这样一种基调把面试官当场给"雷"住。

"公司帅哥多吗？"历史经验告诉这位国企的人事主管，面对 90 后，要冷静地从他们那些表述无章的话语中得出他们的需求标准，然后从容应对。尽量忽略他们那种眼高于顶、过度强调自我的谈话内容。尽管心理准备已经充足，然而对方一开口，还是将他"雷"住了。

与颜值高的同事一起工作，竟然也成为 90 后的择业标准之一了？

这样的提问真是让用人单位哭笑不得。在这个看脸的时代，90 后表现出来的常常是一种甚为直率而缺乏深度的行为，这正是由于每一代人所处的时代背景、社会环境和生活条件的不同，使他们在需求层次、生活态度和行为准则上存在着各种差异。这样的差异，造成他们与前代人之间出现了一条不可逾越的鸿沟，同时加速了这个时代多元化的进程，增加了多元化的产物。

1.1.3 有 offer，也玩跳票

令人事部门管理者头疼的另一个问题是：90 后拿到 offer 也跳票。

一家互联网公司，去年发出将近 100 份 offer，真正到位的却不到 40 位，offer 跳票率高得出奇。有的 90 后拿到 offer 之后态度挺好，可是等企业盖了实习鉴定章之后，就默默无闻地走了。这样的行为总是防不胜防，最终只能紧急招聘补救，白白浪费了公司的人力、物力资源。

90 后的感性十分张扬，理性的反思却略为不足。中国传统的价值理论主要涉及道义之利，理性之欲，而现在对 90 后影响深远的是全球化、功利主义、消费主义和非理性主义，所以他们的价值理论主要体现在实用哲学文化里。因此，他们不看重未来 3 年、10 年，而看重现在，看重自我。

"任性"成为 90 后的口头标语，任性的行为更是层出不穷。而在企业，难以觉察的变化就像一条横亘在他们与管理者之间的河流，当 90 后对于未来的预期并不那么准确时，他们会根据自身的理解，选择一条自己想要走的路；管理者在河对岸向他们招手，他们可能不顾一切，跋涉过去，也可能只是挥挥衣袖，转身离开。

1.1.4 家长陪同应聘

招聘会上遇到家长陪同子女来应聘的也屡见不鲜。某企业人事部的王女士说道："遇到这种现象，我们也能理解，但是在过程中会关注孩子的反应，很多话题都是父母在主导，孩子默默站在一边，一句话都不说，这种缺乏独立性、娇生惯养的毕业生我们是不会考虑的。"

王女士表示，父母对子女求职不放心，一起陪同前来能够理解，但是父母全程都在干预子女，听到公司比较远、工作要加班比较辛苦后，就问也不问孩子的意见，果断拒绝了，这不禁让人怀疑——"究竟是谁来工作？"

还有面试官接到的简历是中年大叔、大妈投递的，他们拿的是自家孩子的简历，给出的解释是"孩子实在没时间过来"。

1.1.5　90 后的求职特征

除了上文介绍的应聘经历外，管理者还遇到过很多让人哭笑不得的 90 后求职者，下面来看看 90 后的求职特征。

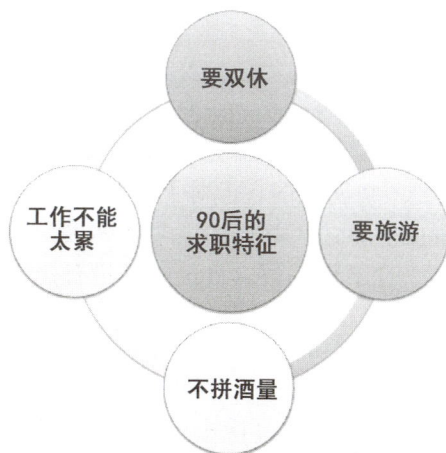

1．要双休

"入职后有双休吗？"这是 90 后求职者最看重的问题，很多面试官对此不解，"很多人最看重的是工资，为什么 90 后却最关心双休的问题呢？"

90 后的回答是:"现在社会的生活节奏太快,工作压力太大,没有双休缓释压力,很容易损害健康,很多人为了多赚一点钱,放弃自己应有的双休权利,长此以往,工作没几年就把身体搞垮了,我们不愿意为了工作放弃健康,劳逸结合的生活才是我们想要的。"

2. 要旅游

除了双休之外,90 后求职者最关心的问题是企业是否有旅游等福利。

"旅游可以放松身心,开阔眼界,洗涤我们的心境。"一位 90 后求职者对面试官说,"旅游能够让人快乐,毕竟工作是做不完的,但是这个世界的精彩却是无限的,不明白为什么那么多人几年才出去一次,我希望在我有生之年能够游遍祖国的大江南北,这样到老了也是一种回忆。"

3. 不拼酒量

对于职场老人来说,和客户出去应酬交际是再普遍不过的事,很多应酬都以饭局为主,在饭局上喝酒也是不可避免的。但对于刚出学校的 90 后职场新人来说,喝酒是一件非常有害身体健康的事,因此他们大多不愿接受要喝酒应酬的工作,一位刚毕业的 90 后女生说,"我不想去尝试自己的酒量有多大,如果是要拼酒量的工作,我宁肯不要。"

4. 工作不能太累

谈到工作,90 后小宇这样跟面试官说道:"我可以接受挑战,但是不能太苦太累。"面试官感到十分诧异,问道:"如果一份高薪工作,但是必须要能吃苦,你也会因为这个理由拒绝吗?"小宇挠挠头,想了想点点头道:"是的,太苦太累的工作很容易把身体搞垮,我觉得那样的工作并不适合我,就算赚了很多钱,但是以健康作为代价,我觉得划不来。"

不能接受太苦太累的工作是很多 90 后求职者的想法,这一代人似乎没有吃苦耐劳的精神，他们大多数是在小康家庭里长大，没有太大的生活压力，在这样的家庭环境中长大的 90 后，似乎比老一辈的人更注重自我内心的感受。

1.1.6　90 后"雷人"的简历

在招聘会上，我们常常会看到简历满天飞的景象，而其中有不少的 90 后求职者为了博人眼球，使出浑身解数，把简历做得噱头十足，甚至有些简历直接把人事经理给"雷"住了。

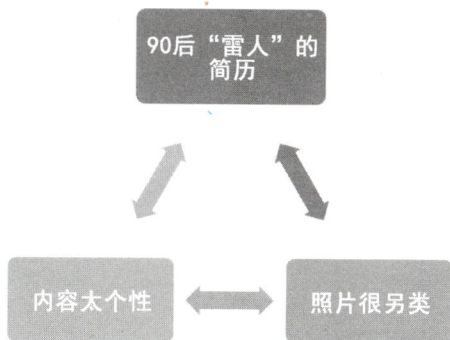

1．内容太个性

90 后的简历，最大的问题当然就是太个性化，"在我们那个年代的人群认知里，简历不是一个需要渲染装饰的艺术品，它是一个很庄重的东西。这就相当于求职者给面试官留下的第一印象，如果简历太个性，会让人觉得这人轻浮、急躁，能不能胜任，还需要斟酌。"某公司人力资源部的王经理如是说道，他还列举了很多典型的例子。

公司从邮箱里收到求职者的简历，第一个看到的就是发件人的名字，一打开就让人吓一跳，比如"我是二次元""向钱看""何必迷恋姐""小骚年""优雅的畜生""鸟人一族"等。

有的刚毕业不到一年，要求月薪 5 万元；有的在简历最上方写着：复合型人才，走过路过不要错过；在校期间奖惩情况上写着：在校期间多次获得康师傅"再来一瓶"奖励；自我评价栏上写着：没什么学历，没什么特长，就是人长得漂亮。更让人郁闷的是，有的简历上除了姓名、电话和 QQ 以外什么都没留下，备注还注明"非诚勿扰"；有的留下了 QQ，却没留下电话，还注明"加我好友时请注明招聘字样"。

很多简历内容都没有围绕专业或者技能去描述，常常用词不当，形式过于夸张，不像是给面试官看的正式简历，更多地像是一部个人传记，充满"传奇"色彩。

2．照片很另类

90 后简历中另一个亮点就是照片，一些女生把简历上的照片用图像处理软件美化过后，投递到公司，由于本人和照片上的样子相差很远，常常让人事经理感到震惊不已。有一位女大学生就因为这个原因，公司对她的诚信产生了怀疑，最终被淘汰。

除了美化照片以外，还有的应聘者把照片设计得非常出彩，譬如，穿着稀奇古怪、光鲜亮丽的衣服，就像参加时装秀一样；表情浮夸，肢体语言丰富，就像在搞行为艺术。这种照片不仅不正式，而且还很"非主流"，让人觉得不像是求职的照片，反而更像一种自我宣传。

对于这类充满个性的简历，王经理表示："年轻人有个性能理解，但是如果连一份简历都不能严肃对待，难免会被冠以一种只会玩而不会做正事的形象，就算是个人才，公司也不敢要。至于所谓的博人眼球、吸引人事经理关注的说法，其实没必要通过这种方式达到，一个自信、有能力的求职者，自然会吸引面试官的注意，面对这类标新立异的简历，我们看到的瞬间就会放弃。"

虽然以上所举的案例并不代表所有 90 后求职者，但是从某种程度上，我们依然能够撞见这代人的个性、潮流思想的影子，这种追求自我、个性张扬的特点，让很多企业对 90 后求职者望而却步。

此外，很多专家针对正在求职的 90 后提出建议，首先调整好心态，重新定位自己，不要好高骛远，然后踏踏实实地接受培训，同时减少对父母的依赖，靠自己的能力去适应社会。

1.2　90 后的职场现象

90 后逐渐成为未来职场的主体，社会变化的速度令人晕眩，代与代之间，出现了明显的断裂痕迹，企业与员工之间的工作模式正逐渐演变为一场心灵契约。在管理者眼中，90 后员工行事往往带有浓厚的情感色彩——不愿加班，为失恋辞职，不求高薪求快乐……这些行为给管理者留下了深刻印象，有人称之为"情绪劳动力"，下面让我们看看 90 后的几种常见的职场现象。

1.2.1　对加班说"NO"

加班对于大多数人来说都不陌生。任何行业，任何企业和单位，因为某些不确定因素的存在，往往需要加班。然而，"朝九晚五"是很多 90 后的心声。

刚毕业的大学生小刘就是这样的典型代表。到了下班时间就走人，不会因为手头上的工作没有完成而留下加班。她说："我喜欢'朝九晚五'的生活，我对工作最大的期望就是有周末，不用加班。在老一辈人的眼里，加班也许是一种乐趣，但是在我眼里，加班是我痛苦的源泉。"她把工作和生活彻底分离开来。

在一次百人座谈会上，主持人让在座的 90 后大学生写下自己求职选择中最看重的因素，结果有一名大学生在一片谈论声中一鸣惊人——"要假期！"这让座谈会的主办人很不解，在列举的众多的具有影响力的因素中，并没有假期一项。而该同学看重假期的理由是：工作压力大，所以要尽情地玩。

加班，在 80 后眼里，是工作没效率的表现；在 70 后眼里，是成熟的责任心的表现。相较于前两者，在 90 后的心目中，加班已经成为一种让人"崩溃"的生活方式。竞争激烈、业务繁忙，企业让员工加班无可厚非。但是，从人性化的角度考虑，经常加班会影响个人健康。从长远的角度看，经常加班对员工生活质量也会造成一定的影响，进而员工会对工作产生厌倦心理。

在这个互联网、知识财富和流行元素编织起来的世界面前，老一辈的想法已然落后，年轻人的那股敢闯敢干的"折腾劲"才刚刚开始，主流意识形态呈现新的模样，如果失去了这一波"战斗力"，公司还有多少未来？

1.2.2 来一场说走就走的旅行

"人的一生至少要有两次冲动：一次奋不顾身的爱情，一场说走就走的旅行。"这是安迪·安德鲁斯《上得天堂，下得地狱》里的一句话。

这段话广为流传，不论 70 后、80 后还是 90 后都在网上看过或在别人嘴里听过这句名言。作为"互联网一代"和"网络原著民"的 90 后，更是将这样充满感性的话语奉为至理名言。于是，有 90 后辞职了。

湖南的一家大型企业就因为这个理由遭遇过员工"炒鱿鱼"。坐在窗明几净的办公室，人事部门主管不解地问对面的年轻人："你为何要辞职？你前不久做得还挺不错的啊。"年轻人回答得十分诚恳："我还年轻，我想要经历，想出去看看这个世界。"人事主管听了微微摇头，不是第一个以这个理由辞职的 90 后，但他依然感到意外，意外这群孩子做出这么草率的决定。

"一场说走就走的旅行"，在很多 90 后被工作压得喘不过气来的时候出现，如同一场甘霖。对于老一辈的人，他们没能在 90 后的年轻时代里度过他们的年轻岁月，在时尚元素、流行文化迅猛扩散的今天，老一辈的主流意识和传统文化教育似乎已经显得苍白无力。

1.2.3 "伙食差，走人"

除了因一场说走就走的旅行而辞职的感性员工，还有一波活在当下、对物质不满从而把公司"炒鱿鱼"的员工。尽管初入职场，但是 90 后的离职现象和离职率已经声名远播，有机构调查显示，90 后离职率高达 30%，其中有一部分人离职的理由竟然是伙食差。

在一家大型的医药企业，因与一所医科学校有合作关系，毕业生毕业之后可以进入公司进行实习培训，经过实习期后，就能转为正式员工。原本近 50 人的实习生，在几个月后，因为住宿条件、伙食方面的原因，很多人最终选择了辞职。

这家医药企业的人力资源部主管说道："工作了这么多年，第一次遇到这种状况，有好几个都是因为公司的伙食问题离职，但是在我看来，只因为伙食差就辞职，这理由未免太牵强了，如果真是因为这个，我想公司可能要考虑换个大厨了。"

1.2.4　不要高薪要高兴

很多 90 后找工作都以自己开心为主要条件，一份高薪的工作抵不上一份开心的心情。调查统计数据显示，90 后的失业率正逐年递增。在深圳工作的小宗，刚毕业不久，他的薪资却已经超越同龄人不少，不过工作不到半年，他就离职了，离职的理由是不喜欢那份工作，没有时间陪朋友去玩。很多人都很羡慕他有一份高薪职业，但他表示："我只做自己喜欢的工作，就算月薪低一点也没关系！"

拥有这样想法的 90 后求职者不在少数，对企业而言，自然希望员工能够适应企业要求的工作强度。但是 90 后却不这么想，他们更希望自己的工作能够和生活分开，工作之余，有更多自由的时间去陪朋友、陪家人，如果工作强度超过他们所能承受的范围，那么必定会引起他们的厌倦情绪，久而久之，就会产生离职的想法。

90 后的小丽也和小宗一样，她毕业后，先是在一家奶茶店打工，做了不到 3 个月，由于和老板发生争执，第二天就直接走人了。后来小丽在一家服装公司工作，虽然其他方面都不错，但是工作压力大。某天睡觉醒来，她就突然萌生了辞职的想法，于是就再也没去公司。到了第三份工作，小丽还是没能坚持下去，只做了两个月就离职了。

一年内连换三份工作，很多人都不能理解，人事经理对此更是震惊无比，对此，小丽的观点是："工作不喜欢，有钱也没用。"

"有钱难买我高兴"，这是很多 90 后共同的特征。

1.2.5　失恋也成离职理由

　　谈到 90 后的离职理由，某公司的安总监感慨道："有些员工的离职理由，我已经无力'吐槽'。前不久，有个男员工跑到我办公室来，说要离职，我想他平时的工作表现还不错，也没有什么不稳定的情绪出现，于是很疑惑他要辞职的理由，没想到他给出的理由竟然是失恋！我当时就在想，这唱的是哪一出啊，因为失恋就这么理直气壮地离职的，我还是第一次见。然后我找他谈了很久的话，但是依然挡不住他要离开的脚步，后来这名员工果然就再也没来上过班。"

　　安总监最后不禁感叹："现在的小孩都怎么了？"

　　是啊，现在的小孩都怎么了？动不动就离职，失恋竟然也会成为离职理由，很多资深人事经理都表示不能理解。

1.2.6　90 后其他职场现象

　　说到 90 后离职，网友们纷纷晒出身边各种令人喷饭的理由，除了上面的离职理由之外，还有很多。

1．女孩少，不好找女朋友

　　某厂最近收到了一封广为流传的辞职信，这封辞职信上写着：厂小，女孩少，不好找女朋友。这封辞职信也被网友冠为"最雷人""最牛×"的辞职理由。

2．办公楼太破

　　某家公司人事部经理带着一群实习生参观公司，没想到刚到门口，就听到人群里发出一声惊呼："哇，这办公楼太破了吧。"弄得经理尴尬极了。

3．上班坐车太久

　　一公司新招了一名 90 后员工，上班第二天，没看到人来上班，就打电话过去询问，对方说："坐车太久，我不去了。"

4．公司宿舍要能上网

"公司宿舍能上网吗？""上班的空闲时间能自由上网吗？"等问题经常出自90后的口中，"是否能够上网"已然成为很多90后应聘者最重视的问题之一。

5．不考虑没有空调的公司

"没有空调的公司坚决不考虑。"一位90后女孩如是说，"工作环境要好，夏天、冬天一定要开空调，不开空调就不去上班。"

6．辞职回家相亲

某家公司最近迎来了一波90后辞职潮，而辞职理由就像互相串通好的似的——回家相亲。公司人事部经理对此感到无奈："虽然90后到了适婚年龄，但为了相亲把工作辞了，也是让人无力'吐槽'。"

7．公司电脑配置要能玩网游

一公司的人事部主管在招聘现场见到一个90后的小伙子，小伙子一上来就问："你们公司的电脑有独立显卡吗？请问是几核的？"

人事部主管被问得摸不着头脑，就问他关心这个是为何，那小伙子直言不讳地道："上班时间长一点没关系，只要让我在空闲时间玩一会儿网游。电脑配置不用太高，能玩3D网游就行。"

1.3　90后的人格和行为分析

90后有什么样的性格特征？是什么造成了他们这种性格特征和生活态度？作为一名管理者，要如何对待这群步入职场的"另类"？

带着这些问题，让我们走进90后的世界，近距离观察、了解这一代人的真实需求和性格特征，只有这样，管理者才能制定有效的管理措施，引导他们发挥出自身的力量和本事。

下面我们从 90 后的典型特征、90 后的成长背景、90 后是否不靠谱等几个方面来对 90 后的行为进行分析。

1.3.1 90 后的典型特征和他人眼中的 90 后

网上流传着一段话，关于 70 后、80 后、90 后之间的对比。

关于上班：

70 后，默认工作狂。

80 后，拒绝加班！

90 后，拒绝上班！

关于穿着：

70 后，七匹狼和猛龙的牌子是首选。

80 后，喜欢 G-Star 之类的牌子。

90 后，喜欢乞丐服，越破越好，一个洞时尚，两个洞潮流，三个洞个性……

关于聊天：

70 后，他们的话题除了工作就是新闻。

80 后，喜欢聊英超、魔兽……

90 后，八卦、微信、游戏……

诚然，我们知道，90 后有很多的典型特征，除此之外，90 后身上还承载了很多其他人对他们的看法。下面从 90 后的典型特征、他人眼中的 90 后这两方面来帮助大家理解 90 后的思维和特征。

1．90 后的典型特征

90 后的典型特征包括以下几点。

(1) 平均智商超过了以前的同龄人，好奇心强、接受新生事物能力强。

(2) 很多人都有一技之长。

(3) 自信而脆弱，敏感而自私。

(4) 往往具有成年人很难理解的古怪爱好。

(5) 内心世界从童年就开始变"老"，更加懂得成人世界的规则。

(6) 比较了解中国社会的主流思想和价值观，且价值观更加现实。

(7) 消费观念强烈，但名利作用被过分强化。

(8) 张扬自我个性，相对缺乏团队忠诚感。

(9) 有广阔的视野，信息和知识丰富，但内心有时较为空虚。

(10) 自视甚高，也很聪明，学习能力较强，自我评价普遍较高。

(11) 兴趣爱好广泛，玩耍时很放得开。

2．他人眼中的90后

他人眼中的90后

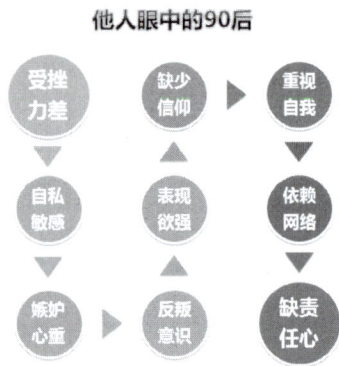

1）受挫力差

一路在顺境中走过来的90后，其心理承受能力比老一辈差，在工作中极容易因为这样那样的事情而产生消极情绪，并且其正视问题、迎战困难的勇气也远远低于上几代人。

2）自私敏感

90后大多数是独生子女，有些孩子会不自觉地流露出自私的一面，做事往往只考虑自己不考虑别人。

3）嫉妒心重

90后嫉妒心比较重，看不惯别人比自己强。90后常常有攀比心理，不允许别人比自己"拽"，否则他们就会搞些小动作，想方设法让别人"拽不起来"。

4）反叛意识

许多90后员工的反叛意识比较强烈，对于公司、组织的一些不甚合理的制度和规定敢于质疑。

5）表现欲强

90后员工在群体组织中喜欢表现自己，尤其是一些出类拔萃的员工，喜欢用各种表现方式来获得心理满足。

6）缺少信仰

很多90后员工既没有形成自己的正确价值观，又没有继承上一辈人的优良传统，常常处于一种精神迷茫状态。同60后、70后、80后那些将工作当作事业、下班后仍能刻苦钻研、不断充实自己的同事相比，很多90后员工仅仅把工作看作是离开学校的一种归宿。

7）重视自我

相对于薪酬的高低，90后员工更在乎的是工作是否开心，工作环境是否舒服等。他们不愿意做踏踏实实的"老黄牛"，更不愿意做勤勤恳恳的工作狂，他们愿意选择"工作并玩着"的生活方式。

8) 依赖网络

曾经，青少年上网现象被称为"网络海洛因"，网络影响着 90 后这一代人，可以说他们是第一代互联网的"原住民"。

9) 缺责任心

很多 90 后员工在职场里被视为缺乏责任心，不能够以大局为重，总是考虑自己在先。无论工作任务多紧急，只要自己不高兴或者有事就请假不来，找各种理由逃避加班，而且经常迟到、早退，甚至说辞职就辞职……

1.3.2　90 后的成长背景

不同的时代孕育出不同的人，没有一种现象可以脱离时代背景，90 后的这些"另类"的性格特征也是时代发展的产物，因此，我们要学会透过现象看本质。下面我们从社会背景、成长环境两方面来讨论 90 后个性生成的原因。

1．90 后成长的社会背景

没有经历过历史上的动荡社会，也没有经历过大的经济危机，90 后从出生开始，生活环境就比前几代要优越许多。在互联网兴盛之前，人们更多的是通过电视、报纸、书籍等渠道来获得信息和知识，这些知识的获取和接受能够同步进行，个人的价值取向也自然随着主流价值观流动。

而 90 后这一代，他们恰逢互联网和视听媒体的来临，面对铺天盖地的多元化信息，没有人帮助他们梳理，因此并不能找到统一的标准，于是，他们只能凭借自我感性认识去选择符合个人喜好的网络信息。

年轻人总是充满各种好奇心，面对浩瀚的网络信息，由于没人教育和管制 90 后

应当搜索浏览哪些信息，因此 90 后在多样化信息的刺激下，比前几代的人见多识广，他们心理也更加早熟，这种获得信息与社会教育相对分离的现象，加速了 90 后个性化的发展。

由于计划生育政策的影响，90 后大部分都是独生子女，除父母外，家里没有能够一起玩耍的同龄人，因此 90 后的亲情观相对比较淡薄。在这样的生长环境里，90 后相比前几代人来说，更加显得孤僻。

同时，由于经济全球一体化的原因，全球各地的物品一起涌入中国，各国交流日益广泛。而 90 后相对年轻，对新事物的接受能力较强，在审美观和价值观方面也与前人有很大不同，成为新一代的接班人。

全球化的浪潮无疑使 90 后变得更加开放、坦然。例如，面对将在一定时期内存在的巨大就业压力，他们的择业观念比前几代更加实际、更加灵活，面对异常激烈的职场竞争，他们的心态更加冷峻、更加淡定。在行动层面上更加重视规则，在机会面前更加注重实力。

除此之外，90 后是更加娱乐化的一代。随着消费时代的来临，一切社会生活领域都被娱乐化机制所渗透，娱乐业成为社会运行的"润滑剂"，而娱乐本身也成了一个产业，娱乐社会的兴盛，让娱乐成为大众的消费品。在这种背景下，娱乐从一开始便以一种强势的方式进入 90 后的生活圈，不仅如此，90 后还时常引领着社会的娱乐潮流。

2．90 后的成长环境

看了 90 后生活的社会背景，我们知道，每个时代都会催生符合那个时代运转的产物，如同 90 后一样，70 后、80 后也有着自己别样的特质，他们踏入社会同样会给企业和组织造成不大不小的冲击，于是很多人会问：既然如此，为什么大家普遍感觉 90 后的问题更加特殊？给组织带来的冲击也更加剧烈？

那么，接下来我们就从 90 后的成长环境谈起，看看到底是什么样的环境造就了他们这样的性格特征。

1）家庭背景

90 后绝大多数都是独生子女，独生子女的显著特征有以下几点。

(1) 在父母的百般呵护下，以及亲人的赞扬声中成长起来，自尊心以及被他人认可意识相对强烈。

(2) 没有兄弟姐妹，缺乏竞争和合作意识，养成了"唯我独尊"的性格。

(3) 遇到小问题没人管，遇到大问题有父母帮忙解决，因此有恃无恐，面对矛盾和冲突，常常采取无所谓的态度。

90 后的父母在生活态度上，相比传统有了很大的变化，他们主张独立与开放，追求的是成功的事业与高质量的生活，因此对孩子的教育脱离不了金钱，且不能从情感的角度去感化孩子，势必造成 90 后的叛逆心理。

90 后的父母除了在生活态度上的变化，在家庭婚姻观上也有了不同的想法，很多 90 后都经历过家庭拆散重组的现象，这种现象让他们缺乏应有的温暖、亲切的情感，使他们变得冷漠自私，在一定程度上，也给他们的心灵带来了一定的创痕。

90 后的父母，在对孩子的教育过程中，常常会感到迷茫，他们只看到孩子叛逆、自私、自我的一面，而看不到他们需要被人关心、被人尊重的实质内在。

由于时代变迁，国家经济转型，90 后的父母在成家立业之初，就遇到了与他们从小习惯的生活模式大相径庭的体制改革——多年沿袭的"铁饭碗"被打破了。于是，在生活的压力下，他们需要重新选择职业方向，很多人被卷入了"下海"的大潮，凭着自己的努力而发家致富，但在这个过程中，他们把绝大部分时间都放在了工作上，而疏忽了与子女的亲近和教育。

因此，从某种意义上来说，父母就像是孩子的"钱包"，一方面，随着物质生活的日益丰富，父母与孩子之间的沟通越来越少、越来越难；另一方面，孩子在巨大的学习竞争压力下，已经丧失了很多本应拥有的快乐，而父母与子女之间的代沟日益深厚，以至于矛盾双方很难找到一个平衡点。

2）教育背景

经历了多次教育改革，到了90后这一代，进入了义务教育的时代。虽然义务教育提倡"减负减压""重视素质教育"，但是90后的孩子依然承受很多的学习压力、升学压力，使得部分90后对学习没有兴趣甚至厌学。

这种快节奏和高压力的生活给90后带来一种浮躁心态，心理学家认为：浮躁是一种情绪性、冲动性、盲目性相交的病态社会心理，它和努力奋斗、艰苦创业、励精图治是相对的。

同时，由于"西化"思想的渗透，90后比传统一辈更注重独立思考的空间，他们藐视权威，厌恶"说教式"的教育方式，遇到问题，他们更喜欢用自己的方式去解决。他们思维发散，因此在职场中，即使缺乏丰富的经验，也依然能在瞬息万变的环境中具备更强的适应性。

3）信息背景

现代社会是信息社会，网络的迅速发展使得各种各样的信息充斥于90后的生活，同时造就了90后价值观的多元化。

1999年，我国只有400多万互联网使用者，到了如今，几乎每个孩子都懂得如何使用这类高科技产品，智能手机、平板电脑这类产品更是让他们玩上了瘾，几乎到了脱离就不能活的地步。

1.3.3　90后是否真的不靠谱

世间万物都脱离不开"新陈代谢"的规律，职场亦是如此。每个时代，都会有一批少年英雄崛起，90后的新一代正渐渐步入职场的舞台且大有"废旧立新"的势态。随着职场江湖中的"宠一代"的人群不断积厚，可以预见，一股不可小觑的颠覆传统的力量即将到来。

那么，90后真的有传言的那么不靠谱吗？下面，让我们从90后的自白、90后将成为企业中坚力量、变革的职场文化三方面来进行阐述。

1. 90后的自白

"你们指责我们素质不高，却不想想你们是否为我们做了良好的表率；你们指责我们不懂合作，不会关心他人，但我们是独生的一代，没有玩伴，独自在钢筋水泥的丛林中成长起来，你们却奢求我们能一下子融入社会。"

这是从网上摘抄的关于90后的一段自白，在众人为90后贴上各种各样的标签之时，似乎没有人意识到 90 后已经长大的现实。成长于网络时代的 90 后，比上几代受到更多的关注与非议，可是很多的 90 后却用他们的实际行动向世人证明了自己，证明他们并不是人们想象中的那般不堪，他们同样富有梦想和信念。

小方，长相平凡，戴着大大的黑框眼镜，镜片的背后，是一双沉稳清澈的眼。从高中开始，小方的梦想就是做一名网站编辑，从大四实习开始，小方就通过网投的方式，顺利进入了一家教育类的网站，做起了编辑实习生。

小方为人低调又沉稳，每天努力地完成自己的工作，争取撰写的每一篇稿子都没有差错，总是最后一个离开办公室，离开之前，她会反复确认办公室的灯光、电源是否关闭，然后认真地将门锁好。

经过一段时间的相处，公司的老员工都对小方留下了不错的印象，大家吃饭也会叫上她一起。有时候不加班了，小方就会和同事们一起出去玩耍，偶尔挥霍一下肆意的青春。这样的生活，在周围的同学看来非常不错，但是小方并不满足于现状，她有着自己的想法。

"公司很好，和同事相处得也很开心，但是这里的工作内容让我觉得很难培养出我的核心竞争力，因此我常常会利用下班的时间自学其他技能，虽然辛苦，但是我很开心，趁着还没毕业，我想努力提升自己的技能，以寻找更好的工作机会。"

在小方看来，做编辑最好的出路莫过于进入大型的门户类网站，福利待遇好，公司规模大，发展前景可观，在国内又有名气。但是以她现在的技术水平，很难跨进这样的门槛，因此，她给自己定下了初级目标，进入一家中等规模的网站，继续做编辑，等以后积攒了足够的经验和能力，再寻找进入大型门户类网站的机会。

与小方不同，热衷于公益事业的小洋选择了自主创业，他在大学里就参加了各种各样的创业社团，一年之内，自己组织了创业社团，带领一群有思想的年轻人实现自己的梦想。

在大学时，小洋创业的第一个项目就是化妆培训。小洋认识一个师姐，在北京参加了高级化妆师的培训后归来，两人合伙在学校里掀起了一股"小清新"风。每个星期，他们都会在空置的教学楼里举办一场讲座，小洋负责每场讲座的策划，师姐负责专业知识传授。

半年之后，创业成果并不理想，刚好小洋发现学校的学生都很"宅"，喜欢点外卖，于是小洋决定转战餐饮行业。他在校外观望了很久，终于在一个隐蔽的地方发现了一个小餐馆，那个餐馆一个老板，一个厨师，厨师负责炒，老板则在校园里招了几个学生做兼职，负责把外卖送出去。

小洋和老板聊天，知道他想把这家店卖出去，小洋抓住了这个商机，把店接手了。接手之后，小洋为小店的经营管理策划了一套新的方案，三个月后，他赚到了第一桶金。

创业之路很辛苦，但是小洋一直在坚持着。毕业之后，小洋组建了自己的创业团队，创立了一家信息公司，他说："我知道，这条路会走很远，但是我不怕，我头脑里有很多想法，我想把它们一一实现。"

不同的成长环境造就了不同个性的人。90后在信息年代成长，相比踏实的70后、务实的80后，他们的思维方式、价值取向更加的多元化，在职场上的表现也与70后、80后大相径庭，与其为了工作而工作，不如为了实现自我的价值而工作，为了找到自己热爱的工作，他们跌跌撞撞，不断地尝试着，寻找着。

面对他人质疑的目光，90后说："我们不是垮掉的一代，我们其实也很乖！在我们的成长过程中，我们需要被理解，我们年少轻狂，但是我们也能知错就改，我们要走的路还很长，我们总会长大，总会肩负起我们所要承担的责任。"

很多人都对90后持有"没有责任心、不敢担当"的看法，但是真正和90后接触后，才会了解到他们身上的一些闪光点。如果管理者用心去看，就会发现90后中也有一批真正负责任的员工，而且他们的责任心比任何员工都强。90后身上的特质和他们的成长环境以及教育环境是分不开的，他们追求自我、渴望创新、渴望独立，他们也想赢得自己的未来，管理者在管理90后员工时，不能因为他们身上的某些缺点，就忽视其他宝贵的东西。

2. 90后将成为企业中坚力量

看到90后员工的各种奇葩现象，很多企业就谈之色变，不敢委以重任，甚至不敢轻易聘用，90后，真的那么不靠谱吗？

我们知道，90后最大的特点就是个性化、娱乐化以及拥有丰富的社交网络平台。他们或许不够成熟，或许太过自我，但是绝大部分90后还是积极向上的。像小方和小洋一样，拥有自己的梦想，愿意为自己的梦想和目标努力奋斗的人不在少数。

而对于网上那些批判的声音，90后小燕表示，网络上一些类似"非主流""脑残"的帽子往90后头上扣，其实是有失公平的，在她看来，90后的某些畸形的审美观很大程度上是社会的猎奇心理造成的。

某项研究表明，贴在 90 后身上的某些标签其实是被夸大了的，其实，90 后员工主流居多，他们能够用理性客观的态度看待外界。

也许在刚进职场的时候，90 后还没实现从校园到职场的过渡，所以才会出现一系列不够成熟的表现，但不可否认的是，他们适应力极强、思维很活跃，常常会给企业带来新鲜的事物。很多管理者常常在 90 后员工的身上感受到年轻的活力。

90 后已经慢慢成为职场的主力军，他们在企业中的数量渐渐增多，并且逐渐走上为企业的发展做出积极贡献的道路。

的确，90 后的缺陷我们不能逃避，但是哪一代人生来就是完美？当 70 后管理者说 90 后不务正业、不负责任的时候，90 后又何尝不觉得他们古板呢？很多事物我们都是相对来看的，有了前者做比较，后者就显得"不伦不类"。但是，我们不能忘记，每一代人的个性都是时代遗留下来的产物，90 后这么张扬，00 后只会更张扬，历史只会朝着它既定的轨道前行，永远不存在倒退的迹象。

3．创新的职场文化

职场文化的作用在于对企业发展、建设起指导意义。每一代人都有自己的成长环境，成长环境和社会背景会塑造一个人独特的文化标志、价值观和行为方式。因此，管理不同时期的人，需要采取不同的技巧，而管理上的小技巧也会成为一个润滑剂，对 90 后员工能够起到很好的作用。

在 90 后员工的心目中，理想的公司要素是舒适的环境、友好的工作氛围、和蔼的上司、有竞争力的薪酬、弹性的管理模式……除此之外，还要实现工作和生活之间的平衡。

这就使得管理者在对 90 后员工的管理中，需要创新管理模式，来一场前所未有的职场变革，让 90 后快速融入企业，为企业创造价值。

要让 90 后尽快融入企业，管理者应该从心灵疏导到艺术管理等方面建立全新的领导形象。

1) 宽容式管理

在对 90 后员工的管理中，管理者必须打破定式思维和惯性思维，除了改变对他们的固有看法，还要以一种欣赏的、宽容的心态来看待他们，寻找他们身上的亮点和潜能，打造一条情感纽带，增强他们对企业的归属感。如果不能包容他们在工作中出现的一些负面情绪，帮助他们解决生活和工作中的烦恼，就不可能激发出他们的工作热情。

准确地把握和尊重每个人的优秀品质，尽可能做到"走进你，读懂你"，融入更多的爱心和情感，用他们喜好的方式和他们交流、沟通和管理，让他们在企业中感受到家庭般的温暖、找到更多的欢乐。只有这样，才能充分培养他们的创新意识和挑战精神，使其为企业发展增添更多新鲜血液和活力。

2) 情绪化管理

据调查，90 后员工在走入职场后，往往会因为实际工作与理想中的差距，产生心理上的失落、彷徨、迷惘等情绪。常常听到 90 后发出"理想很丰满，现实很骨感"之类的感慨，又由于他们比较注重自我感受，当心理上的落差达到一定的限度时，就很容易出现频繁跳槽、长时间无法融入职场等现象。

针对这样的现象，企业管理者应给予充分的理解，消除他们对职场的心理障碍，并且要及时发现问题、分析问题，并且指出问题，然后给予他们正确的引导，让 90 后员工正确认识自己，正确面对自己的优点和缺点，用高期望给他们带来信心和信任，是管理者首要的工作。

3) 激励式管理

除了关注 90 后员工的情绪，用宽容打造一条情感纽带之外，管理者还要根据实际情况为 90 后员工选择正确的激励方式。

在创新的职场文化中，管理者应该加大对 90 后员工的激励，这样可以让 90 后员工了解到企业容纳他们的态度，激发他们的潜能，增强他们的成就感和荣誉感，建立长期的、稳定的"心灵契约"。

4）要以人为本

在建立创新的职场文化时，要以人为本，注重企业文化的培训，让 90 后员工由被动接受企业文化变为主动融入企业文化中，用一种先进的体验式、情景式培训，让他们对企业文化产生认同感。

在未来的日子里 90 后会慢慢成为企业和社会发展的中坚力量，他们会用他们的方式给这个世界带来惊喜，所以管理者不必用"杞人忧天"的心态去看待他们，随着他们对自我和世界的认知，我们相信，他们会成为当之无愧的栋梁。

1.4　抛弃过时的管理模式

好的管理始于观念的改变。90 后这代人具有鲜明的群体特征，他们的个性和观念正在挑战传统的管理模式，管理者千万别妄想用自己的观念去改造他们，因为传统的管理模式在他们身上已经失效了。

很多管理人员对管理对象的变化毫无察觉，依然沿袭过去的管理模式，结果发现这种毫无准备的管理方式完全没有效，甚至还会使管理者和员工之间的矛盾激化。

事实上，历史的车轮永远在向前滚动，未来是属于 90 后的。那些企图用自己的经验与思想去说教的管理者，只能是费力不讨好。因此，管理者唯一能够做的就是不断改变自己的思维方式，去了解这一群人，走近他们，建立新的管理模式。

下面让我们看看应该从哪些方面入手，让管理者面对 90 后员工的挑战时，不至于那么手足无措。

1.4.1　正确看待优缺点

要科学有效地管理 90 后员工，就要了解他们的优缺点，这样才能制定相对应的政策，取长补短。

谈到 90 后，大部分人都会想：要强、自私自我、抗压能力差、独立性差、不善合作等不好的方面。

曾经有一位主管看到 90 后员工就头疼，他说："现在的小孩都太不好管了，遇到问题不会想着自己去解决，总是喜欢把什么问题都交给我，就连午睡被打扰了都来找我，而且工作又不稳定，动不动就辞职。"

根据职场中出现的各种现象，管理者对 90 后员工存有这样的印象也不无道理，但是这些特征，是由于他们成长环境的特殊性造成的。他们认为这样的自己很正常，也不能理解为什么社会喜欢在他们头上贴各种各样的负面标签，他们自认为这样的个性是更加懂得生活的象征。

然而，尽管 90 后员工存在着这样的、那样的不足，但是，换一个角度想，他们也并没有管理者想象的那么不堪。

问 90 后自身有哪些优点，他们能够快速回答——年轻。

确实，年轻也是优点之一，和 70 后、80 后比起来，90 后员工更加富有朝气，他们视野开阔，对待工作敢想敢做，同时，学习能力和接受能力更强，这使得他们中的一些人比他人有着更明显的优势。

除此以外，90 后还乐于接受新鲜事物、敢于创新、容易接受感情沟通，这些都是 90 后的优点。

90 后成长在经济时代，同时思想比较开放，没有束缚力，因此他们有更强的创造力和想象力。相比上一辈，他们多才多艺，对待人生更加乐观。

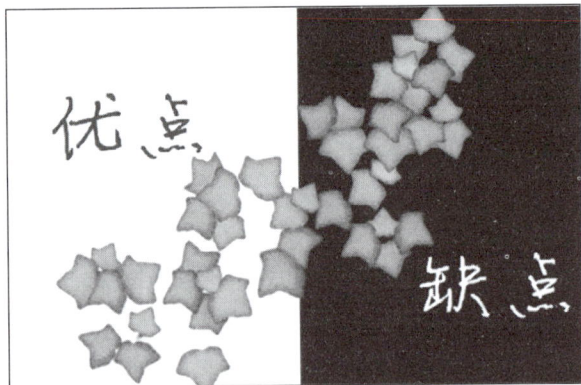

1.4.2　双赢的管理模式

对于员工的优缺点，管理者绝对不能只看到他们的缺点，而应充分挖掘他们的优点，同时，在管理这群年轻群体时，管理者主要注意以下几点。

双赢的管理模式

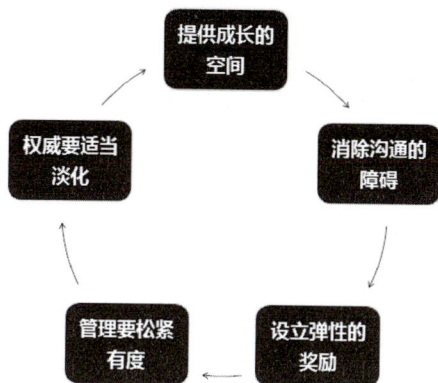

```
        提供成长的
          空间

权威要适当              消除沟通的
  淡化                    障碍

     管理要松紧      设立弹性的
       有度            奖励
```

1．提供成长的空间

要知道，90 后员工工作的目的不仅仅是为了生存，他们更注重企业是否能够给他们提供施展才华的平台，他们想要成长，想要实现自我价值，然而很多管理者总是守着固有的管理模式，这样反而束缚了他们的发展。

要想改变这种现状，管理者就必须改变自己的领导风格，变权威式为授权式管理风格，这样不仅能够提高员工的参与度，还能激发他们的工作活力。

2．消除沟通的障碍

90 后从小习惯被关注、被重视，因此在开始一段关系之前，总是希望他人先主动，而且由于管理者和他们之间的兴趣不同，这种无障碍沟通就更加难以实现了。再加上 90 后大多数是独生子女，除了父母之外，相处得最多的就是同学，因此他们的生活圈子简单，没有足够的经验应对复杂的社会关系，因此 90 后慢慢依赖虚拟化的娱乐，变得越来越宅。

正是由于这种简单的生活，让他们在与领导相处时，也习惯性地把领导当作朋友，但如果领导总是冷冰冰的，他们也会渐渐失去这份友好的热情。因此，管理者在与 90 后员工建立深入关系时，首先得消除两者之间的沟通障碍，在帮助他们解决困难的同时，还要让他们获得他人的认可，帮助他们建立自信。

要想消除双方之间的鸿沟，帮助 90 后建立自信，那么最有效的方法是以心换心，只有这样，才能赢得 90 后的信任和尊重。

3．设立弹性的奖励

90 后对于需求的调控性比任何一代都强烈得多。他们不喜欢被摆布，喜欢自己掌控自己的时间和空间。如果管理者能够看到这点并且接受，那么就很容易找到一个有效的渠道拉近两者之间的关系——将弹性时间或空间变成一种特权，设定游戏规则。只有表现优秀的人才能享受这种特权。

例如，公司举行季度销售比赛，获得冠军的员工能够得到一份丰厚的奖金，如果是 70 后、80 后，他们可能会很乐意接受这笔奖金，但是如果获奖对象是 90 后，他们可能会提出自己的规则："我能不能不要奖金，换成以后上班可以不打卡？"

优秀的员工享有特权，如果这个特权是人人都想要的，那么一定会成为众人争夺的对象。金钱，已经不足以吸引 90 后员工的注意，管理者一定要学会深挖 90 后的内心，透过现象看本质，了解他们的本质之后，再根据他们的特征设定相对应的奖励措施，这样会更容易激发他们的积极性和动力。

4．管理要松紧有度

对待 90 后员工，既要懂得施压，也要懂得解压。施压，是为了锻炼 90 后的压力承受能力和处理问题的能力；而解压是帮助他们在适当的压力之外获得一种轻松愉悦的工作状态。一味地施压，可能会把员工压垮，因此，管理者要把握好这个度。

5．权威要适当淡化

以前，权威管理是一种很好的管理方式。而现在，管理者要明白，权威在 90 后面前，已经一文不值，他们挑战权威，甚至解构权威，这种残酷的现实已经摆在眼前，因此管理者要学会淡化权威。是的，让曾经掌控权威的人一下子放弃权威是不可能的，但是管理者要明白，管理员工，权威并非成功的唯一路径。很多管理者认为自己不熟悉的领域已经被 90 后所控制，如果不想故步自封，除了淡化权威，还能有更好的选择吗？

1.4.3　重新定位新角色

常言道："没有管不了的员工，只有不会管的上司。"一个团体，如果没有一个优秀的领队，即使再优秀，也发挥不出最大的潜能。但是如果一群普通的员工，在一个优秀的管理者的带领下也能创造出不平凡的业绩。

一个管理者要带好一个团队，不是一件容易的事，同时，要认清自己在团队中充当着什么样的角色，也不是一件容易的事。

在实行管理之前，管理者首要的任务就是对自己的角色做出定位，弄清楚在团队中，是员工重要还是自己重要。

也许很多人会觉得管理者更重要，那我们试想一下，管理者作为企业的引领者，同时也是掌握大局的策划者和组织者，自然对团队有着深远的影响，没有他，团队的绩效就会受到很大的影响。但是，一个真正强大的企业是当最高领导不在时，仍然能够高效、有序地运作。换一个角度来看，如果员工不在的话，那么企业将无法正常运转。

上面的情况说明什么？说明员工才是为公司直接创造价值的人。

下面我们来看看角色认知错误会给企业带来哪些弊端。

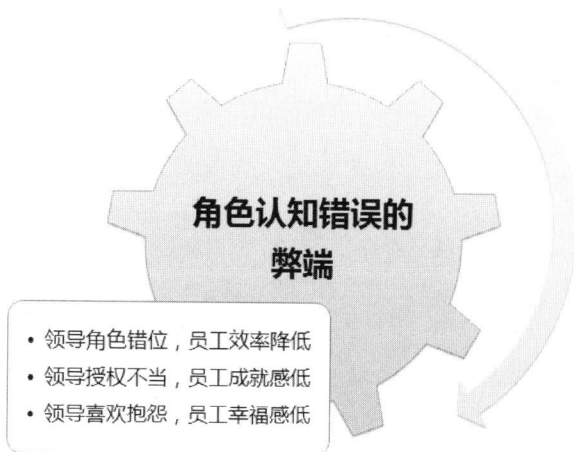

角色认知错误的弊端

- 领导角色错位，员工效率降低
- 领导授权不当，员工成就感低
- 领导喜欢抱怨，员工幸福感低

1. 领导角色错位，员工效率降低

管理者的目标是指挥他人用最好的办法去工作。然而在现实中，很多管理者不能很好地给自己定位，导致自己很辛苦，员工也不能发挥最大的作用。

2. 领导授权不当，员工成就感低

在工作中，经常会出现管理者忙得不可开交、员工闲得发慌的现象，时间一久，员工的成就感就会降低，这样是很不利于员工进步的。而出现这种现象的原因在于管理者不懂得授权给员工，合理的授权在一定程度上能够提高员工的积极性和创造力。

3. 领导喜欢抱怨，员工幸福感低

一项调查显示，国内职场人士幸福感普遍偏低，其中最重要的原因之一在于对

直接上司的不满。作为一名管理者，你的职责决定了你在团队中的作用，要加强和员工的沟通，帮助他们消除不良的工作情绪，而不是发现员工的不足就奚落或抱怨。

1.4.4　接受多元化观念

一个优秀的管理者，除了清楚地认识自己的职责与他人职责之间的差异外，还要最大限度地包容不同文化元素，理解和尊重每一个员工的观念和思想。

我们知道，在招聘中，没有完全符合企业要求的员工，只有最合适的。人在成长过程中，其性格、价值观、行为特征以及生活态度受到家庭、学校以及周边人的影响，因此每个人都会表现出不同的特性。出生在网络信息时代的90后，其差异化更加显著，可以说，每一个90后员工都代表了一种文化。管理者要做的就是包容这些差异化，可以不赞成他们的观点，但是一定不能想方设法去改变他们的观点，因为这是没有任何意义的。

欧莱雅中国总裁盖·保罗曾经说过："我接受不同民族、不同职业、不同文化背景以及不同个性带来的多样性，我们喜欢招募那些具有创造性、敢于冒险、不拘泥于框框、有新思维和想法的人……"

接受多元化观念不仅是社会趋势，也是企业管理的必然结果。对待90后员工，如果只套用一个模式去管理，那势必会出现问题。不能接受一些不同的观点和声音，那么这个企业永远也不能发展，员工也永远不会被激发出更多的动力去为企业创造价值。只有企业和员工之间的差异互相被包容和认可，才能保证员工最大限度地为企业做贡献，保证企业不被市场淘汰。

"差异创造价值"是壳牌公司的口号，壳牌的领导者认为，多元化的人类群体，能够给企业带来多元化的解决问题的方法，从不同的角度看待工作，能够推动企业更快地发展。

多元化和包容性就是壳牌集团的准则，为了推行这两个准则，壳牌公司成立了"中国多元化和包容性工作小组"。这个小组成员本身就充满了多元化，每个部门都有代表。中国人性格不喜张扬，遇到敏感问题，大家都是三缄其口。为了避免少数人发言代表全体员工的意愿，公司想了这样一个方法：每人发一张黄色的便利贴，采用不记名的方法将意见和想法写在纸上，最后集中收回，由主持人贴在白板上，念出大家关心的问题。

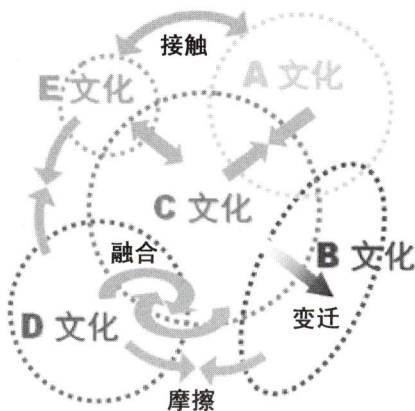

多元化渐渐走进人们的生活，管理者要正确地对待自己、他人以及周围的一切，理解每个人的差异性，学会尊重包容多元化观念，这样，一个成功的团队才能把各自的才能发挥到最大化。

第2章

制度管理，明确方向

学前提示

管理者被赋予管人的职责，在实施管理的过程中，单纯地依靠领导权威并不可行，它必须具备一定的条件。想让员工无条件地接受管理者的管理，就要坚持一定的原则或标准。

要点展示

制度管理的意义

制度管理的 7 大绝招

2.1 制度管理的意义

我们都知道，好的制度能够引导企业稳定健康地发展。所谓制度，就是要求员工共同遵守的办事章程或行为规范。而制度管理，是指企业在制定了企业的规章制度之后，通过落实或执行的方式来管理员工的手段或方法。

一个企业，不能仅靠人来管理，任何企业或组织的管理者，都需要依靠制度来管理员工，原因有以下几个方面。

制度管理的意义

· 制度是公平和效率的保证
· 制度可以优化企业的管理
· 制度能够促进企业的发展

1. 制度是公平和效率的保证

管理者在管理员工的过程中，根本目标在于保证管理的公平性和工作的效率。要达成这样的目标，就必须以制度作为保证。有了制度，管理者在处理问题时，就有了一定的依据和标准，从而保证处事的公平性和效率性。

2. 制度可以优化企业的管理

制度是依靠人制定出来的，企业通过制度来管人。在执行制度的过程中，可以通过实践不断地发现制度存在的缺陷，然后完善制度。而随着制度的不断完善，企业管理的模式也会越来越优化。

3. 制度能够促进企业的发展

良好的制度建设能够有效地提高团队的执行力、凝聚力。如果一个企业没有制度，就如同一盘散沙，同时，制度管理的效果好坏取决于制度本身的好坏和执行的力度，因此，制定合理的规章制度是企业首要解决的问题。

但是随着 90 后员工逐步成为中国劳动力市场的主力军，管理者很快面临一系列头疼的问题。

(1) 交代给 90 后员工的工作不能在预期内完成，即使惩罚也没有用。

(2) 对 90 后员工来说，迟到是常有的事，在他们面前，制度就像一个摆设。

(3) 遇到一点事，他们想早退就早退。

(4) 让 90 后员工加班？难上加难！

对于 90 后员工的这些工作表现，管理者们意识到，制度管理对 90 后员工不管用。

那么，什么样的制度才能更有效地管理 90 后？这是当代企业组织和单位应该思考的问题。

2.1.1　制度的特性

制度化管理有利于企业的发展，这是毋庸置疑的。很多企业在经历了初期的繁荣昌盛后，到后期会渐渐衰退，为什么？因为公司的制度没有发挥有效的作用。一个公司能够稳步发展、逐渐壮大，和好的制度是分不开的。

没有制度就没有纪律，没有纪律也就不会有执行力，这样会导致企业的生产力下降，从而影响到整个企业的发展。一个企业，从开始发展到逐步壮大，一定会制定适合公司的系统化的管理制度。

下面，让我们从制度的特性以及如何制定合适的制度两方面来讨论。

1. 制度的特性

一般来说，制度具有以下几个特性。

1) 根本性

企业制定的制度，必须体现企业的根源和最重要的部分，也必须反映企业主要问题，同时必须具有广泛认知性。只有让企业的员工都能认同的制度才能到达执行的效果。

2) 稳定性

企业的制度，在一定的时期内，必须具有相对的稳定性，不能朝令夕改，让员工无所适从。

3) 长期性

每一个制度，都必须具备有效时限，就是说企业的制度在一定的时期内，具有可行性，不能因为事物的局部变化，而失去约束力。

4) 全局性

制度的内容要从企业整体和发展全过程来制定，必须具有一定的现实性和全面性，不能不切实际，这样才能保证企业部门工作的正常开展。

2. 如何制定合适的制度

那么，怎样制定合适的制度呢？

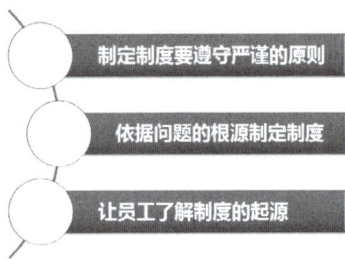

1) 制定制度要遵守严谨的原则

在外人看来，一个一流的团队一定会有一个严谨的制度，如果制度不严谨，没有考量的标准，或者执行不到位，无法评估执行的效果，那么制度就等于不存在。如果制度很严谨，那么员工的工作就有了明确的考量标准。制度决定行为，好的制度能够导致好的行为，进而产生好的结果，因此，严谨的制度，对公司的发展壮大有着很重要的意义。

2) 依据问题的根源制定制度

制度在制定的初期内容不是很完善，这就需要管理者在企业的发展中，不断摸索出适合公司的制度，然后将不完善的部分修改。或者在企业出现问题时，管理者要亲自去调查，针对问题的根源提出制度的修改方案。

3) 让员工了解制度的起源

想要让 90 后员工服从公司的制度管理，就要让他们了解企业制度的来源。很多 90 后员工在步入公司后，觉得公司的制度死板、严格又没有人性化，他们知道哪些行为允许做，哪些行为不被允许做，但是又不明白为什么要遵守这些制度，这些制度和他们又有什么关系。很多 90 后都特别反感公司制定一大堆条条框框，在他们的世界里，没有束缚，谁都无法束缚他们，除非他们自己愿意接受。因此，让员工了解每个制度的来源是为了让员工站在公司的角度看待问题，帮助他们转变观念，以便更好地接受企业的制度管理。

2.1.2　好的制度的要求

有人说："好的管理来自好的制度。"制度的出现，从一定程度上对人类的社会活动起到规范、激励的作用，那么制定好的制度的要求是什么呢？

1. 适合企业的阶段性发展需求

从企业的角度来考虑，好的制度必须要适合企业的阶段性发展需求。企业在不同的发展阶段，其任务也不同，因此，在每一个阶段，都要求企业从实际出发，制定相应的规章制度来促进企业的发展，从而激发出员工最大的潜能。

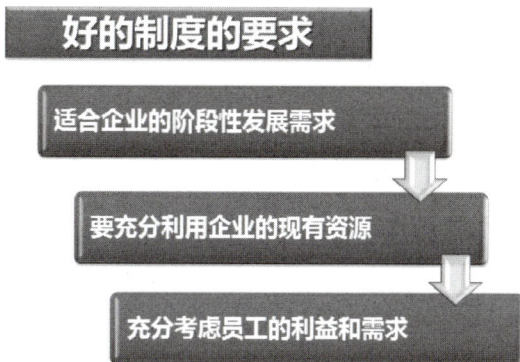

2．要充分利用企业的现有资源

制度不是无中生有，制定制度的前提是适应企业的阶段性发展需求。而在制定的过程中，好的制度要充分利用企业现有的资源，尤其是人才方面的资源。企业在制定制度的过程中，要充分考虑到人才的主动性和能动性，将人才的力量发挥到最大。

3．充分考虑员工的利益和需求

制度一定要考虑到员工的利益和需求。因为员工是企业经营管理的主体，如果制度能够从他们的利益角度出发，那么他们会觉得自己受到企业的保护和尊重。尤其是现在的 90 后员工，他们从小生活环境比较优越，对金钱的渴望相对较弱，但对心灵的需求比前一代要看重，因此如果企业的制度只考虑到企业本身，而没有从他们的需求出发，那么他们是不会自觉地遵守公司的规章制度的。

因此，如何从员工的需求层面去制定修改制度将是企业面临的重大问题。

2.2　制度管理的 7 大绝招

随着 90 后员工的崛起，越来越多的企业开始积极、主动地寻找适合 90 后员工的管理模式。管理员工就是要有效地开发员工的潜能并且合理利用。一个好的企业，必须要有一个适应它阶段性发展需求的规章制度。制度的建立，是企业生存和发展的基础，凡是想要变强大者，都必须建立一套完整的、健全的规章制度。

优秀的制度管理能够为管理者省去很多麻烦，因为制度决定了员工的行为，员工在这个框架里，清楚地了解到自己的哪些行为是被允许的，哪些行为是不被允许的，他们没有怨言，一切只有遵从企业的制度行事。

但是到了 90 后这一代，这个传统仿佛一下了就被打破了，他们个性张扬、充满活力、表现欲强，同时不喜被约束、自我意识强、情绪容易失控，对于企业的规章制度，从不放在心上，如果强行让他们执行，他们会感到疑惑，甚至会排斥。

因此，针对 90 后员工，企业要从员工的需求层面制定相应的规章制度。下面，来看看制度管理的 7 大绝招。

制度管理的7大绝招

| 制定有效的制度 | 注重人性化管理 | 适当地放松政策 | 包容个性化特征 | 制定制度的流程和禁忌 | 执行比制度更重要 | 责任监督常抓不懈 |

2.2.1 制定有效的制度

俗话说："没有规矩，不成方圆。"任何一个公司、组织或单位，都必须要有自己的规章制度，好的制度能够规范企业的运作过程，从而优化企业的发展。

【事例】

一家美容公司最近制定了新的奖励制度，具体内容如下。

● 美容顾问的订单达到一定的数量，除了享有相应的提成之外，还能享受额外的服务费。例如，订单金额在 800 元到 1500 元之间，员工就享有 12% 的服务费；订单金额达到 2000 元以上，员工就能得到 22% 的服务费。订单金额越高，员工获得的服务费也就越多。

- 公司规定了一些特定产品，如果员工卖出特定的产品，就能获得一份礼品。
- 优秀的员工能够得到具有纪念意义的铜质硬币，硬币带有公司的徽章，具有特别的意义。
- 内部杂志会撰写优秀员工的优秀事迹，每月发行一次，让员工看到自己的优秀事迹在公司传颂。
- 公司每年给表现优异的员工海外旅游的机会，受到奖励的员工还可以携带自己的家属一起前往。

以上的奖励制度，对公司所有员工都有效，除此之外，还有名车奖励制度。

这项制度制定没多久，立即引起了不小的反响，当月该公司的产品销量又有了一次全新的突破。

但是，管理层很快发现这些制度只对老员工起作用，他们为了获得这些奖励，都十分努力地工作，但是对于新员工来说，似乎并没有太大的诱惑力，他们的业绩依旧没有大的长进。

于是公司的领导找来几名新员工谈话，其中一个 90 后的女生说："这些奖励对于我来说可有可无，并没有什么值得我努力的地方。"

公司的管理层对此感到惊愕，于是问："你认为什么是值得你努力的？"

90 后女生说："一周有连续的休息时间，业绩达到一定的数量，还有额外的休假时间，不强迫员工加班。"

这家美容公司，有老员工带新员工的传统，通常老员工为客户服务的时候，会让新员工打下手，因此，很多新员工常常"被迫"加班。

听了 90 后女生的话，管理层经过讨论，在原有的规章制度上添加了几条新的制度，内容如下。

- 员工上个月的业绩超过规定 30%，本月可以休息一天；超过 50%，可以连续休息两天；超过 80%，可以连续休息 4 天。
- 在规定时间内，老员工有教导新员工的责任。规定时间以外，新员工可以自由调控自己的时间。

这个制度公布后，不到一个月，新员工的业绩就扶摇直上，其中有的新员工甚至比老员工还出色。

从这则事例可以看出，制度是企业管理的法宝。有了制度，企业内部才有了统一的评判标准。

下面，我们从制度的作用、90 后眼中的企业制度以及如何让员工遵守制度几个方面进行阐述。

1. 制度的作用

一般而言，好的制度能够起到以下两点作用。

制度的作用

激励员工 ➤ 制约行为

1) 激励员工

制度能够起到激励员工、提高员工积极性的作用。例如，某家公司制定的全勤奖励制度：

(1) 员工一个月内没有请假、迟到，就能获得 100 元出勤奖。

(2) 连续 3 个月都是全勤，额外给予 300 元奖励。

(3) 连续半年都是全勤，额外给予 500 元奖励。

这样，员工就会努力做到不迟到、不早退、少请假。

规章制度是规范员工行为的一种准则，在生产过程中具有指引方向的作用。员工通过规章制度，可以清楚地了解自己享有哪些权利、如何获得这些权利、应该履行哪些义务以及如何履行这些义务。

优秀的规章制度能够让员工预测到自己行为的后果，奖励类的规章制度能够有效地激励员工的工作积极性。

2) 制约行为

制度还有制约员工行为的作用。通过制定合理的处罚标准，使员工事先预估到自己不当行为的后果，从而自觉地抑制这种行为的发生。

处罚的目的是预防和控制员工的不良行为，但绝对不是为了处罚而处罚。因此，管理者在用制度处罚员工的时候，一定要让员工知道自己违反了公司制度中的哪一条，同时，还要让员工了解惩罚的内容和力度。

对于 70 后、80 后员工来说，遵守公司的制度并不是一件很困难的事，因此给管理者省去了很多麻烦，但是对于刚刚步入职场的 90 后来说，制度简直像压在他们头顶的一座大山，让他们忍不住反抗，想要摆脱束缚。

2. 90 后眼中的企业制度

在 90 后员工的眼中，制度是这个样子的。

90后眼中的企业制度

沉闷又死板 ← → 有不合理性

1) 沉闷又死板

90 后认为公司制定这么一大堆条条框框完全没必要，尤其是在某些小问题上，还制定特别严格的规矩，显得"小题大做"。

某家公司规定员工必须用公司内部的邮箱发送邮件，不能用其他邮箱发送邮件。有一次，90 后员工小叶就因为用 QQ 邮箱给同事发了邮件，和对方产生了争执，两人被叫到领导办公室问话。那名同事说："公司规定必须用内部邮箱发送邮件，你为什么非要用 QQ 邮箱？"小叶毫不示弱地反驳道："明明用 QQ 邮箱发送速度更快，我为什么要用内部邮箱？我傻啊？"同事听了这话，看了看领导，觉得非常委屈，但还是不服输地说道："但这是公司规定的！"小叶回道："规矩是死的，人是活的！"一句话，把同事说得无以应对。

后来领导单独找小叶谈话，告诉她公司有这样的规定是因为内部邮箱更便于员工对邮件进行管理，如果用其他的邮箱发，万一哪天邮件找不到了怎么办？小叶说："既然其目的是便于我们管理好自己的邮件，那么就应该让我们自己去选择做事的方式，QQ 邮箱是我常用的邮箱，而且用 QQ 邮箱发送邮件比公司内部的要方便得多，在这件事上，我觉得我的做法更合适。如果把什么事都设定在一个框架内，这样的工作不是很无趣吗？"

90 后就是这样，除非你有足够说服他的理由，否则他会把这些"沉闷又死板"的制度通通抛在脑后。

2) 有不合理性

90 后员工认为，他们是企业制度的执行人，公司在制定制度的初期，他们没有参与讨论制定，却要在实行的时候，被迫地接受企业的各项制度管理，因此，制度本身就存在不合理性。于是，在这种心理状态下，凡是他们认为不合理的、没有必要完全遵守的制度，他们就不会自觉地去遵守。

一家国企新招进了一批 90 后员工，某次午休时间，这几个人在公司的阳台上玩起了纸牌游戏，管理人员看到了后，便走过去劝阻："公司规定，午休时间不得喧闹，这样会影响其他人员休息。"那些 90 后员工一边收牌一边反驳："我们又没有在办公室里玩，根本不会影响到其他同事，而且这又不是工作时间，我们有我们的自由。"

第二天，几个员工又跑到了阳台，玩起了别的游戏。这次，直接惊动了人事部经理，他把几个人带到办公室谈话，他们依旧坚持昨天的言论："第一，我们没有影响到他人。第二，这是我们自己的时间，应该由我们自己来分配。"

因此，传统的、被管理者引以为豪的制度管理也将面临重大挑战。

专家提醒

在 90 后员工的心目中，公司制定的制度不一定全都合理，对于那些他们认为的不合理的制度，他们会以他们的方式进行驳斥。

3. 管理者如何让员工遵守制度

在这些挑战面前，管理者应该怎么做，才能让 90 后员工自觉地遵守企业的规章制度？

1) 了解员工的需求

管理者做的第一件事，并且最重要的一件事就是要学会观察 90 后员工，并且了解他们的需求。

每一个 90 后员工都有不同的需求，譬如：

(1) 较好的工作环境。

(2) 和谐的工作氛围和朋友式的人际氛围。

(3) 能够尊重员工的上司。

(4) 早上多睡一会，晚上早点下班，不要加班。

(5) 工作时间符合国家规定，有更多的业余时间。

(6) 有稳定的、不错的经济收入。

管理者清楚地认识到 90 后员工的各种需求后，可以依据这些需求在原有的基础对公司的制度进行调整。

2）让员工换位思考

有的制度不能调整，或者调整之后会面临比较大的风险，那么管理者就要去引导 90 后员工接受企业的制度，也就是让他们学会换位思考。换位思考就是让 90 后员工站在公司的角度去想问题，这样，他们就能设身处地地了解公司制定这样的制度的原因。

90 后一般不会主动地去换位思考，这是由于很多 90 后都是独生子女，从小被家里的长辈捧在手心里疼爱，因此要让员工了解企业的文化和制度，就需要管理者的引导和帮助。

3）适当接受差异性

代与代之间的差异，有着鲜明的时代特征，在 90 后这一代尤其突出，员工和管理者的代沟主要表现在 4 个层面。

(1) 需求层面：外部刺激会引发人们内心的需求。比如，老一辈的人能吃苦，在公司工作是为了努力赚钱，但是 90 后喜欢安逸和舒适的生活状态，他们也有生存需求，但是他们对钱不看重。

(2) 价值观层面：不同时期的人，因为从小生活环境和社会背景的不同，会激发出不同的价值观。老一辈的价值观是艰苦奋斗、吃苦耐劳，而 90 后新生代的价值观则是遵从内心的愉悦。

(3) 心理层面：对待同一件事，不同的价值观会引发不同的感受。比如对待加班，老一辈的员工在工作没有完成的情况下，会焦虑和不安，因此这种感受激发了他的责任感，而 90 后员工认为加班是企业强行施加在自己身上的"枷锁"，加班应该是出于自愿的，而不是"非要不可"，因此，他们只有在心情愉悦的时候才会考虑是否加班。

(4) 行为层面：不同的心理感受会激发不同的行为。

基于以上几个差异层面，管理者在管理员工时，对于 90 后员工的某些"离经叛道"的行为，适当给予谅解，不要一开始就大发雷霆，应该在以后的工作中帮助他们慢慢转换看法和观念。

2.2.2　注重人性化管理

任何企业，都要注重两种管理化模式——人性化管理和制度化管理。在遇到 90 后之前，很多企业尊崇制度化管理，而在遇到 90 后之后，很多管理者开始思考：到底是人性化管理多一点还是制度化管理多一点？

【事例】

老王是某家连锁企业的门店主管，最近，他的门店迎来了一批"新鲜血液"，全都是刚刚步入职场的 90 后员工。

公司里有一套严格的规章制度，在前期培训中，老王要求所有员工都要遵守公司的规章制度，然而这批新员工在入职的第一天，就出现了意外情况。

6个新员工，有4个迟到。看到这种现象，老王有些惊呆，于是，他把他们叫到办公室，一个个地询问原因，他们的回答分别是：

"早上睡过头了。"

"我坐公交坐过了站。"

"早餐忘带了，我又回去取。"

最后一个的回答是："我觉得我有点感冒……"他还没说完，老王便关切地问："现在好点了吗？"他摇摇头："没感冒，就是热的。"老王噎了一下，问他："那这和你迟到有什么关系？"他说："我以为我感冒了，就量了下体温。"

听完这些理由，老王只剩摇头叹气的分。在对他们进行了处罚之后，老王开始反思，面对这群充满个性的员工，是否应该采取点别的措施？

一个星期后，老王针对员工出勤和迟到的问题，制定了一套新的制度。

- 新员工当天的个人销售任务完成120%，老员工完成150%，第二天可以晚到半个小时。
- 新员工当天的销售任务完成150%，老员工完成160%，第二天可以晚来一个小时。
- 新员工在一个星期内有4天任务完成超过150%，老员工完成超过160%，可以休假半天。
- 如果连续两个星期都没有迟到，在第三个星期可以有两次迟到不处罚的机会，但迟到时间不能超过半个小时。

这些制度发布后，90后员工在工作方面的积极性大大提高。但很快，老王又发现了新的问题，这些新员工不喜欢穿工作服，在向顾客推荐产品的时候，喜欢用自己的方式且能赢得顾客的"芳心"。

于是，老王为自己制定了下一个目标，就是未来要让这些员工在制度的框架内，体会到人性化管理。

普通的领导往往都一样，但精明的领导各有各的独特之处，他们并不会让自己局限在旧式的管理模式里，因为他们知道，要打造一个一流的团队，就要实行制度化建设和标准化的流程。而且作为一个管理者，不仅要善于将制度当作"游戏规则"一样引入管理中去，还要在严格的制度之外，同时注入人性化管理。

那么如何实施严格的制度化管理和人性化管理，以增强员工的认同感呢？

1. 要以身作则

在很多管理者看来，制度是针对员工的，他们可以跨越制度，只要在自己能够把控的范围内，就可以不遵守制度。虽然制度是针对全公司制定的，但是管理者一旦违反了制度，并不会有人追责，而员工一旦违反了制度，就要接受各种各样的处罚。

经常听到 90 后员工抱怨："我们领导每天自己不按时来，但我们员工迟到一分钟也要罚，这样真的公平吗？"

有次和一个 90 后女孩聊天，她说："公司好的制度，当然要遵守，但是我有时挺看不惯公司那些领导的，自己不遵守制度，却要强迫员工遵守制度，真是可笑。"

一家企业最近新招了几个 90 后员工，在入职的前一天，有员工问了人力资源部经理这样一个问题："请问公司的制度是针对公司全体员工的吗？"经理点点头说："是的。"

一个月后，在全体职工座谈会上，到了某个环节，CEO 亲自和 90 后员工展开交流。他们原本还担心这些员工不好意思开口，没想到一上来就有人问："请问领导们和我们遵守的是同一个制度吗？"此话一出，全场静默，CEO 都觉得有点尴尬,但是另一个 90 后员工接口道:"我也想知道,公司是否还存在隐形制度。"

公司经常强调制度的重要性和统一性,却在行动上体现双重标准,这在员工心目中是极不公平的。90 后需要的是尊重,很多企业讲"尊重员工",却又常常把员工摆在一个相对比较低的位置看待,他们对员工最大的期望就是努力工作、努力加班,除此以外的事都是次要的。

管理者如果真想让员工遵守服从制度,就要以身作则,带头执行公司的制度。

2．不怕得罪人

制度本身就具有严谨性和严格性,这一点无论过去还是现在,都不会改变。如果员工出现违反规章制度的情况,管理者应该采取公事公办的态度进行监督处罚。

随着越来越多的 90 后涌入职场,管理者的工作也陷入了"瓶颈"状态,很多管理者对此焦头烂额,不知道怎么样才能把 90 后管好。太过人性化,会显得自己没有威严;太过严肃,又让员工反感。于是被打击了几次之后,管理者慢慢进入了一种"如履薄冰"的状态,害怕员工不服气、顶撞自己,害怕员工对自己有成见,管理起来也束手束脚。

其实这样只会让员工觉得管理者软弱,对于 90 后员工来说,他们顶撞领导并不是为了彰显自己的个性,他们比起老一辈,更愿意把自己内心的想法表达出来,管理者不能遇到这样的情况就失了分寸。

3．人性化关怀

在众人心目中,制度本身就是一种规范、要求和标准。我们可以把制度看作一个球,员工的行为就被圈在这个球之内。从表面看,它只是一个立体的、没有弹性的球,似乎很死板,完全没有改变的可能,但是它的内部正是管理者对员工展现人性化一面的体现。

（1）有的管理者把球的内部全部填满，没有多余的空间，员工就在这种森严的规章制度下"苟延残喘"。

（2）有的管理者填满三分之二，留给员工一点点喘息的机会。

（3）有的管理者在球里面随意填充，没有章法，搞得员工晕晕乎乎、云里雾里。

（4）还有的员工在球里面画上几条"高压线"，在这些"高压线"之外，任由员工自由发展。

不少企业都信奉"军事化"的管理模式，认为在高压下，员工才能发挥积极主动性，这种做法是不科学的，也不利于企业可持续性发展。

管理者要明白，严格的制度化管理，和人性化管理的做法其实并不矛盾。换言之，就是执行制度的时候，要严格，而在日常管理中，要人性化一点。

2.2.3 适当地放松政策

不知不觉，职场已经成为 90 后的天下。在许多人的想法中，90 后"不喜欢受约束""追求平等、藐视权威和制度"，他们有生存需求，但是他们不会为了钱而改变自己。

【事例】

美国一家割草公司最近招收了一批 90 后员工，公司给这批员工安排了一大片草坪，让他们每天按照公司的要求给这些草坪割草。

第一天，每个人都达到了要求，经理很满意，推想：按照这种速度割下去，很快就能完成任务。几天之后，一个员工在下班之后，无精打采地来找经理，说要辞职，经理问他原因。

他说："我昨天割了 12000 平方米，超过了规定的 8000 平方米，为什么今天还必须割 8000 平方米？难道昨天超过的部分不能算到今天的里面吗？"

经理问："你今天割了多少？"

员工说："只有 7000 平方米。"然后经理了解到，这名员工昨天割草的时候不小心伤了手，所以今天才割得慢了些。

员工还说："昨天我多割了那么多，不给我加钱，今天少割了 1000 平方米，就要扣我的工资，这样根本就不公平。"

经理了解到这个状况后，立刻向总经理汇报，总经理便和员工商议：从下一个工作日开始，实行当日超额完成部分不清零的计算法，即员工前一天完成的任务，超过的部分可以累加到下一个工作日。例如，公司原本规定员工每天至少割草 8000 平方米，假设员工在前一天割了 12000 平方米，第二天却没达到要求，但是两天相加的任务完成量超过了 16000 平方米，那么就算这个员工达到了要求。

这个制度很快得到了大家的认同，后来，总经理还出台了一项新制度：员工只要能够保证工期如约完成，并且每天按时完成任务，就可以提前下班。

这项制度一发布，立即引起了很大的争议。有的人坚决反对，认为这项制度太松散，不利于企业管理；有的人认为任何制度都是要经过实践的考证，才能评判好坏，不能以主观意识下结论，因此支持这项制度。

总经理之所以提出这个制度是因为他曾经做过调查，90后员工对待工作其实并不像人们想象的那样随心所欲，他们年轻、有活力、认真起来做事效率极高，但他们有一个很明显的特征，就是对一项事物总是保持着三分钟热度，尤其是重复性的工作，时间一久，他们就会觉得枯燥、乏味，然后工作的欲望就会降低……目前公司的主力军还停留在70后、80后，不可否认，他们的确很敬业、很努力，但这并不是一个好现象，留不住90后员工，说明公司的管理还存在欠缺。

新制度发布后第三个月，人力资源部做了一项数据统计，发现近两个月90后员工的离职率比原先低了30%。

想要吸引并留住90后员工，企业就要更新管理方式，除了聆听意见并给出反馈、尊重他们的成果、提供弹性的工作环境外，还要适当地放松政策。

下面，我们从人类幸福模型中来分析一下该如何适当地放松政策。

哈佛大学的沙哈尔教授曾用幸福模型来分析员工的职场现象，在幸福模型中，他将人归纳为4种类型。

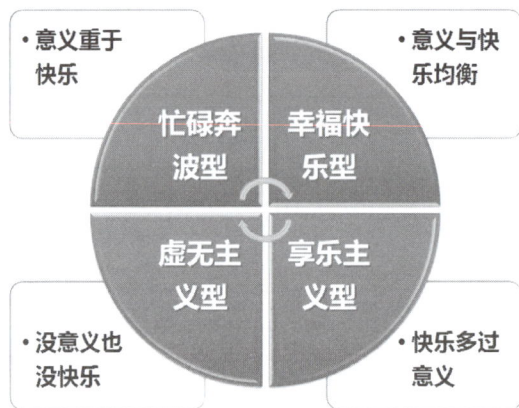

1. 虚无主义型

在工作中，既不追求快乐，也不看重意义，他们既不享受现在，也不期望未来，他们渴望快乐，却并不快乐。

2. 忙碌奔波型

追求意义多过快乐，他们的人生就是为意义而活，他们把成功看得很重要，为了成功可以牺牲当下的快乐。

3．幸福快乐型

追求快乐与意义平衡发展，他们乐于享受现在，并努力创造未来，他们追寻意义，却也不放弃快乐。

4．享乐主义型

和忙碌奔波型的人恰好相反，他们追求快乐多过追求意义，他们享受生活，大多追求"及时行乐"的生活态度。

60 后、70 后整体上属于"忙碌奔波型"，而 80 后更接近"享乐主义型"，90后更为复杂一些，他们既有"虚无主义型"，也有"幸福快乐型"。

想要吸引并留住"幸福快乐型"的 90 后员工，企业就要改变管理模式。除了聆听他们的意见并给出反馈、提供合适的工作环境外，还要适当地放松政策。

为什么 90 后员工的离职率会那么高？原因有很多种，而其中有一种原因是，管理者把 90 后员工看作是"忙碌奔波型"的员工，或者试图让他们成为"忙碌奔波型"的员工，无论是在制度上，还是绩效考核、日常管理上，都有这样的体现。

很多管理者感慨 90 后员工不好管理，因为他们责任意识差、承压能力弱、怕吃苦、怕麻烦，往往工作一不顺心就离职。但是大家又不得不面对的问题是，未来是年轻人的天下。

提到 90 后，管理者数落最多的就是"松""散"。

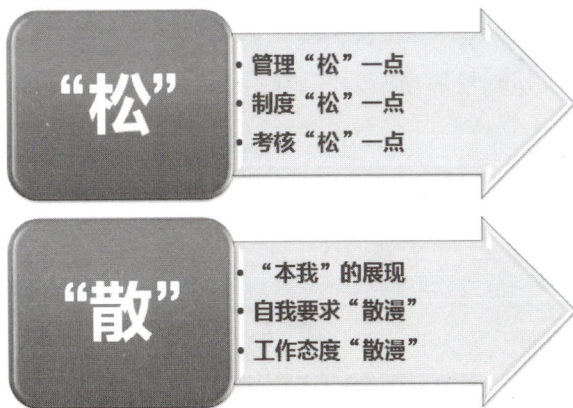

"松"，是 90 后员工对企业的诉求，90 后员工要求企业管理"松"一点，制度"松"一点，考核"松"一点，总而言之，就是严格少一点，体谅多一点。某公司开部门例会，经常会看到这样的场景：领导在上面讲话，员工在下面玩手机，一眼望去，人手一部智能手机，玩得不亦乐乎。

"散"，是 90 后员工"本我"的展现，就是对自我要求十分"散漫"。

某家公司的员工说："我手下有个 90 后员工，人挺聪明，做事也麻利，性格开朗，比较好打交道，但是工作不怎么上心，上班时间玩游戏、上淘宝、看小说、玩手机，服装、头发常常不符合公司规范，日常值日也做得不好，经常要人提醒，公司的流程规范，她几乎没怎么放在眼里，通常两三天就会忘记。"

另一家公司的经理，每个月都会收到各种无法理解的请假条。比如，男女朋友过生日、同学朋友来旅游要陪同之类。到了世界杯之月，公司的"铁杆球迷"一个个铆足了劲请假。

网上常流传一个最让人无语的请假理由：韩剧《来自星星的你》男主角要来中国，员工要请假见偶像"都教授"。

这种工作态度就是一种散漫情绪的体现，很多管理者都认为这是"不可饶恕"的，但是，没有人因为员工的这些"不可饶恕"的散漫态度而产生辞退意向，管理者这样说："因为他们的工作都基本上完成了。"

可见，90后员工虽然松散惯了，但他们并非一无是处。在这个以成果为导向的时代，管理者虽然看不惯90后的工作态度，但是他们心里清楚，90后员工具有一定的可塑性，他们不过是被打上了时代的烙印而已。

在很多人的印象中，90后员工不够敬业，但敬业实质上不是单一的责任，它是一种双向责任。"不够敬业"一方面归咎于90后本身，另一方面企业也缺乏吸引力。

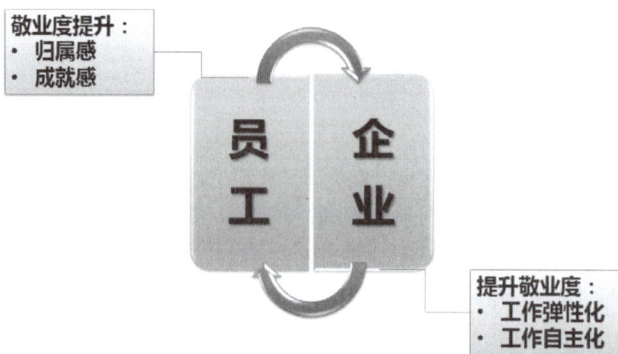

对于员工来说，让他们拥有了归属感和成就感，他们对企业的忠诚度才会提

升。对于企业来说，员工的敬业度提升，既能实现组织的目标，实现意义追求，又能提升员工的幸福感，实现快乐追求。

因为时代的变迁，90 后的成长环境完全不同，因此他们的忠诚意识淡薄，他们更注重内心的需求，看重的是快乐和价值的"性价比"。所以，企业管理 90 后员工需要更多的灵活性，适当给他们制定弹性的工作区间和自由的工作状态，才能够有效地提升他们的敬业度。

2.2.4 包容个性化特征

90 后是一个个性鲜明的群体，对于就业，他们有着自己独特的见解，他们认为生活和工作是分开的。面对这样一群"不按常理出牌"的年轻人，管理者表示：压力很大！

【事例】

某企业领导最近遇到了烦心事，不久前新招的几批 90 后员工太过"个性"，以至于给他造成不小的冲击。90 后员工的个性主要表现在哪些方面？

1. 要钱还要闲

招聘会上，90 后提出的各种"个性"化的需求是企业领导遇到的第一个冲击。面试在经过一系列的流程后，终于进入了问答环节，有的 90 后站起来说："你们公司是双休还是单休？"问题一出，所有工作人员都愣了。后来经过层层筛选，到了单独面试环节，人事部经理让应聘者做自我介绍，一个 90 后冒出一句这样的话："我的简历上已经写得很详细了。"当问到应聘者对企业有哪些期望时，他说："上司好相处一点，最好是双休，不要加班。"

2. 请假从来不打招呼

公司的刘经理说道："我手下带的一批员工中，一到下班时间，跑得最快的就是 90 后员工了。有一次我帮一个 90 后员工审查报表，从办公室出来发现他人都没影了，我打电话过去问他，他给我的理由是已经下班了……90 后把工作和生活分得很开，而且他们向往简单的工作人际关系，不喜欢掺杂太多私人情感在里面……最让我头疼的是，90 后员工请假从来不提前打招呼，说不来就不来了，有的在第二天不来了，就发个短信说还要继续请假，这种现象在 90 后员工里是普遍存在的。"

3. 鲜少有上下级之分

90 后员工说话很直，不管是在同事面前还是在领导面前，如果有不满，他们就会直接表达出来，甚至有的还会当着领导的面对公司的制度进行"挑刺"。人事部经理说："这在以前是很少有的，在他们眼里，似乎没有上下级之分。如果领导摆架子，他们就会敬而远之，如果领导表示友好，他们就会顺杆往上爬，领导越来越没有威严，唉！这个度实在太难把握了。"

4. 留不住人

听到公司里某个员工干了十几年，90后员工会忍不住惊叹："干了这么久？"还有的更直接："你为什么不跳槽？"每一批90后的"留下率"都很低，几乎不到总人数的30%。在实习期间，90后还会对公司的设备、工作环境各种挑剔，此外，还有好些90后不愿遵守公司的考勤制度。

这些"个性"化的表现让企业管理层头疼不已，但又不得不去面对。

每一个人都有属于自己的个性。下面让我们从个性的分类、个性的深入分析以及如何应对职场与个性的冲突等几个方面进行讨论。

1. 个性的分类

在任何一个组织或群体中，个性都可以被划分为两类。

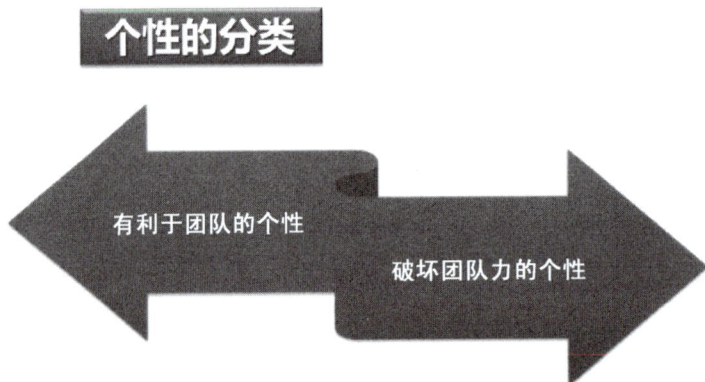

个性的分类

有利于团队的个性

破坏团队力的个性

1) 有利于团队的个性

这类个性的员工往往具有以下表现。

(1) 工作积极认真，服从企业的制度化管理，不愿意冒险。

(2) 性格开朗，通情达理，做事有自己的主张和想法。

(3) 具有团队合作精神，重视他人的感受。

(4) 工作有激情，抗压能力强，具有稳定性，不会轻易跳槽。

2) 破坏团队力的个性

这类个性的员工具备以下的表现。

(1) 工作喜欢冒险走极端，想法另类。

(2) 性格固执或怪癖，常常做一些匪夷所思的事。

(3) 个人行为比较另类，如着装、打扮等，与企业文化格格不入。

(4) 我行我素，不愿遵守公司的规章制度，是制度的破坏者。

(5) 不愿与他人合作，喜欢独来独往，工作过于自我，易忽略他人的感受。

(6) 工作持久性不够，工作情绪不稳定。

不管是有利于团队的个性还是破坏团队力的个性，都是人身上的特性，每个人身上都会具备不同的个性，就像人的本质，有"魔鬼"的一面，也有"天使"的一面。而在企业中，好的个性往往被企业视为理所当然，对于那些坏的个性，则被看成是另类或者怪异。

90 后常常被打上"个性"的标签，这里的"个性"大部分是指对企业团队有破坏力的个性，管理者绝对权威的"控制"和 90 后员工的"不服从"使得这种个性彰显得愈发明显。我们都知道，人在职场不是以个体形式存在的，而是以群体的形式存在的，因此人只有主动适应群体，才能被这个群体所认同和接受。老一辈常常教育 90 后："要适应社会，把个性收敛一点。"

2．个性的深入分析

除此之外，还有一种个性，即因外界环境而引起满意度下降表现出的某种行为。这种个性不是由本我控制的，而是由外部环境激发而来的。

因此我们重新来审视一下员工的个性。

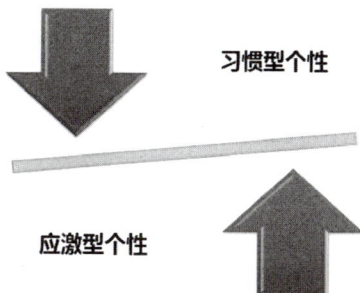

习惯型个性

应激型个性

1）习惯型个性

总的来说，个性的本质是一种习惯，由于受生活环境、家庭环境、社会背景的影响，人会形成某种个性，这些个性可能在任何场合出现。对于公司来说，这类个性可能会和某些公司的制度、文化发生冲突，但在另一些公司里可能会相互融合。

如某些创意公司，就喜欢招收那些个性强的员工，因为这类人想象力更丰富，创造力更强，而且公司对于员工的服装打扮也没有统一的标准，让员工有更多自由的空间。

2）应激型个性

这类个性是由于企业的环境因素、管理方式的差异造成的某种应激行为，就算平时很温顺的员工也有可能产生某种不满行为。

90 后被认为是富有"个性"的一代，很多职业经理人往往存在这样的矛盾，他们需要这些员工的创造力和想象力，又不希望他们时刻和自己对着干。

为什么那么多企业遇到个性的 90 后既"爱"又"恨"？因为他们有能力、有学识、有培养的潜力，但是同时他们又像一匹"脱缰的野马"不受管束、不受约束，在职场和个性的冲突面前，他们一部分会习惯性选择跳槽，而留下的那一部分人还在和职场作斗争。

3．如何应对职场和个性的冲突

面对这样的情况，企业应该如何应对？

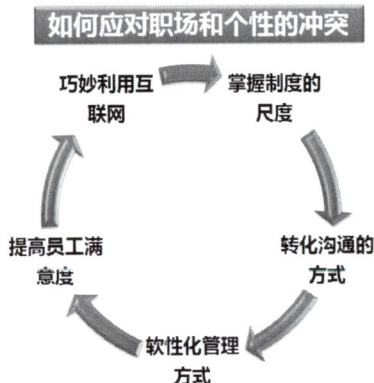

如何应对职场和个性的冲突

巧妙利用互联网 → 掌握制度的尺度 → 转化沟通的方式 → 软性化管理方式 → 提高员工满意度

1）掌握制度的尺度

员工的个性是具有"弹性"的，没有约束，他们会更"开放"一些；有约束，他们会收敛一些，只是有时候这种收敛还达不到管理者心目中的要求。例如，有的公司要求员工每天上班必须穿工作服，但一些90后员工嫌工作服太老土，便选择不穿，领导把他们叫到办公室一通教育后，第二天，这些人穿了工作服，但着装还是没一个标准。在领导心目中，他们这样子的行为和之前自然是无所差别的，但在这些90后员工心目中，他们觉得自己已经做出了妥协。

在这种情况下，管理者要掌握好制度的标尺，制度在执行的过程中可以柔性化，但不能弹性化。员工违反了制度，就应该按照公司的规章制度做出相应的惩罚，同时，管理者要加强员工的自我管理，培养他们的自我责任感和主人翁意识，这样的管理才能富有成效。

2) 转化沟通的方式

在以前，员工很少会主动向领导提要求。现在，90 后员工会直接地提出自己的想法，例如，加薪、加福利、拒绝加班等。

这种直接的沟通方式让管理者感觉无所适从，甚至很多 90 后员工直接向公司提出这个制度不合适，那个制度不合理，这就更进一步激化了管理者的"控制"和员工的"不服从"之间的矛盾和冲突。但在 90 后看来，这不是一种挑战，而是平等的对话。

如果这种平等的对话不被尊重，那么他们宁愿选择离开。一位 60 后的管理者感慨道："我让员工遵守一个新制度，这个制度是在企业的长期发展中慢慢调整而来的。70 后的员工大部分会从团队的角度出发，选择服从并且执行；80 后的员工会从自我的角度出发，表示新制度太磨人而发出抱怨；90 后的做法很直接，忽视或者直接表达'不愿服从'的意愿。"

种种现象都在表明几代人之间存在着代沟，因此，管理者要做的第一件事就是软化冲突，软化冲突绝对不是企业向员工低头或者屈服，软化冲突实际是在以退为进，因为前一代人和后一代人之间，无论是需求还是价值观都存在着明显的差异。

90 后个性鲜明，喜欢挑战和争论，管理者重视制度和权力，也不甘示弱。管理者要明白，两者都在追求共同的结果——都希望企业越来越好。

因此管理者要尽量做到求同存异，避免产生争论和矛盾，创造一种平等的交流环境。

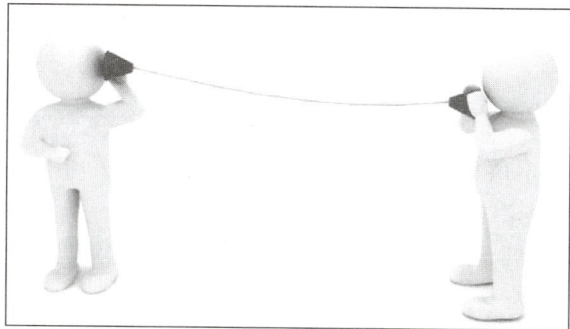

3) 软性化管理方式

90 后员工目前做的基本都是基层的工作。他们知道每一份工作对公司都有着价值，但是他们会思考这份工作对公司有怎样的价值，也喜欢思考工作对于自己的意义。他们对制度的思考也是一样，制度对于自我需求的意义是什么，因为很多企业的制度都以公司利益为前提而制定的，这在 90 后员工看来，这样的制度就过于冰冷和强硬。

制度的刚性化往往需要员工自我改变，从而适应所有的制度规章。但 90 后的思维却是与之相冲的，在他们眼中，对于那些"不合情理"的制度，他们没有能力去改变，但是要他们改变自己去遵从这些制度又是不可能的。除了"追星"以外，90后对待任何事都不盲从，尤其是工作，他们习惯在思考中给自己设立标准，就算是刚性的制度也不能让他们放弃自己的标准。

总体来说，90后员工其实吃"软"不吃"硬"，而且很多富有个性更有才能，他们有的获得信息的速度更快，有的学习能力更强。尽管管理者在工作上的经验远远胜于他们，但是一味地用制度和权力压制他们，反而会遭到他们的反感，因此，管理者在转变沟通方式的同时，还有采取软化性的管理方式。

4) 提高员工满意度

很多企业都非常注重顾客满意度，而忽略了员工满意度。其实，企业在推行顾客满意度的同时，更要推行员工满意度，因为只有当员工对公司感到满意时，他们才愿意为了获得某种利益而主动地把"个性"收敛起来。

5) 巧妙利用互联网

90后被称为"互联网"一代，他们大多数是伴着互联网成长起来的。因此，在企业中，他们更希望企业能够为他们提供高技术和新科技。随着时代的发展，采用新技术来提高工作效率将成为企业吸引员工的一大亮点。

有研究表明，使用互联网技术或者移动技术的工作人员效率更高，因为互联网或移动技术给予了员工更多的自主权和灵活性，同时也能给员工带来更多的幸福感。

网络上流行着一个词——"技术宅"，80后、90后很多都是"宅男""宅女"，因为互联网的普及，他们足不出户也能了解世界，因此，这些人更愿意把工作地点放在办公室里。

某家公司最近启动微信开会的模式，公司的经理说："以前开部门业务交流会，全都是在会议室开，既浪费时间又收不到好的效果，现在采用微信开会之后，把开会内容转化成文字信息，既直观又精练，没有一句废话，不仅节约了大家的时间，还提升了员工的工作效率。"

有人预言：智能手机、平板电脑及其他电子协作工具将成为未来职场的基本需求。

2.2.5　制定制度的流程和禁忌

管理者常常抱怨员工"不服管"，除了和员工本身有关之外，还可能是制度本身存在缺陷。

1．充分征求员工的意见

【事例】

某公司为了了解员工对工作的看法，采用员工参与制度管理的方式以调动员工的积极性，公司内部设立了 100 多个建议箱，要求管理者每个月打开箱子 1~3 次，一旦员工的建议被采纳，就能得到相应的奖励。

这项举措实施以后，很多员工都积极地在意见箱里投放自己的意见。在接收到的众多数量的纸条中，管理者发现，70 后员工的意见比较中规中矩，80 后员工的意见稍有创新性和突破性，90 后员工投的意见最多，却也是表达最直接的。有的 90后甚至大胆地指出公司某些制度的不合理之处，而且管理者还发现，虽然 90 后员工提出的很多意见看似"无厘头"，但细想一下，又觉得合乎情理。

到了月底，公司一共收到了 300 条建议，意见采纳率达到了 50%，比预期要高了很多，管理者还发现，在不同年龄层的员工中，90 后员工提的建议采纳率最高。

为什么这家公司会这么重视员工的意见和建议？因为作为制度的执行者，基层员工反而更具备发言权。

下面从员工对制度执行不到位的原因以及如何让员工参与到制度管理两方面进行阐述。

1）员工对制度执行不到位的原因

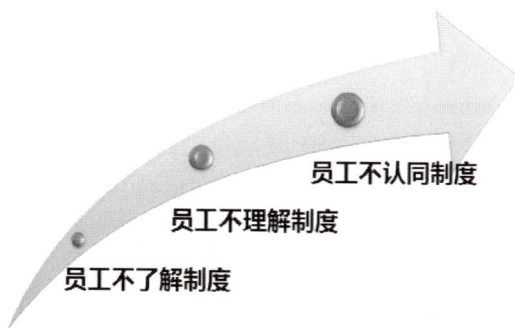

在现实工作中，很多企业的制度是由高层的领导制定，完全没有在乎员工是否参与进来、是否认同这些决策，因此很容易造成员工执行不到位，这是为什么呢？原因有以下几点。

员工对制度执行不到位的原因

员工不认同制度

员工不理解制度

员工不了解制度

(1) 员工不了解制度。

新员工常常会做错事，很大一部分原因是他没有了解公司的制度。我们常常会遇到这种现象，行政部的领导在例行检查后，发现新员工某些方面没有做到位，便忍不住训斥几句，最后遭到新员工的反驳："我又不知道。"

是的，如果公司没有把宣传、培训、教育等工作做到位，那么员工是很难了解制度本身及其意图。

(2) 员工不理解制度。

很多员工不理解公司为什么要制定这样的制度。对于 90 后员工来说，他们必须要知道制定这样的制度有什么用，或者制定的标准是什么，他们才能衡量是否应该去执行。

(3) 员工不认同制度。

员工不愿意遵守制度的原因除了他们不理解制度以外，还有一点，就是他们不认同制度。很多员工会把这种不认同藏在心里，但是 90 后员工会直接表达出来，有的从言语上表达，有的直接用行动表达。

因此，管理者只有让员工参与到制度管理中来，才能让他们觉得自己被企业认可。认可在实质上，反映的是一种被需要的心理需求，员工被企业需要可以产生成就感和归属感。

2) 如何让员工参与到制度管理

在企业中，90 后员工是资历最浅的群体，但他们希望自己能够和上层领导之间建立一座平等对话的桥梁，他们想要拥有自己的发言权。那么管理者应该如何做才能架起这座桥梁？

(1) 给予发言的渠道。

发言的渠道有很多种，管理者应该给员工提供自由发言的空间，像微博、论坛就是年轻人很好的发言途径，除此之外，还可以让新员工参加公司的各种会议，并留 10 分钟的时间听取他们的意见和建议，这种开放式的发言方式能够给管理者提供多角度的思考方式。

在制度管理中，给予员工发言的机会，不仅体现了集体参与感，而且还能够征求大家的意见做出改善行为，让大家一起思考、讨论、交流，这比几个管理者单独做决策要更令人信服。

(2) 创造沟通的机会。

管理者要多为员工创造与高层领导沟通的机会，对于 90 后来说，他们并不畏惧领导，除了那种喜欢摆"花架子"、玩弄权术、高高在上的领导，他们都喜欢接触。创造他们与高层领导接触的机会，也是对他们的一种鼓励，同时因为每一个领导的性情都不同，领导的性情在一定程度上又决定了公司的文化，所以，员工和他们多接触，能够对公司有一个更全面的了解，对公司的制度也会有更加深刻的感悟。

(3) 树立参与成就感。

在员工参与制度管理中，最有成就的事是自己的意见被公司采纳。奖励被采纳意见的员工，可以充分调动他们的积极性。因此，广泛征求员工的意见，是每一个管理者必须重视的问题。

2．制度内容要简洁明确

【事例】

一位 90 后员工最近很困惑，他上个月的工资少发了一百元，"工资被扣，我完全不知道，直到拿到工资条，我才知道自己被莫名其妙扣掉了一百元钱，我拿着工资条去找财务部，财务部的同事告诉我这是我上级领导的意思，但是我的领导并没有告诉我要扣工资这件事。"

公司领导这样回复："小李上个月有一项任务没有达到标准，所以在月底发工资的时候，我让财务部的人员把他的工资扣了一百元钱。"

小李说："公司的考核制度并不怎么全面，上次也发生了这样的情况，整个公司找不到一个能够对此事负责的人，员工找财务部，财务部说是领导的意思，去找领导，领导说这是按照公司的奖罚制度走的流程。"

制度不明确，就会给企业和员工带来很多的麻烦，因此，管理者在制定制度的时候，要注意以下的事项。

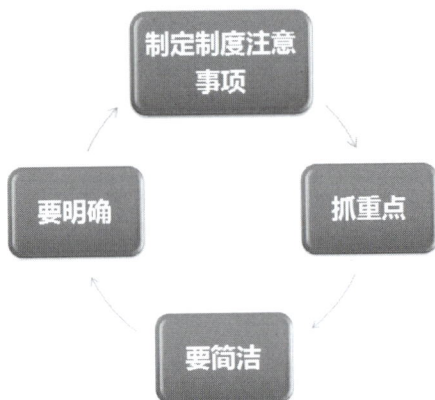

1) 抓重点

制定制度要抓住重点,不要把一些无关紧要的事也放进去,否则既显得拖沓冗长,又不利于员工执行。因此,管理者在制定制度之前,先要确定好目标,把最重要的目标提炼出来,然后针对目标去拟定草案。

2) 要简洁

制度要尽量简洁,一段话,主、谓、宾齐全就行了,没必要添加各种各样的修饰词,例如,最简洁的一条制度条令——"厂内严禁烟火及易燃品",有的公司非要写成"厂内不得放置可燃性或容易导致燃烧的物件",这话看起来不仅冗长繁杂,还让人不好理解。

因此,在制定制度的时候,语言一定要简洁、通俗易懂。

3) 要明确

制度内容一定要明确、具体,不明确的内容容易让人产生错误的理解。哪些事允许做哪些事不允许做,都要有明确的指使。

3. 制度避免太过苛刻

【事例】

90后员工小王准备辞职,原因是他觉得公司的制度太过苛刻。"公司的制度规定,每天早上八点半上班,迟到10分钟以内,就要扣全天的工资,相当于哪怕迟到1分钟,这一天的工作就要白干了。这还不算,更搞笑的是,迟到超过10分钟,本月的奖金就要扣除一半。"有人问,为什么觉得搞笑,小王说:"分析一下就知道,这种制度不但不近人情,而且还非常不利于企业发展,员工早上一旦迟到了,来公司上班还不如直接请假,反正上班一天的工资也没有了;遇到迟到10分钟以上的情况,就一定要请假,就算撒个谎也要请假,因为这样不仅不用上班,全月的奖金也保住了。"

公司原本是为了用这种考核制度来约束员工,保证员工上班不迟到,提高效率，但是一旦制度出现了不合理的内容，就会限制企业的发展，而且还会让员工钻制度的空子。

制度的本身是为了规范管理员工，产生积极有效的结果。仅仅是为了约束员工，而制定出不合理的制度，就会激起员工的反感和逆反心理，反而会造成企业执行力下降，公司的发展也必然受到影响。

那么针对这种情况，企业应该如何做？

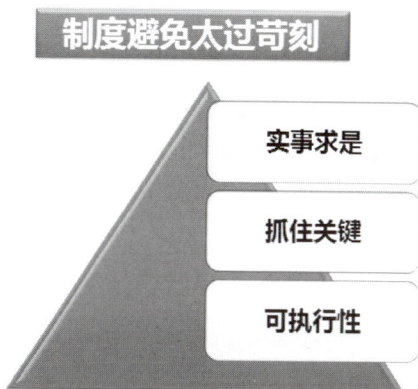

制度避免太过苛刻

实事求是

抓住关键

可执行性

1）实事求是

制定制度首先要遵循客观事实，要防止"臆断主义"和"经验主义"，也不能盲目照搬，把别的企业的制度生搬硬套到自己的企业上。很多时候，制度的执行力不到位，并不完全是员工的问题，也有可能是制度本身就存在缺陷。因此，对于那些不符合客观事实的制度要尽量筛选剔除。

2）抓住关键

很多企业制定制度总是面面俱到，什么都想抓，但其实什么都抓不好，因此企业要尽量避免犯这样的错误。

3）可执行性

制度不宜太严格，也不宜太松散，要确保具备可执行性。如果太严格，执行的难度就太大；如果太松散，就会让员工越来越散。因此制定制度要把握一定的度，保证可执行性。

2.2.6　执行比制度更重要

制度一旦建立，关键就在于执行。只有严格地执行制度，制度才具有真正的价值和意义。

【事例】

一家著名的企业，总部仓库里 90%以上都是男性，因此内部有明确的规定：员工不得在工作场合吸烟。这条规定看似小事，但是执行起来却不那么容易。

公司的 90 后员工小佳，他工作扎实稳重，性格随和，很受仓库领导的喜爱，但是他有一个毛病，喜欢吸烟。可是由于公司有明文规定，员工不准在工作场合吸烟，于是他只好每天上班前吸几口，然后忍耐到下班。

有一次，小佳发现二楼厕所旁的楼梯拐角处比较隐秘，而且他认为厕所附近应该不算是工作场合，因此他偷偷地在这个地方点燃了香烟，不巧的是，恰好被仓库的主管看见了，当时仓库的主管什么都没说，可是很快，小佳就从人力资源那里收到了通告信息：第一，按照公司规定罚款 500 元；第二，全厂通报批评。

这一事件公布后，在仓库里引起了很大的反响，不少员工认为这样的惩罚太过小题大做，只是在厕所旁吸了一根烟，而且对仓库没有产生任何影响，就被罚款，惩罚力度太大了，但是，这件事同时也让仓库里的员工知道了，对于公司的制度，是不能随随便便触犯的。

从上面的事例中可以知道，不要因为制度关乎的只是一件小事，就认为可以放松，降低执行标准和力度。在制度面前，员工违反了制度就必须按照惩罚的标准来执行，否则，制度只是一纸空文，起不到什么作用。

作为管理者，不仅要重视制度的制定，还要重视制度的执行。在制定有价值的制度策略之前，管理者必须确认企业是否有能力来执行，要明白制度是建立在执行的基础上的。

任何一项制度，离开了执行，都无法发挥它本身的功效，因此，提升企业的执行力就变得尤为重要。

某家公司面临倒闭，于是公司聘了一位资深管理人员。这位管理者上任之后，展开了深入的调研，发现公司有很多制度都没有落到实处，员工工作十分散漫。因此，管理者没有别的动作，只是把公司的各项制度稳稳地落到实处，不到一年，公司竟然起死回生了。

下面我们从如何提升员工的执行力以及执行过程中要注意的问题来进行阐述。

1. 如何提升员工的执行力

没有执行力，再好的制度也是没有意义的。制度是否执行到位，既反映出企业的整体素质，也反映出管理者的角色不仅仅是制定策略和下达命令，更重要的是具备一定的执行能力。

因此，**管理者如何培养员工的执行力**，是提升企业总体执行力的关键，那么就要做到以下几个方面。

1) 提升执行能力

执行能力欠缺，就会影响到工作的各个方面。有一名企业家说过："三流的点子加上一流的执行力，永远比一流的点子三流的执行力要好"。一项工作要顺利展开，就必须要有执行能力。

如何提升员工的执行力

提升执行能力　强化执行动机　端正执行态度

执行能力，对于个人而言，就是把想干的事干成，即"会做"，对企业而言，就是把策略一步步落实到位，即"会引导"。

每个公司都有自己的制度和管理规则。如果这些制度和管理规则没有落到实处，那么只能算纸上谈兵；相反，如果能够落到实处，那么即使再简单的制度和规则，都能产生巨大的能量。而员工的执行能力水平能否充分发挥，决定其投入程度，因此，管理者要努力培养员工的执行能力，加深他们的投入程度。

要提升员工的执行能力，加深他们的投入程度，就要做到以下几点。

(1) 让员工明白"干什么"：首先让员工明确自己的工作职责，找准方向，然后进一步确认"什么该干，什么不该干"。

(2) 让员工了解"谁来干"：一项工作"谁来干"就是确定员工的工作岗位，在这过程中，管理者应帮助员工理顺工作关系，对各个岗位有明确的界定，解决责任不清、职责不明等问题。

(3) 让员工知道"怎么干"：在调研、论证的基础上，管理者应该要让每个员工都清楚自己的工作应该"怎么干"。

2) 强化执行动机

一个人不仅要有执行能力，还要有工作意愿，即要"肯做"。管理者在重视自身执行力的同时，还要注重培养员工的执行力，强化执行的动机，不仅能够发挥员工的主观能动性，还能发挥员工的责任心，让他尽一切努力做好每一项工作。

IBM 公司拥有强大的销售团队和最完美的售后服务，它之所以做得这么好，因为公司有明确的规定：每一位优异的员工，都要对新员工或者表现不好的员工，进行一对一的辅导。这种辅导方式从一定程度上，提升了员工的工作意愿，因此保证了整个团队具有强大的执行力。

那么，该如何强化员工的执行动机？

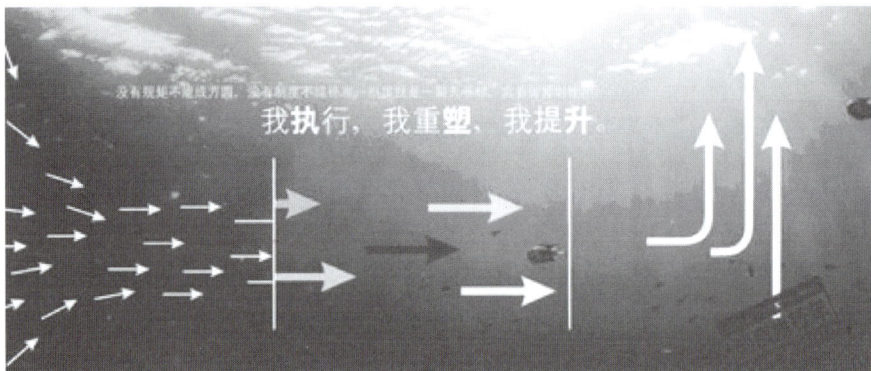

(1) 榜样机制：管理者要观察员工的工作状态和工作习惯，分辨出工作认真的人，工作认真的人通常能激发员工的士气。

(2) 效率机制：了解员工遇到难题时处理方式是否正确，观察员工如何通过各方的助力来完成工作。

(3) 目标机制：重视培养员工的执行力，提升企业总体的执行力，帮助员工制定目标，为他们树立榜样，提升员工的效率。

3) 端正执行态度

不遵守命令，违反规定，都是态度不端正的表现。90 后员工，常常给管理者带来各种各样的难题，往往是因为其态度不端正，因此，管理者要重视员工的态度问题，帮助他们端正执行的态度。

在工作中，管理者要敢于突破思维定式和传统经验的束缚，努力寻求不同的方法和思路，才能使团队的执行力发挥出更好的效果。

2. 执行过程中要注意的问题

在执行的过程中，管理者要注意以下几点。

1）重视过程控制

在制度执行的过程中，管理者要重视过程控制，对事物的发生、发展、演变都要有一个全方位的监督和检查机制。过程控制作用是及时发现有瑕疵的地方，避免造成不可挽回的后果。很多时候，一个环节薄弱或失误，就有可能导致整个企业陷入困境，因此，管理者要做到防微杜渐，重视过程控制。

2）重视执行方法

管理者往往只注重执行的结果，执行结果是好的，员工自然得到奖励，执行结果不好，就会受到各种惩罚。很多 90 后员工常常在执行的过程中出现失误，接受惩罚不久，又会出现同样的错误，这有可能是员工在执行的过程中，用错了方法而不自知。如果管理者在员工犯错的第一次就帮他指出过程中的错误，那么他再犯错的概率就会减少很多。因此，管理者不仅仅要重视结果，同时也要多多留意员工在执行过程中是否用对了方法。

当然，有些 90 后员工想法多，创意丰富，他们想用自己的方法来解决问题，管理者也可以试着让他们按照自己的想法做。但是现实生活中，很多管理者把问题抛给员工之后，自己就撒手不管了，然后出了问题就归咎于员工。其实就算员工尝试用自己的方法做，管理者也要做好对过程的控制和监督，可以的话，尽量和员工一起讨论处理方法的优势和劣势。这样既可以拓展新的解决问题的渠道，又能避免发生毁灭性的、不可挽回的后果。

3) 重视细节方面

没有制度就没有管理，而量化、细化的制度管理能够保障企业的长盛不衰。

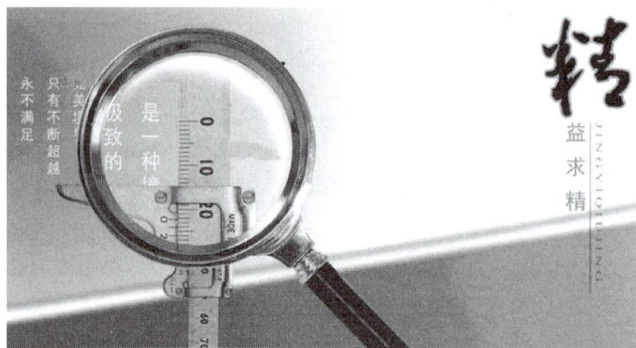

企业在发展过程中，常常会忽视很多看似琐碎、简单的事情。事情太小太杂，不太容易形成统一的量化标准，但是"细节决定成败"，管理者要想达到管理的最高境界，就要重视细节管理。

2.2.7 责任监督常抓不懈

在现代企业中，再严谨的制度也需要有效的责任监督，没有监督，再好的制度也只是摆设。

【事例】

90 后员工小马在一家大型的电器公司后勤部工作。一次，小马去购买凉席，为员工宿舍增添生活用品，由于商店没有正规的发票，因此给了他一张等额的餐饮券。

但是，最后去报账的时候，这张餐饮券并没有逃过财务部的火眼金睛。财务部经理找小马问了话，在弄清了事情的真相之后，财务部经理坚决让小马去商店找老板补办合格的发票，因为这是公司的规定。小马无奈，只能再去那家商店，找到老板把事情一五一十地说清楚，最后老板在他的坚持下，也只好妥协，从别的商店弄来了正规的发票，然后补给了小马。

这件事最终得到了圆满解决，同时小马也从中意识到公司对于执行规章制度的严格要求。

类似的事情在公司里并不少见，有时候员工也会抱怨有关部门太过较真，但是总经理常常会站出来说："对于公司制定的规章制度，较真并不是坏事，它是为了督促大家把工作落实好，这种监督是必要的，也是企业发展的重要保障。"

在现实生活中，经常会有这样的现象，每次听到领导要来检查工作，员工的积极性就特别高，做事也特别卖力，一旦失去了这种监督的机制，员工对待工作就会懒散许多。

下面从执行监督时要避免的情况以及如何建立有效的监督体系两方面进行阐述。

1．执行监督过程中要避免的情况

在执行监督机制过程中，要避免以下两种情况。

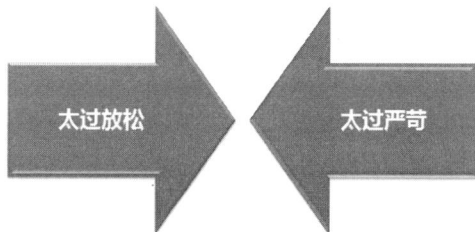

执行监督过程中要避免的情况

太过放松　　太过严苛

1）太过放松

太过放松的监督就好比没有监督，很多管理者因为忙碌而忽视监督的重要性，他们认为把工作任务布置下去就是把工作分解了。从管理者的角度来看，员工的工作是比较轻松的，他们总是怀着一种"锻炼员工""他们自己能搞定"的心态，放手让员工去做，或者甩下一句"有问题来找我"就不管了，这样会使得执行效果没有保障，很容易造成员工失误。

2）太过严苛

有的企业，为了监督员工，不惜采用一些高科技的定位系统，达到监督员工的目的。例如，给员工配备手机，通过手机定位，随时了解员工的动态；或者在工作场所安装大量的摄像头，观察员工的一举一动。这种做法有跟踪和窥视的嫌疑，很容易遭到员工的反感和抵触。

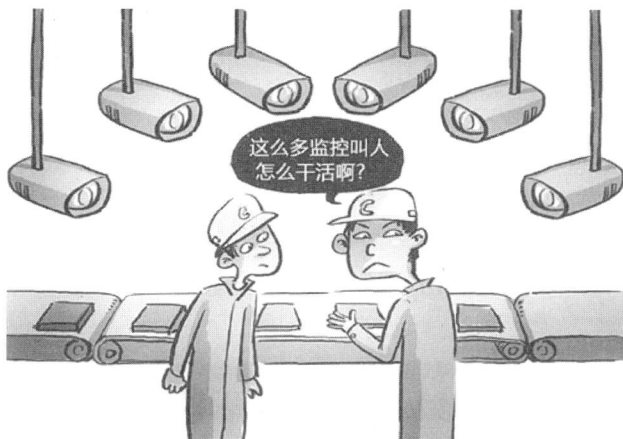

IBM 前总裁路易斯·郭士纳说过："员工不会做你想要他做的，他只会做你监督和检查的。"这句话精辟中蕴含哲理，只有检查和监督才能促使员工把企业的规章制度落实到位。任务的分解只是工作的前提，但是，执行的效果如何，还是要依靠检查和监督机制去体现。

管理者如果坚持工作监督，不仅会使员工头脑中时刻有一种制度的约束感，同时也有利于员工严格地执行和落实制度。当然，有时候对待 90 后员工，管理者也不能让这种约束感过于持久和死板，在适当的时候，也要放松一点，让员工释放压力，以最饱满的精神状态迎接工作。

2．建立有效的监督体系

监督既然是企业发展的重要保障，那么，如何建立有效的监督体系呢？有下面几点建议供参考。

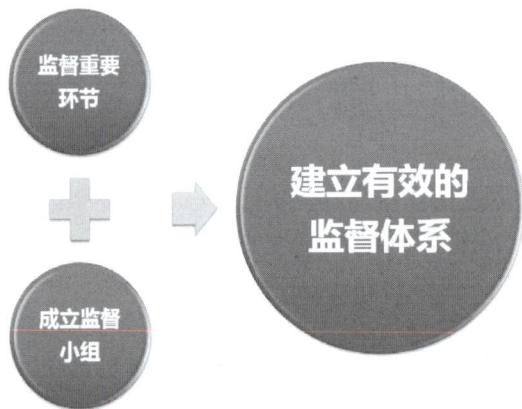

1) 监督重要环节

我们知道，在汽车的表盘上，看不到多余的仪器仪表，为什么？因为开车的人只需要控制速度和路线即可，不需要控制其他的东西。而企业管理也一样，管理者不用想着监督太多，只要把控好最应该监督的环节就可以了。

在服务行业里，企业对员工的仪表、妆容、面部表情都有严格的制度要求。一家企业要求员工在为顾客服务时，必须要露出 8 颗牙齿来微笑，这个规定的内容细致又具体，但后来管理者发现，与"热情地为顾客服务"这个要求相比，露出 8 颗牙齿显得就没那么重要了，因为不管员工微笑的时候有没有露出 8 颗牙齿，只要员工热情地为顾客服务，就足以表达对顾客的重视。

这也就提醒管理者，没有必要把制度定得太细化，那样不但执行起来麻烦，监督的时候更麻烦。

2) 成立监督小组

想要提升执行力，就要成立专门的监督小组，监督小组最好选用办事公正、有责任心的员工，这样才能落实监督制度，才能发挥监督的作用。

第3章

权威管理，赢得尊敬

学前提示

想要成为一个出色的管理者，让下属服从管理，不能单纯地依靠外表吓唬人，还得动一点脑筋。因此，树立权威是必需的。

要点展示

权威管理的意义
权威管理的 6 大绝招

3.1 权威管理的意义

任何企业或组织的管理者，都需要树立权威。权威不等于权力，权威主要取决于管理者个人的思想、品德、知识、能力和素质；取决于同企业员工思想上的共鸣、感情上的沟通；取决于管理者与员工之间的理解、信赖与支持。

从某种意义上说，权威管理能够给组织或团体带来一定的影响力，这种影响力一旦形成，就会像一股强大的凝聚力，吸引到各方面的人才和员工，让其心悦诚服地接受管理者的引导和指挥，从而产生强大的精神能量和巨大的物质产量。

管理者在树立权威的过程中，往往能够让人了解到领导者的人格魅力、学识、认知能力、处理问题和解决问题的能力；还有他的公正无私、领导力、执行力、创造力以及影响力；同样还包括他对人才的培养、使用、脱颖而出的机制以及资源的整合能力和配置能力等。

随着90后渐渐步入职场，管理者在树立威信方面，单纯地靠样子来吓人已经远远不够了，想要成为一名出色的管理者，就得依靠头脑和智慧来管理员工。

树立权威需要各种方法和手段，同时还需要管理者发挥自己的魅力和影响力，绝对的权威管理在企业中已经过时，想要"威慑住"现在的90后员工，就要创造新的权威管理方式。

3.1.1 过时的权威

所谓"权威"，是指管理者在组织中发挥出的威信、威望，是一种非强制性的管理方式。权威不是法定的，不能靠别人授权，只能靠自己赢取。

传统的权威管理相对来说更多的是对员工的一种"控制"以及使用"强权"。所谓"控制"，是一种强制性的操控和命令，其目的是让员工为公司创造出更多的利益和价值。而"强权"则是建立在职位之上的一种绝对权力。

权威应该是对权力的一种自愿的服从和支持，但在过去的管理中，人们对权威的认知还停留在权力带来威慑的层面上，员工对于权力安排的服从往往有被迫的成分，即使反对，也不得不服从权力所做出的安排，但这种服从不等同于认同。

传统的权威，概括起来，更多的是威慑、统治，这是一种很大程度上依赖于传统权力的领导形式，领导者会有一个传统的、合法的权力行使权。

然而，现在的90后已经不愿意再向传统权威低头。遇到委屈，他们会毫不犹豫地表达自己，这种表达直率、充满勇气，往往会刺伤一部分管理者，让管理者觉得威信大大受挫的同时，与员工之间的矛盾冲突也愈发激烈。管理者认为的那些合法的管理权力，在90后看来是那么的可笑，因为只有他们先认可了管理者拥有的权威，才算得上真正的权威，如果不认同，那只是一种强迫性的管理方式，导致的直接后果就是这些 90 后不愿接受这样的管理，管理者只能再用强权压迫……周而复始，陷入恶性循环的境地。

在 90 后员工看来，传统的权威领导者最常犯以下 5 种错误。

传统权威领导者常犯的错误

- 永远要胜过别人
- 不愿听到自己的过失
- 争辩时自己永远胜利
- 认为自己聪明
- 喜欢显示自己的威严

1．永远要胜过别人

就像一个班级，班长一定要比副班长学习成绩好，学习委员一定要比学习科代表成绩好，否则就无法让众人信服。在班级里，谁的成绩好，谁就是"王"，谁就有绝对的说话权力，下面看两段小学生之间的对话。

对话一：

"肖洁，帮我收一下每组的作业本。"

"好啊，班长。"

对话二：

"肖洁，帮我收一下作业本。"

"你谁啊，你又不是班长。"

由此可以看出，在班级里，成绩越好，职位越大，而职位越大，拥有的权力就越高。在企业中，也是一样，管理者升职的前提是拥有突出的业绩，有了业绩，才有升职的空间，才能获得自己想要的权力。

于是，管理者把成就和业绩看得很重，常年养成的竞争习惯，让他们不甘屈居人后，无论做什么，都要胜过别人，好像这样才能树立自己的威信，才能让自己的自尊心不受到打击。

2. 不愿听到自己的过失

管理者经常"吐槽"90后员工"辞职不打招呼"、"懒到经常迟到","目中无人又不知悔改"。90后员工则抱怨自己的老板"死要面子活受罪"、"做了错事还不让人说"。

员工犯错了,老板可以随意地坐在办公室,大大方方、堂堂正正地指着员工的鼻子呵斥。但是老板犯错了,员工私下讨论都不行,一旦被"抓包"可就惨了。

在90后员工眼里,老板犯了错完全是可以原谅的事,因为他们又不是圣人,犯点错有什么值得大惊小怪的。最不能理解的就是老板犯了错,还得藏着掖着,不让人说,这不让人憋死吗?

有个90后员工这样说:"犯错了还不让人说,有种别犯错啊。"

另一个附和道:"就是,说一下他又不会掉块肉。"

这是正常的90后的逻辑思维,作为领导,为了挣面子、攒威信,自然是不希望被人谈及自己的过失和不足。但是在90后眼里,老板有缺点又不是什么见不得人的事,说一说有什么关系,犯错了不让人谈论才是错上加错。

3．争辩时自己永远胜利

老板和员工争辩是常有的事，传统的老板最喜欢和员工争辩的时候获得胜利，要是被员工争赢了，那么自己这个老板的面子往哪里搁？

这样的老板常常让 90 后员工抓狂不已，既然事事都是你说的对，那么还要争辩干吗？争得面红耳赤了，自己还费力不讨好。

那么，让 90 后做一个"顺从"的人，不和自家老板争辩？做梦！他们这种充满创造力和想象力，又极具表现力的人，有了自己的想法，怎么可能不和自己的老板辩一辩？况且，老板喜欢那种老实巴交、唯命是从的员工吗？当然不！老实巴交、唯命是从的员工看起来似乎很好使，但是时间一长，他们自身的缺点也就暴露了：没有主见，没有创新能力。再者，这个世界，不正是因为有了相反的意见和各种矛盾冲突，才有了文明和时代的进步吗？

所以，一个公司需要勤恳务实又听话的员工，同样也需要天马行空、富有想象力的员工，这样可以给公司带来意想不到的收获。但是，对 90 后员工来说，老板一争辩就想争赢的心态真是让他们充满了无力感。

4．认为自己聪明

为什么争辩从来不认输？因为管理者觉得自己比员工聪明，有更丰富的经验，有足够的权力。

90 后员工更希望"摆脱控制"，跳出局限的框框，征求平等对话，即使被称为"自作聪明"，也坚决跳出来捍卫自己的权利，从管理者那里分享权利，获得自身的存在感。

而管理者总是站在经验和权力的高度去俯瞰 90 后员工，他们更多的是想要满足自己的利益需求，认为自己无论是在决策、领导、管控、调整、实力等方面，都在员工之上，自己比员工更聪明，更具备理性思维能力，想法和做法都要更加细致周全。

然而，说不定在 90 后员工心里，是这样一番说法："他把所有资源都揽在自己身上，从不会主动分享，真不是聪明的做法，但他自以为乐。"

这就是管理者要求自己拥有绝对的主控权的结果，他们要做到对员工的一举一动都了如指掌。而 90 后最现实的权利，就是从管理者那里获得信息，控制进度，在一定范围内拥有"自主权"。因此，聪明的管理者，会选择淡化权威、淡化绝对服从，最终放弃权威。

5. 喜欢显示自己的威严

在管理者看来，管理企业威严必不可少。但是，很多管理者喜欢在员工面前显示自己的威严，这种做法，让很多 90 后员工感到不能理解。

在《红楼梦》里，王熙凤是人见人惧的"凤辣子"，探春最初接管园中事务时，便在众人的嘲笑中，对王熙凤定下的种种不合理条例一一驳斥、废除，可谓是大刀阔斧，全力颠覆了王熙凤在众人眼里的"权势"力量，让贾府的人全都心服口服。

权力不等于权威，权威总有过时的一天，管理者在员工面前显示自己的威严，实际是在自己脚底下埋了颗炸弹，等到冲突真正激化的那一刻，员工会将你所有的威严一一推翻。

在 90 后员工心里，他们承认的威严才算威严，不承认的，只能算个"表演"，"表演"的主角，自然是他们那端着架子的管理者。

3.1.2　新主义权威

在现代职场中，90 后员工绝对是一个又让人束手无策的群体。他们是目前平均受教育程度最高的一代，属于知识型人才，但是他们又颠覆传统，由"自由化"取代"结构化"，而导致这种变化的原因，归根结底是自由开放的互联网精神。

20 年以来，互联网慢慢渗透进人们的生活，它在给人们的生活带来巨大改变的同时，又影响了一代人，这代人与互联网几乎共生，他们被称为"90 后"或者"网络化的一代"。

互联网最大的特征是信息量大，90 后通过互联网，可以从不同的视角去观察、理解这个社会。因此，90 后打破了之前代际的单一思维，树立了不同的价值观和思维方式，变得更立体、开放和包容。这时，还沿用传统的权威管理模式已经无法管好 90 后。而当 90 后逐渐成为职场主体时，整个职场的价值体系无疑将发生改变，变得更加开放、自由和多元化。

由于 90 后在接受和掌握新技术方面具有天然的优势，相对年长者来说，他们就更能适应这个时代的快速变迁，于是，"前辈向后辈"学习的反社会文化已经成为职场的主流。

同时，与之相应的传统的权威管理模式也已悄悄发生了改变。与 60 后遵从权威、70 后质疑权威、80 后挑战权威不同，90 后正在解构权威。在 90 后的思维观念里，他们认为没有人可以主导他们的生活，包括父母在内，都只能给予建议而不能帮他们做决定，在职场中也是一样，管理者只是顾问而不是指导者，这种新型的职场关系将就此形成。

网络化的 90 后在社会中引起了强烈的效应，这一代人的到来，打破了传统的社会职场运行规则。既然 90 后逐渐成为世界主体，那么公司只有将自己重新洗牌来适应他们，才符合时代进步的潮流，而管理者更是要摒弃传统的权威管理，用新的权威管理方式去征服这些新人类。

3.2　权威管理的 6 大绝招

你还在以权压人吗？你还在以让人厌弃的方式显示自己的权威吗？

不知管理者有没有发现，越重视权威，与 90 后员工之间的距离和代沟就会越大？在职场中，这已经成为一条定律，也将成为两者之间的一条不可逾越的鸿沟，这条鸿沟被称作"代际差异"，也叫"代沟"。

即使这样，还是有很多管理者信奉权威，并且每天高举着"权威"的旗帜，将"威"与"压"撒向全体员工，于是，组织成员之间的关系愈发的岌岌可危。当这条鸿沟的深度和宽度持续扩大到某个临界点时，一场前所未有的"代际冲突"战争就此爆发了。

"战争"爆发之后，管理者就开始自省，为什么 90 后这一代人踏入职场会带来如此巨大的爆破力？而那些曾经引以为豪的管理自信，为什么一瞬间就跌进了谷底？

管人容易吗？很多人回答，管人不容易。的确，任何一个组织或企业的管理者，都要经历从"管事"到"管人"的艰难变化。但是在遇到 90 后之后，从前的管人模式竟然完全不起作用了，管人管事从这代人走进社会、步入职场开始，变得难上加难了，而很多管理者发现，自己这么多年积累起来的管理经验和管理自信，竟然正在渐渐面临崩溃瓦解。

社会变化如此之快，而"前辈向后辈学习"的反社会文化给我们带来的警示是：传统的权威管理已经过时，新的权威制度正在降临，管理者要做的不是抗拒

它，而是理解、接受并且适应它。

专家提醒

"前辈向后辈学习"的文化，称为反社会文化，也叫作前象征文化，它是指由于年轻人对未知的将来具有更敏锐的洞察力和理解能力，因此，年长者不得不向后辈学习的一种文化。

那么，让我们来看看权威管理的 6 大绝招。

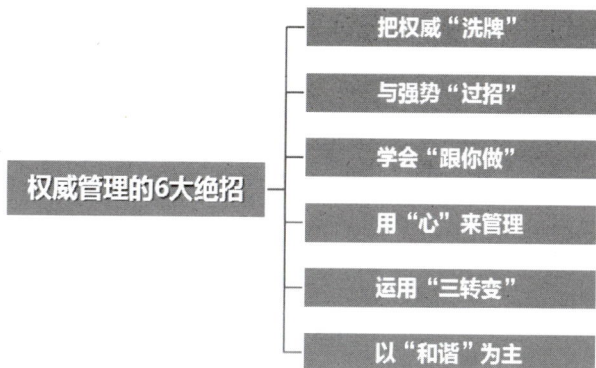

把权威"洗牌"

与强势"过招"

学会"跟你做"

权威管理的6大绝招

用"心"来管理

运用"三转变"

以"和谐"为主

3.2.1 把权威"洗牌"

在权威问题上，管理者和 90 后员工已经出了分歧，管理者认为职位越高，权力越大，如果没有一定的威信，根本无从管理 90 后员工；90 后员工则认为无论管理者的职位多高，他们之间都是平等的，如果管理者只会用权压人，那么是无法管理好 90 后员工的。实际上，管理者不仅要注重权力，还要重视"个人影响力"，成为具有权威的管理者。

1. 权威不是拿来服从的

【事例】

某公司迎来了一个 1996 年的新员工小杨，比起 1990 年、1991 年的那些稍稍靠近 80 后的员工来说，这个 1996 年的员工明显让公司其他人越发的措手不及，他的直属上司老刘感慨道："看到他，我有点慌，也有点害怕，仿佛自己还没做好准备。"

小杨目前是这家公司最年轻的员工，上班第一天，他就感受到来自众人那种异样的眼光，他知道，那是属于上一代人对下一代人的张望，是传统对时尚的窥视，是前辈和后辈之间的代沟。

在小杨工作的几个月中，回复短信经常会使用一些新语言。对此，老刘说道："我觉得很难堪，并不是因为他使用新语言而让我觉得难堪，而是因为自己的权威感正在慢慢流失带来的失落……他们似乎什么都不懂，又什么都知道……年轻人具备很多的优势，具有独立的人格和个性，但是平时的很多想法都让我觉得莫名其妙，让我觉得受到挑战……"

小杨最不喜欢撰写文案，因为老刘总是拿着他的文案问："这是文案？文案是这样写的？你这文案未免太标新立异了，重写。"

小杨的文案相对传统的来说，的确算得上标新立异，他平时用惯了网络流行语，于是这也成了他的语言习惯，他把很多文案用网络语言编成了顺口溜，面对老刘的指责，他很淡定："这样看起来更清晰明了、通俗易懂。"

老刘又和他争论："可是这种东西怎么给上面的领导看？没有标准，随心所欲，文案是你想怎么写就怎么写的吗？"

"可是我们更喜欢看这种文案。"小杨还在为自己辩护。

在小杨的观念里，权威不是用来服从的，而是用来打破的，对于领导的工作指令，他会认真完成，领导可以提意见，但是不能帮他做决定，最终怎么做得由他自己决定。

时代赋予了 90 后鲜明的特征，他们张扬自我、藐视权威。在社会学中，90 后表现出了不同于 60 后、70 后、80 后的权威理念，他们不会像 60 后、70 后那样服从权威，也不会像 80 后那样质疑权威，而是将他们不认可的权威解构，然后建立的新的权威。

下面让我们从 90 后在工作中表现的共性以及产生这些共性的原因来阐述权威对 90 后的意义。

1) 90 后在工作中表现的共性

无论是面对经理还是老总，他们在工作中都会表现出同样的共性。

90后在工作中表现的共性

判断指令　　　　自我思维　　　　直面冲突

(1) 判断指令。

在工作指令下达后，一般的员工首先会遵守，有疑问再提出。但是 90 后不同，他们首先会判断，认为合理的才会接受。

(2) 自我思维。

在工作执行的过程中，他们有自己的思维方式，他们习惯用自己的方式去解决问题，他人的经验可以用来借鉴和参考，不能决定他们最终的走向。

(3) 直面冲突。

任何一个时代的人，都有自己独特的面对矛盾和冲突的表现，有的会慑于权势而"欲言又止"，有的会服从权威而"不发一言"，但是 90 后遇到矛盾和冲突，他们通常会选择直接面对。有人说"这是初生牛犊不怕虎"，也有人说这是"狂妄自大""目中无人"，其实他们只是想把内心的想法表达出来而已。

2) 产生共性的原因

这种共性是多方面因素综合作用的结果，包括成长环境、教育环境以及开放式的社会环境等，其中还包括 90 后的自身因素。

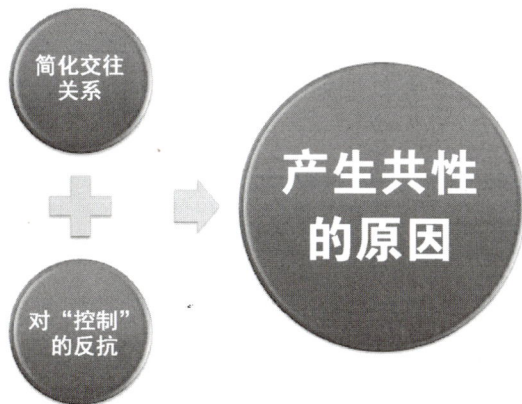

简化交往关系　＋　产生共性的原因

对"控制"的反抗

(1) 简化交往关系。

这个社会，存在各种各样的交往关系，家庭关系、师生关系、同学关系、同事关系、领导和下属的上下级关系等。

老一辈的人喜欢把各种关系明朗化，和不同的人交往，采取不同的沟通方式，厚黑学中称之为"见人说人话，见鬼说鬼话"。但是对于 90 后来说，他们习惯把所有的社会关系都简化成为朋友关系，没有从属和控制的行为。

在他们的成长过程中，或许一直渴望长辈把他们当作真正的朋友看待，而家长和老师却总是喜欢站在长者的角度对他们"指指点点"，这种指点往往不是建立在平等之上，更多的是一种控制行为。

在职场中也一样，90 后员工更喜欢把领导当作朋友，朋友可以互相赞美，可以互相批评，可以为了某个分歧的意见发生争吵。因此，90 后员工对矛盾和冲突会有更强烈的表达欲望。

(2) 对"控制"的反抗。

90 后从小就表现出各种各样的"叛逆"行为，在社会上引起过各方人士的关注，他们称 90 后为"垮掉的一代"。

这种"叛逆"行为不论是在家庭还是在学校都时常发生，大人们往往担心的是如何改变他们这种不被约束的现状，而不是从本质上去理解这种行为。

90 后身上最突出的特征是他们代表着"前辈向后辈学习"的反社会型文化，这也是一种新的权威的代表，对于任何旧有的权威的控制行为，他们都会不遗余力地反抗到底。

2．叫板权威

【事例】

与张扬的 80 后相比，90 后显得更加有恃无恐。

曾经，90 后是"狂傲""暴力叛逆""自私""非主流""脑残"等不良属性的代名词，而今他们依然顶着"缺乏信念和理想""过分追求自我和个性""网络毒药"等头衔纵横世界。

在微博、贴吧里，他们敢于给自己标榜"90 后"头衔，敢于自信地叫板老师、家长以及领导的传统权威。

有一则贴吧，一位 90 后这样写道："迟早有一天，我要买下我老板的公司，然后我做的第一件事就是把我的老板赶出去。"面对这样目中无人又信誓旦旦的宣言，管理者表示很无奈。在一则调研中，有 75%以上的 90 后认为自己比长辈了解得多，对于精通网络信息的他们来说，长辈简直就是一只"菜鸟"，谈及某件事时，90 后最常用的语句是："他们懂什么啊？"

一个经理偶然听到一名年轻员工对自己的评价："老板很有能力，但就是太过严肃，要是我当了领导，我一定和员工打成一团，是谁规定领导就一定要摆着一张扑克脸？让员工整天提心吊胆的，他们觉得很有成就感吗？在我看来，这种管理风格早就过时啦。"后来这位经理找到这位员工面谈，员工态度还是那样，甚至给他提出建议："我不赞同以权压人的管理方式，我们是员工，不是作奸犯科的坏人，有思想有情感，还有辨别是非的能力，要是做错了事，老板您一定要直说，但是高压、蛮横地利用权力，和古代那些暴力君王有什么两样？现在都是 21 世纪了，人类文明造就前进了好几千年……为什么不能像朋友一样相处呢？……老板您不幽默，能别阻止员工幽默吗？我们需要这种舒适自由的环境……工作？当然是事在人为啦，尽量不拖组织后腿就是了……"

90 后公开叫板传统权威已经不是什么稀罕事了，比如，在办公室里，拿手机玩的次数最多的不是 70 后员工，也不是 80 后员工，而是 90 后员工，玩的时候还没有一丝顾虑，大大方方地拿出来玩，在领导出现的时候才会稍微收敛一些。

聊 QQ 也是，70 后、80 后更加习惯发短信、打电话这种简单直接的方式，而 90 后不同，逛微博、逛贴吧、聊 QQ。QQ 几乎是人们最重要的聊天工具，90 后交友几乎交遍了全世界。上班之后，90 后的 QQ 也几乎保持全程登录状态，工作时找人聊，下班后还是聊。

随着微信慢慢步入人们的视野，它渐渐取代 QQ 成为新一轮最受捧的聊天工具，有 90 后这样说："每天不点开看一看都觉得生活不完整，刷朋友圈也已经成为一种习惯了，虽然老板严令禁止玩微信，但是谁管他呢？他怎么要天天吃饭呢？"

面对 90 后员工公然的叫板，管理者该怎么做？

怎么应对员工叫板传统权威

改变认知 | "白金法则" | 快乐工作

1) 改变认知

让90后适应职场文化，还不如改变自己的认知。

以前的职场成功人士信奉"忍辱负重""韬光养晦""不鸣则已，一鸣惊人"这类法则，而现在的90后员工则是以"享乐"作为己任，他们不愿像70后、80后那样委屈自己，他们希望事事跟着自己的心走。

看过那么多90后"奇葩"的离职理由，其实本质上都是因为90后员工不甘待在一个无视自己感受的环境里。管理者要知道这一点，90后永远都是把自我感受摆在第一位，如果自我感受脱离平衡的轨道，他们就会站出来"宣战"，"宣战"的方式各种各样，就算管理者身经百战，往往也会有被刺伤的时候。

所以，改变员工，还不如改变自己，改变自己对90后这一群体的看法，与其防着他们做这做那，还不如允许他们有松散的空间，让"偷懒"不再偷偷摸摸，而是一件光明正大的事。

要知道，没有QQ，还有微博，没有微博，还有微信，没有微信还有将来开发出来的其他APP。其他的指令也一样，与其采取压制手段，给予员工公然叫板的理由，还不如给予他们"偷懒"的机会，借此堵上他们的嘴。

2) "白金法则"

在传统的权威管理中，管理者注重的是员工的强力的服从意识，并且有很多管理者崇信"狼性管理"文化。但在现在这个时代，尤其在90后员工面前，这一权威管理模式需要慎用。由于 90 后员工从小处在开放式的成长环境中，他们更注重被平等、自由地相处。

在人与人交往过程中，有两种待人法则：黄金法则和白金法则。

与 90 后员工相处中，管理者要学会使用"白金法则"去与他们相处，用"白金法则"替代"黄金法则"，用他们喜欢的方式去对待他们。

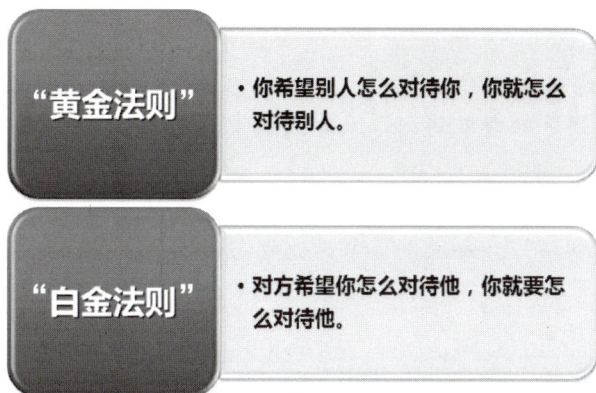

"黄金法则"	· 你希望别人怎么对待你，你就怎么对待别人。
"白金法则"	· 对方希望你怎么对待他，你就要怎么对待他。

专家提醒

90 后既是改革开放的受益者，也是社会行为失控的受害者。一个时代造就一代人，90 后叫板传统权威的行为是建立在这个时代为他们造就的人生观、价值观的基础上的。

3) 快乐工作

让员工快乐地工作吧！没有快乐，赚再多钱，他们也不乐意。

90 后小王刚进入一家新公司，她是名牌大学毕业，为人直率又热情，对工作有一颗积极向上的心，和任何人都相处得很好，俗话说："是金子总会发光。"老板看中了她的能力，便打算将她调到新的工作岗位。

新岗位有更多的晋升机会，小王一进去就因为高学历成为 3 星级员工，而比她早进公司两年的老员工却只比她高一级，因此，老员工对小王产生了嫉妒心理，在带她的过程中，总是刻意为难她，而且教的东西也只停留在表面，小王不喜欢办公室的钩心斗角，在多次暗示沟通无果后，小王向老板表达了调岗的意愿。

在 90 后的价值理念里，快乐高于一切，人生来就是为了快乐，工作是为了快乐，生活是为了快乐。对于员工来说，工作不快乐了可以换，但是对于企业来说，失去一个老员工，重新找替代的新人比留住老员工所要付出的成本高得多。

因此，让 90 后员工追求快乐、单纯的工作方式，将成为 70 后、80 后管理者的一大任务。

3.2.2　与强势"过招"

在一些企业里，领导人喜欢把自己看作是企业的大脑，而员工则是没有大脑的人，可以随意支配。

【事例】

小力是一家广告公司的 90 后员工，他来公司不久，部门换了一名新领导，据说是老总从某个平面媒体挖来的才子。

小力发现，新领导初来乍到，作风却很强硬。他从不加入任何小圈子，一直保持着自己强势的管理风格。

新领导定下的交稿时间从来不会更改，如果定了星期五，但到了周五下属拿不出稿子，就要被"重罚"。每次和员工讨论的时候，他总是很客气地表达自己的修改意见，但是如果员工不按照他的方法做，他就会在第二次讨论方案的时候，在高层领导面前一票否决。

有一次，新领导把小力叫进了办公室，对他当天撰写的一份广告策划案提出了很多修改意见。小力说："说是要跟我探讨一下，但态度完全是很果断的样子，根本不是讨论，而是让我完全按照他的意见改，尤其是那种不可一世的态度让我觉得很恼火。"小力气不打一处来，他工作也有自己的主张和想法，根本不愿以这种被迫的形式接受新领导的意见。于是，他当面指出了很多不合适的地方，还就细节跟新领导进行协商。

但从此以后，小力感觉这位新领导开始处处针对他，经常不断找他的麻烦，小力说："因为我上次的态度，新领导开始处处找我的茬儿，时常抓住我的案子不放，说东说西。我也是直性子，受不了他这种找麻烦式的挑衅，因此我经常和他吵，有一次因为两人实在无法达成共识而摔门而去。"

小力表示他很反感新领导的作风，他认为自己的方案有漏洞并不是他不努力，创意和天赋一样，不是想有就有的，它需要灵感的激发和酝酿，创意广告策划是没

有规律可言的。在有一次大吵过后，小力把自己和同事、朋友私下里发的牢骚编成一条短信发给了新领导，他认为自己的想法也有必要让领导知道，没想到，新领导没有因为这条短信惩罚他，也没有讽刺他，反而回了一条短信，欢迎他来共同探讨。

在之后的日子里，公司里的员工经常会看到这样一幅场景：新领导坐在电脑前，小力站在他旁边，两人谁也不看谁，用笔在电脑屏幕上指指点点，互相抢着说话，像是谁也不让着谁，一定要争个结果出来才罢休。

小力和新领导的争吵还在继续，但是渐渐地，新领导在小力心目中的形象有了很大的改观。虽然有很多同事依然会在私下里讨论新领导的强势风格，但是小力却不再像从前那样发牢骚了，他认为他们之所以对新领导的强势风格有诸多抱怨，是因为他们不敢站出来和领导争吵。

从一次次的争吵中，小力创作的广告方案也越来越出色，"吵过之后，因为不服气他的一些观点，我就铆足了全力，从更加独特的角度入手，看不惯他的强势时，我就逼着自己创造出更优秀的方案。"

同时，小力和新领导的关系也渐渐发生了改变，小力经常跑到新领导的办公室，拿着创意方案和样片和他争论一番，然后怒气冲冲地走出来，修改过后又继续走进去，如此反复，直到方案最终定稿。

小力在其他同事心目中，俨然成了另类，他是第一个敢和领导叫板的人，也是第一个敢指责领导太过强势的人。但是小力认为，领导有自己的做事风格，是很正常的事，关键是自己如何对待领导的这种风格，如果一味地把自己缩进龟壳，那么永远也不会进步。

在上面这个事例中，新领导有着绝对的权威，普通员工就是 70 后、80 后的代表，面对绝对权威，他们会有抱怨、敢于质疑，但是没有勇气站出来推倒。而小力代表着的 90 后员工群体则不同，他们有勇气站出来，并且将这种绝对权威解构，因为在他们心目中，他们就是权威。

下面从员工发泄情绪的方式以及强势领导常犯的错误等两个方面来进行阐述。

1. 员工发泄情绪的方式

在 90 后员工的思维观念里，遇到不公平一定会直接表达，绝对不会逆来顺受，他们表达的方式多种多样。

员工发泄情绪的方式

发牢骚   找领导

发状态

1)发牢骚

发牢骚几乎是所有 90 后的共性,读书时期遇到严格的老师就和父母、同学发牢骚,工作之后遇到强势的领导就和亲人、同事发牢骚。总之,只要遇到不平的事,就一定要有一个发泄的途径,不然憋久了心里不痛快。

2)发状态

现在通信工具千变万化,对于 90 后这种"网络能手"来说,除了和人发牢骚之外,还能借助网络道具来表达自己的情绪,如写微博、QQ 签名、微信朋友圈等,就算加了领导的微信和 QQ 也没关系,有不满了照样宣泄。

3)找领导

当不满累积到了一定的程度的时候,员工就会直接和领导"摊牌"。事例中的小力就是在以这样的方式表达自己的情绪。好在他的新领导虽然强势,却并不是一个蛮不讲理的人,对于员工的抱怨和牢骚还是能够听得进去,而有的领导就没有这样大度的胸怀了。

2.强势领导常犯的错误

在现代权威管理中,领导者面对员工对其"控制"的反抗,经常会犯一些传统性的错误。

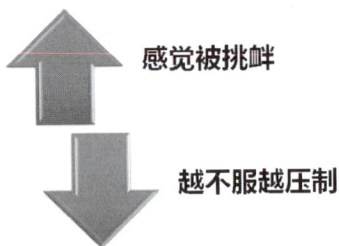

强势领导常犯的错误

感觉被挑衅

越不服越压制

1)感觉被挑衅

强势型领导,认为自己本身对员工的这种强势管理是树立权威的一种手段,他们一般把这种手段看得很重,一旦被员工指出他这种强势的做事风格,他们就会觉得自己的权威在受到挑战。

用强势手段管理员工的领导,在生活中,一定也是一个强势性格的人,他们或故意将这种性格与工作相糅合,或不知不觉中就把这种性格融入了工作中。强势领导在任何时候都表现出强势的风格,对于员工的意见和反驳,他们不愿意接受,认为员工一切都要按照他的方式来。

然而,不同于 70 后、80 后员工的保守型对抗,90 后员工从来不会在工作中逆来顺受,就算和领导针锋相对,他们也要表达出自己的观点和意见。

2) 越不服越压制

领导经常会犯的第二个错误就是，遇到顽强反抗的下属，往往会采取"越抵抗越压制"的手段。在以前的企业管理中，这一招或许还有震慑作用，但是遇到 90 后，这个手段明显起不到有效的作用。

一位领导的助理因某些原因，被借到另一个部门去配合做一个项目，等项目结束，这个助理又要回到原来的领导身边。

然而，项目结束后，这名助理却不愿再回到原来的领导身边，他说："如果一定要调我回去，我就辞职。"这让他原来的领导非常伤心，又让新部门的领导感到很尴尬，这种事已经不止一次了。很多 90 后员工在他手下做了一段时间后，都不愿再回原来的领导身边，遇到这种情况他都很难做，让人感觉好像是他指使的一样。

后来有人问那名助理，是不是原来的领导有什么让他不满意的地方，他说："不是，我的前领导非常有能力，做事也特别的霸气，但正是因为如此，才让人整天提心吊胆、不敢出一点差错，很多老员工在他面前，从来不敢发表自己的意见，他说什么就是什么，是一个绝对强权的人，如果你和他顶嘴，他会更加压制你，越不服他就越压制，让人心里很憋闷……我现在想跟着的这名领导经验没有我原来的领导那么丰富，但是他为人随和，从来不会强迫我们按照他的意愿做事，在办公室里把我们当作朋友一样相处，在我们年轻人心目中，这是我们想要追求的领导……"

这位助理最终说服了他的原领导，让他留在了新领导身边。

90后从来不会让自己受委屈，领导者用强势手段压制，反而会产生反弹的作用。

因此，在管理员工时，绝对的强势管理已经越来越缺乏效率，也越来越没有安全感。90后员工面对领导用强势来掌控权威，会习惯性地选择驳斥，这种驳斥就是对旧的、传统的权威的一种颠覆和解构，这也必将成为新权威建立的起源。

3.2.3　学会"跟你做"

很多管理者不得不承认，90后有时候懂得比自己还要多，在他们面前，管理者的管理信心在逐渐丧失。

【事例】

某企业新来了一名90后员工小超，在这个公司工作了一个月，他给领导留下的最深的印象是，"刚开始你以为他什么都不知道，结果他什么都知道，而且他具有非常独立的人格……可能是因为90后生于这个信息化的时代，他们随随便便敲击一下键盘，就比以往那些学者研究一辈子知道得还要多，很多管理者都不明白的东西，他一学就会。"

一天，办公室的网络出了故障，当时技术部门的同事正好在外地接受培训，于是在大家一筹莫展之际，一个年轻人一声不吭地走上去，在这里拍拍，那里拧拧，不一会儿，公司的网络完好如初。大家都觉得很神奇，但是小超却觉得这根本没什么，在家里，只要遇到相机、电脑、手机等各种电子设备的问题，他都可以解决，可谓是家里的"电子通"。

后来还有一次，领导交给他一个艰巨的统计任务，限令3天之内完成，结果他一个晚上就搞定了。领导问他为什么能够这么快完成任务，他说："其实很简单，用数字建模的软件就可以解决。"

领导对他赞赏道："你知道的比我们这些老古董还要多，以后，有什么问题，不是你向我们学习，反而是我们这些前辈要向你学习啊。"

以前的优秀的企业家，崇尚的是"跟我做"，只要是领导想到的，就一定会去做，然后带动下面的员工一起去做，这种做法在某种程度上，也体现了管理者的强势一面。

对于20世纪六七十年代出生的人来说，年少时期的经历让他们学会了吃苦耐劳、勇于进取的精神，在那个年代，很多人都是"工作狂"，而对于出生在电子信息时代的90后来说，他们懂得多、学东西快，但他们不愿意再做"工作狂"。

以前的管理者认为，要管理好员工，就是要让员工怕自己，商场如战场，没有一个统一的口号和行动，这个企业根本搞不好。

以前在公司里做事总是往上级看，看上级的指示，看上级如何做，看上级怎么教，教什么，底下的员工就做什么。

而现在，90后有自己的独立人格，他们在知识层面上，有自己的学习方式和领悟能力，他们比任何人都要学得好，只要他们肯学。

下面从"两面派"领导风格、90 后喜欢低调的原因以及如何学会"跟你做"3 个方面进行阐述。

1. "两面派"领导风格

对于权力，90 后并没有什么迷恋，他们把权力和职位都看得比较淡，而对于 70 后、80 后管理者来说，权威是激励他们努力工作的一个动机，他们渴望有人跟随，渴望有人"跟我做"，这类管理者一般在员工面前会展现"两面派"风格。

1) 勇气和谨慎

永不动摇的勇气、如履薄冰的谨慎，对于老一辈的管理者来说，这两者缺一不可。要成功，就得永远保持坚定不移的决心和胜券在握的气概，无论是一帆风顺还是风雨欲来，都要保持镇定，充满胜利的信心。

2) 先之以身，后之以心

在做事前，充分发挥让员工"跟我做"的精神，用实际行动去影响员工，这样才能让员工信服，赢得下属的心。

优秀的管理者，都会拥有以上的"两面派"风格，让员工"跟我做"是一种先发性、机动性的激励方式，能够获得什么样的效果，取决于管理者个人的魅力和领导的方式。

在传统的权威管理中，"跟我做"的管理模式带有一定的独裁性质。而现在，

90 后员工更需要的是能够表达自己的管理模式,管理者不仅要让员工"跟我做",也要让自己学会"跟你做",这个"你"指的是员工,就是让管理者不要一味地用权威压制员工、管束员工,在某些时候,管理者也要试着放低身段,去向员工讨教知识。

因为管理者不一定什么都懂,总是把自己摆在一个高高的位置上,会错失很多提升自己的机会。

90 后的小肖有一次和自己的领导聊天,当聊到两人共同喜好的话题上时,小肖表现出很浓的兴趣,因为在这个领域上,她有过很多年的研究,从她读书时就已经开始琢磨这方面的知识了,领导对这方面也很感兴趣,但是由于工作忙,他并没有深入到那个领域里去了解。

在谈话的过程中,小肖发现她每次要表达自己的观点时,领导总是没能顺着她的观点走下去,并且总试图让小肖跟着他的观点走,而他的观点又总是浮于表面,虽然没有大方向上的错误,但是都是小肖了解得很透彻的问题了,她急于表达一些深层次的内容,却总是被打断。

而她也渐渐发现,领导之所以没能顺着她的观点走下去,是因为领导对这方面深层次的知识还不够了解,并且由于他长年累月的职业习惯,他不喜欢跟着自己的下属走,而喜欢别人跟着他走。

小肖对这场谈话渐渐感到失望,她甚至觉得领导把一件原本应该很愉悦的事弄砸了,就是因为他的权威在作怪。谈话的最后,小肖没有再在这方面发表自己的观点,而领导还很满足地以为他今天教会了她很多,但是在小肖眼里,他以为他是在给员工传授知识,实际上却失去了更多学习的机会。

因为这只是关乎他们兴趣的一个话题,因此小肖没有再纠结下去,但是如果是关于工作方面的,她一定会不顾领导的颜面把自己观点表达出去。

2. 90 后保持低调的原因

在网上,经常看到有人批判 90 后高调,爱炫耀,其实对于大多数 90 后来说,他们更钟爱"低调"的处世原则,对于自身的技能,以及了解的知识面的深度和宽度,他们一般不会在他人面前提及,原因有以下几点。

```
不提及自身技能的原因

   爱好类别的差异

      爱好程度的差异

         了解深浅不一样
```

1) 爱好类别的差异

世界上的信息量和知识库太多太广，每个人都有自己的爱好和兴趣，在一个公司里，能够找到趣味相投的人实在很少。尤其刚步入社会没几年的 90 后，他们的爱好往往不是单一的，总是千变万化而复杂深奥的。这种多样性的兴趣爱好通常会形成一个系统的模式，在爱好者身上体现出来，致使 90 后和其他人之间形成一种无形的差异，这种差异我们称之为"代际差异"。

因此，对于兴趣爱好广泛的 90 后来说，真正趣味相投的人其实少之又少。

2) 爱好程度的差异

有时候也有同道中人，但是对于同一个事件，每个人喜欢的程度不一样，一个喜欢得多，一个人喜欢得少，那么沟通起来还是会存在障碍。

3) 了解深浅不一样

即使喜欢同一事件，但是每个人对知识的把握程度不一样，就会造成每个人对事情的了解不一样，谈话的内容和关注点自然不一样，因此想要愉悦地交谈还欠缺了一点"火候"。

管理者在要求员工"跟我做"的同时，还要学会"跟你做"，毕竟自身的各方面的才能是有限的，把员工看作傻瓜的管理者，自己才是最大的傻瓜。

3．如何学会"跟你做"

那么如何做到"跟你做"？很简单，只要把平时用到员工身上的那一套用到自己身上就可以了。

1) 少说多听

平时管理者总要求员工少说多听，这一套曾经用在老一辈员工身上很有用，但是在 90 后员工面前，这一招不管用了，因为他们才是公司的主人，他们有自己的发言权，甚至有反对管理者的权利，他们要说、要表达，任何人都不能阻止他们。

因此管理者要少说多听，多听听员工的见解，在某些方面，他们的见解真的能够让人耳目一新。

2) 让员工决策

在传统的管理模式中，管理者享有绝对的决策权，最高领导人还具有最终拍板权，领导人一旦拍板，没有人会再反对，但是对于 90 后来说，如果是关乎到他们切身利益的事，得让他们自己来拍板，任何人都不能代替他们做主。

在一家公司里，做出一项决议后，提出反对意见最多的就是 90 后，他们不怕站在管理者的对立面，在他们的思维中，没有真正的独裁者，只有在问题面前，不为自己争辩的傻瓜。

3) 让矛盾激化

不要害怕矛盾，90 后员工进入职场就是来给管理者制造各种矛盾和冲突的，尤其在"服从"的问题上，管理者几乎为 90 后员工"操碎了心"，他们把 90 后的这种"不服从"现象看成是对自己权威的挑战。

其实在 90 后看来，这种"不服从"的行为不仅仅是一种挑战，他们只是遵从自己的内心，对于不认同的权威，他们绝不低头。

这种"权威"和"不服从"的矛盾愈演愈烈，导致管理者一看到 90 后员工就头疼。其实，管理者不要怕矛盾被激化，传统的"静如止水"的内部环境在今天就要被打破，90 后员工的介入一定会给企业带来新的活力。所以，一旦员工和管理者的这种矛盾激化到一定的程度，新的权威就会诞生，管理者只要学着去适应、理解和接受就可以了。

3.2.4　用"心"来管理

在传统的权威管理中，大多数管理者都是在用"权"而非用"心"管理员工，面对 90 后员工，越用"权"压制，他们流失得就会越快。

【事例】

90 后小白在一家电视台担任编导，在这家电视台工作快一年了，她从一名默默无闻的实习生到编导助理，再到独立担任编导工作，这一年的时间，让她有了很大的进步。

老林是这家电视台栏目组的制片人兼主持人，他虽然很有才华，但是他经常用权力来压迫员工、责骂员工。

有时审片的时候，他发现了一个错别字，便非常尖酸刻薄地讽刺小白一顿："这种程度的片子还想让我审核，你是猪脑子吗，这么点事还会出错。"

小白不甘地反驳："就是因为会有错误才需要人审核，不然审核的都不用工作了。"见她反驳，老林气得差点暴跳如雷："说你两句你还顶上嘴了，到底谁才是领导？"小白说："没有哪一条令只允许领导批评员工，不允许员工为自己辩驳。"听了这话，老林更加生气了，他上上下下打量了下小白："你在这工作多长时间了？"小白坦白道："一年。"

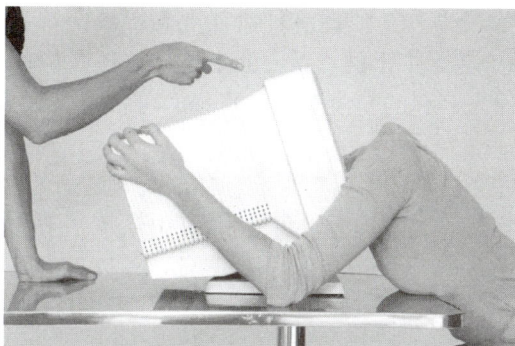

老林后来感慨说："我从事这个行业这么多年，哪一个不是像小跟班一样，对我恭恭敬敬、服服帖帖，这个乳臭未干的小毛孩，我不过是说了她两句，她就直接顶上嘴了，当时我很生气。后来有一次，我自作主张把她的片子中很精彩的一段切了，她气得快哭了……我当时用权力压她确实是我的失误，不过这也让我看到了这个孩子的潜力和勇气，后来她准备辞职的时候，我留住了她，她想了很久后才决定留下……通过这件事，我发现现在的 90 后，有很强烈的主观意识，他们已经不再像我们当年那样，处处以领导为先，他们把自身的感受放在第一位，如果我当时没有向她道歉，估计她头也不回地就走了，那么我们也会因此损失一个人才。"

下面从 90 后员工的"劣根性"以及管理者如何应对员工流失两方面来阐述。

1．90 后员工的"劣根性"

对于 90 后员工，企业往往会陷入矛盾中，既想留住员工，又想用"权"压制他们的"劣根性"，这些劣根性有 4 点。

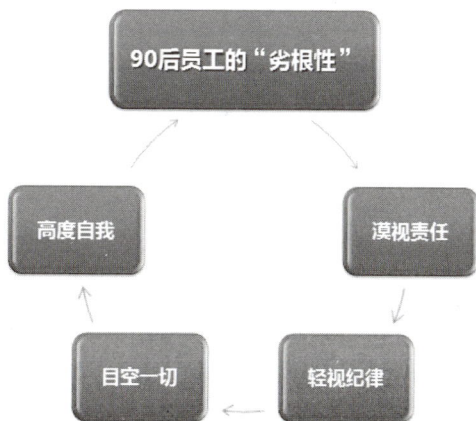

1) 漠视责任

在很多管理者看来，90 后是一个没有责任感的群体，曾经有一个人力资源部的部长这样评价过 90 后员工："他们这种责任观念很淡薄，我们公司曾经有一个女孩，工作不到一个月，就要求辞职，当天就走了，这还是好的，有的直接说都不都说就走了，他们这种行为，真的是没有一点责任心可言。"

2）轻视纪律

企业的规章制度，经常被 90 后忽视。譬如，某家公司的几个 90 后员工，上班的第一天就迟到，按照公司规定，要求每人罚款 10 元，在接受处罚的时候，其中有一名新员工掏出 100 元交给人力资源部领导："这个可以提前透支吗？"

3）目空一切

很多人觉得 90 后对待长辈相当无礼，经常直呼其名，要么就喊对方"喂"，在讨论问题的时候，也总是抢先发言，给人难堪。

4）高度自我

"自我"几乎是社会人士对 90 后的一致评价，这种自我表现在工作中，总是让人觉得他们不顾他人的感受，比较自私。

2．如何应对员工流失

更加重要的是，90 后员工的流动性非常大，这一点几乎成了每个企业的一块心病，网络上也经常出现各种各样的奇葩的辞职理由。因此很多企业在选择员工的时候，都比较排斥招 90 后员工，但是随着 90 后员工成为企业的主体之后，"招工难"和"流失率高"就成了企业不得不面对的问题。那么，管理者应该如何应付？

1）与时俱进

如果管理者仅认同上面的关于 90 后的"劣根性"，那么说明管理者还没有正确认识 90 后的心理特征。所谓 90 后"漠视责任、轻视纪律、目空一切、高度自我"，是因为 90 后比任何人都更加注重自己内心的感受。

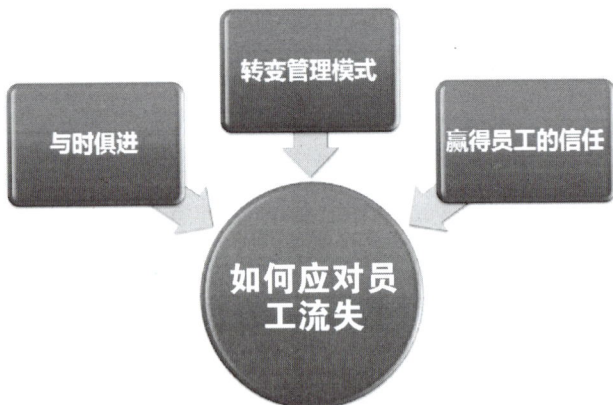

老一辈的人，遇到领导以"权"压人的时候，即使心里有想法，也会选择先抑制住内心对领导不敬的冲动，然后用各种心理暗示的方式慢慢安慰自己，想着各种

"合理"的理由来说服自己，然后事情就此平息。

但是 90 后不会这样，他们会采用最直接的方法宣泄自己的情感，企业值得他们付出责任，他们一定会付出。他们只遵守他们认同的纪律，直接称呼长辈的姓名，是因为在他们的心目当中，不存在职位等级的区别，他们把同事看作朋友，把领导也看作朋友，在他们看来，尊称有时候会拉开两人之间的距离。

因此，管理者要积极调整自己的心态，以适应新的管理需求。

2) 转变管理模式

过去的管理方式，相对来说比较单一，或者说简单粗暴，一个公司的员工有职位高低之分，职位高低的区别决定了领导管理员工的方式——以"权"管人。

因为我是你的上司，所以我说怎么做就怎么做，完全不顾员工内心的想法。而现在的 90 后，不会管什么上司不上司的，如果他们觉得不行，就会坚决反对到底，传统的威信管理在他们这里行不通了，只有让他们心服口服，他们才会接受你的管理。

因此，管理者要将过去的"简单粗暴"式的管理模式向"引导、参与"的管理模式转变。命令员工去做一件事，不如引导他们去做一件事；直接宣布一件事的结果，不如让他们参与到讨论中。

3) 赢得员工的信任

很多管理者喜欢一开始就用权威管理员工，因为对于他们来说，最明确的目的就是让员工给公司创造价值。然而，站在人性化的角度来看，在管理者与员工接触的初期，比树立权威更加重要的是——建立信任。

建立信任并非简单地让员工相信管理者不是骗子，这里的建立信任是指管理者要让员工知道，他有意愿、有能力帮助他们实现个人价值和理想，这一点非常重要。这种信任感一旦建立，就会立即拉近员工和管理者之间的距离。

而且，管理者承诺的事一定要有实际操作性，不能天花乱坠地胡吹一通，员工在实际工作中，会慢慢了解到管理者承诺的真假，如果有"鼓吹"的成分在里面，这种信任感会立马被打破，那么管理者之前所有的努力都会功亏一篑。

在新的管理模式中，管理者想要树立威严，就要建立互相的信任，以"权"压人已经不能很好地管理员工。管理者要做的，不是强迫员工接受他的管理，而是用尊重和信任让员工赋予他们管理的权力。

用"权"管理只会让员工流失得越来越快，想要改变这一现象，管理者就要学会用"心"管理。

3.2.5　运用"三转变"

对于 90 后员工，很多管理者总是犯经验主义的错误，把用在 70 后、80 后身上的那一套管理模式用到 90 后身上，这样，往往起不到什么效果。

【事例】

有几个顾客到一家餐厅吃饭，进入包厢之后，闻到包厢里有一股味道，恰好餐厅的主管在，于是这几个顾客让他把空调打开，把味道驱散一下。

负责这个包厢的是一位 90 后员工——小琳，当她走到包厢的时候，看到主管正在开空调，然后就把小琳叫到一边，冷着脸训斥道："你为什么不提前把空调打开，客人来了闻到里面的味道还能吃得下饭吗？"

小琳说："不是规定 5 点半以后才能开空调吗？"

主管继续训斥道："这个包厢是客人提前预订的，在预定的时候就大概说明了就餐时间，你不会提早把空调打开吗？"

包厢的门没有关严，里面的顾客都看到了主管在走廊上训斥小琳的场景，小琳听到这，当即把工衣一脱，丢下一句"老子不干了"，然后扭头就走了。留下主管和其他员工面面相觑。

从这个事例中可以看出，90 后在用自己的方式向传统权威进行宣战，虽然这群伴着互联网成长起来的"异类"，叛逆、搞怪又追求自我，但是他们依然乐天地成长着。

很多管理者在管理员工的时候，觉得当众呵斥员工能够给自己树立威信，其实这是一种错误的思想，人都是要面子的，尤其是在大庭广众之下。

有的管理者常常不分场合地对员工指手画脚，把员工置于难堪的境地，以为这样既能激发员工的积极能动性，又能给其他员工加以警示，通过呵斥教育员工的方式，自己的威严也能大大提升了。在以前，这样或许会对员工产生一定的效果，但是对 90 后来说，这种方法完全没用，而且还会起到反作用。因为 90 后是非常注重自己内心情绪的群体，当众呵斥不仅会造成人为的心理紧张，而且对人的自尊也是一种极大的伤害，如果管理者训斥得过分了，90 后可能会立马走人。

人都有自尊，管理者尊重员工就是尊重自己。90 后常常被批判成"太过自我"，其实，他们比任何人都看重尊严，他们的自尊是不容许被人践踏的，管理者如果妄想用侮辱他们尊严的方式让他们屈服在自己的威严下，那么后果只会是被自己的员工"炒鱿鱼"。

90 后在公司里经常会受到别人的审视，一个 80 后主管说："最近公司里又招进来几个 90 后，不知道这一批的 90 后素质怎么样，会不会又像上一批一样干不到一个月就走人。"

不能否认，90 后在职场里的"特殊表现"，造就了他人的另类目光。一家公司里，会有很多人在背后盯着 90 后，如果发现他们有"异动"，就会立马采取行动。

因此，90 后的才能往往被忽视，管理者的目光更多的是停留在他们是否心甘情愿为公司做事之上，他们一旦出现了错误，就会遭到严厉的批评。

下面从如何给员工留面子以及如何运用"三个转变"适应员工需求来进行阐述。

如何给员工留面子

保护员工的尊严

寻找自身的错误

1. 如何给员工留面子

90 后离职在很大的程度上是因为他们追求快乐和自由的需求没有被满足，被管理者责骂，会伤到他们的自尊心，伤到自尊心，人自然不可能会感到快乐。因此，对待 90 后员工，管理者一定要做到以下几点。

1) 保护员工的尊严

保护员工的尊严，除了不在公共场合批评责骂员工之外，还要在批评的时候，不口出恶言。保护员工的自尊心是管理者应该要学着去做的事，因为这不仅是尊重人格的表现，而且对搞好企业内部关系也有着很大的作用。

2) 寻找自身的错误

员工出错了，管理者要多从日常的管理中找寻错误的本质。

(1) 管理者制定的战略出错，方向不精确，导致员工瞎忙一阵，出错率随之也会提高。

(2) 管理者采用"独裁"主义管理模式，什么事都是自己说了算，使员工养成唯唯诺诺、唯命是从的习惯，做起事来各种约束，遇到难题就会失去方寸。

(3) 管理者爱揪着错误，只要员工一犯错，就一脸怒气地指责，导致员工以后不敢再做事了，就算有了好的创新的想法，也不敢拿出来。

(4) 管理者不大度，一点小事就大动肝火，影响员工一天的工作情绪。

(5) 管理者从来不做事后安抚，骂完就完了，事后没有一点安抚举动，这种伤害会在员工心里留下阴影。

员工一旦自尊心受到伤害，就会产生逆反心理。老一辈的人会把这种"苦"往肚子里咽，但是 90 后绝对会用自己的方式进行反抗，轻的会采取不合作方式，凡是管理者下的命令，他都会产生抵触心理，要么不会尽心尽力、心甘情愿地去做，要么做错了也不管；重的可能会直接走人，甚至有的员工说都不说一声，第二天直接消失……

有些管理者感慨："遇到 90 后，我的权威正在一点点被瓦解，十几年累积下来的管理经验全部清零。"

还有的管理者开始患上 90 后管理恐惧症："每次招人的时候，我都不敢招应届毕业生，太不稳定了，一遇到不顺心的事，就各种挑剔，挑剔老板管得太严、公司制度不好、公司住宿环境不好、办公室氛围不好……反正我干了这么多年，从来没遇到这么难管的员工。"

但是对于 90 后员工来说，他们也不能理解老一辈的人的想法："我真的不明白他们是如何能在一个岗位上干十几、二十年的，明明很多人的工作都不是他们感兴趣的，却坚持做那么久……我们工作往往是遵从自己的内心，如果岗位不合适一定得换，干得开心最重要，要是我为公司做事，老板还天天找我的茬儿，给我找罪受，那我宁肯辞职，就让他去找愿意当他的'受气包'的员工去吧！"

从上可以看出，对待工作，老一辈的员工和新生代员工之间的思维相差很大。有调查显示，老一辈的员工更注重在企业中培养责任感、成就感、领导力和稳定性，而新生代员工更注重在企业中发掘自由、快乐、融洽的氛围以及实现自己想法的空间。

2. 如何运用"三个转变"适应员工需求

管理者是继续固执己见，用伤人的方式去捍卫自己的权威，还是改变自己的管理方式和理念，去适应 90 后员工的需求？下面就来看看在企业管理中如何运用"三个转变"，建立自己的影响力。

1）魅力在命令之前

90 后员工对于革命时期的艰难困苦没什么概念，对动荡社会的认识也仅仅停留在表面，他们看不到硝烟战火，每天只能在汽车尾气和网络"原野"中驰骋飞翔。他们拥有巨大的消费能力，从小接受的是比前辈们更好的教育。

他们反感那些动不动就训斥员工、推卸责任、玩弄权术的管理者，他们会把自己内心认可的管理者看作朋友，把那些以"权"压人、以"权"管人的管理者视为无物。他们需要关怀与尊重，因此，谁对他们施以关怀与尊重，他们就会回报给谁以关怀与尊重。

传统的硬性管理被他们厌恶，在现在这个时代，如果管理者还在坚持传统的硬性管理、还在坚持所谓权威能"压制"人的理念，那么，对于这样的管理者，他们一定会感到失望。

管理者倘若不能用科学的、人性化的管理方式管理员工，建立自己的威信，而只用命令的方式让员工为其做事，那么在 90 后的心目中，这样的管理者大多是没有才华的，即使他有丰富的经验和做事能力。

2）平等在等级之前

90 后是遵从内心的一代，他们的价值和需求如果被人忽视，他们宁愿辞职走人。90 后有很强的自尊心，如果管理者不顾场合地指责批评他们，导致他们的自尊心受伤，那么很有可能造成彼此的关系恶化，严重的还会发生员工离职现象。

以前的员工，处处听上级的指挥，而管理者在员工面前，总是一副高高在上的姿态，有了任务通常用命令的口吻交代下去就行，而且在以前的职场，有很强的等级观念，这是一个现实而又残酷的社会现象。

但是对于现在的新生代员工来说，他们最不喜欢的就是管理者用命令的口吻和他们说话，而且在他们眼中，等级观念意识并不那么强烈。

【事例】

有一次，一个 90 后去一家公司面试，人力资源部部长带她去见公司二把手——常务副总，当时人力资源部部长交代了她很多注意事项。她后来说："看起来，他比我还紧张，我想笑但是没表现出来，不过是见一个领导，领导也是人，和我们普通人有什么不一样？都是一张嘴两只眼睛。就算他会问一些刁难性的问题，兵来将挡、水来土掩就行了，但当时那个人力资源部部长一直劝我不要紧张，我特别郁闷，因为我一点都不紧张，反而是他好像特别害怕那位常务副总的样子，我当时还有点兴奋，想着快点去会会这个让人畏惧的常务副总。"

从上面的事例可以看出，所谓等级观念在 90 后心目中已经完全被淡化，随着90 后的生活被物质和互联网所覆盖，他们的思想观念也随着产生了巨大的变化。

面对这样一个与过去截然不同的庞大群体，管理者应该学会把等级观念抛下，树立起一种平等的心态，改变自己说话的方式，尽量采用商量的态度和方法去解决问题会更好。

3）理解在成见之前

90 后员工大多是独生子女，从小就在呵护中成长，生活在一个完全自由的天地。而进入职场，一切都是以业绩说话，业绩以外的事情往往不被关注，90 后时常感觉被忽视、不被尊重，因此 90 后时常埋怨："感觉公司没有一点人情味，人与人之间都在钩心斗角，一点小事都不能互相理解。"

而且，企业里的老员工对 90 后员工总是存在很多的偏见，譬如眼高手低、不能吃苦、团结性差等，但 90 后员工会说："我不在乎别人给我贴上什么标签，凡事都有两面性，在他们眼里我或许眼高手低、不能吃苦，但是换一个角度看，为什么不是公司的制度存在某种缺陷呢？我只是在用自己的方式表达心声而已，虽然没有人能够懂我，但是我还是要这么做。"

面对 90 后员工，管理者不要急着给他们贴上标签，其实，他们需要的是理解，只有先把这些成见抛开，才能真正走进他们的内心，理解他们的内心需求。

3.2.6　以"和谐"为主

每一个员工都希望自己的领导既精明能干又和蔼可亲，90 后也一样。

【事例】

小衣的公司新来了一位领导，这位领导无论是说话、办事还是决策上，都非常干脆、果决，毫不拖泥带水，短短几天，就给人留下了很深刻的印象。

新领导开会很有风格，往往是一开始就切入主题，从不会卖关子，让员工猜来猜去，而且每一件事都会在几分钟内说完，从不拖泥带水，浪费员工的时间。以前公司的员工最怕的就是到了下班的时间还要开会，因为领导总是习惯于把一件小事说很久，因此耽误了大家的时间还不自知。

而新领导的行事作风就给人雷厉风行的感觉，员工私底下都说新领导做事很有魄力，不仅如此，新领导还很关心员工。

公司到了夏天就会开空调，整栋楼都被空调吹得凉丝丝的。到了午休时间，很多员工都会在座位上趴着休息一会，一不小心就会感冒，所以每人都会准备一条薄毯，睡觉的时候就盖在身上。

有一次，小衣把薄毯拿回去洗了，午休的时候，她趴在座位上睡觉觉得有点冷，新领导走过来正好看到了，便从自己的办公室里，拿了一条毛毯给她盖着，小衣当时非常感动。

还有一次，小衣留在公司里加班，新领导看到办公室的灯还亮着，就走过来查看，看到小衣还在加班，就皱着眉头问："你怎么还在这？"小衣说："我还有一点没做完，想把这些做完再走。"新领导说："工作是做不完的，赶紧走吧，今天没做完的，明天继续做就行了。"

小衣第一次遇到这么开明的领导，她觉得她选择继续留在这个公司是正确的。

管理者在员工面前展现精明能干的一面，并不是依靠强势的手段让员工信服，而是在说话做事中，做到干脆利落，不拖泥带水，这样不仅可以塑造自身的权威，还能提高自身的形象，在获得员工尊敬的同时，让员工自然而然地被吸引和感召。

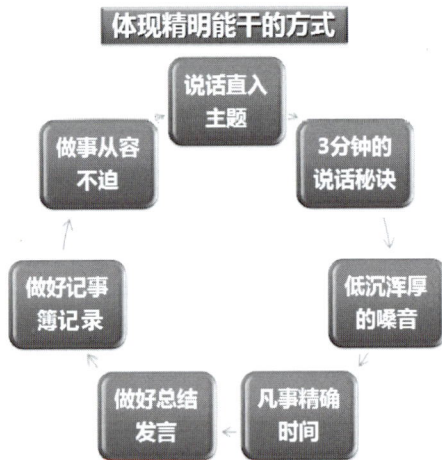

体现精明能干的方式

- 说话直入主题
- 3分钟的说话秘诀
- 低沉浑厚的嗓音
- 凡事精确时间
- 做好总结发言
- 做好记事簿记录
- 做事从容不迫

体现精明能干的方式有很多，管理者可以尝试运用以下几点建议。

1. 说话直入主题

说话先说重点，会给员工留下很深刻的印象。很多管理者喜欢把重点放在中间或者放在后面，这样反而容易让员工理解不到位。员工在听管理者发言的时候，一开始是最容易集中注意力的，越到后面，就越容易分散注意力，听得就越不认真。如果管理者把重点放到后面，会让员工觉得管理者没有轻重之分，也会给人留下思维混乱的印象，而说话先说重点，不仅会让员工记忆深刻，还会让员工觉得管理者说话做事很有头脑。

2. 3分钟的说话秘诀

每件事都在 3 分钟内说完，不要扯东扯西，说一些无关紧要的事，否则会让员工觉得沉闷而烦琐。有研究表明，无论什么事，大致内容都只要 3 分钟即可说明，因此，管理者在与员工进行工作谈话时，不要超过 3 分钟，以免给员工留下说话无边无际、废话连篇的印象。

3．低沉浑厚的嗓音

低沉浑厚的嗓音往往可以使人获得安全感，高昂的声音让人听着刺耳，同时也更容易让人感觉疲惫。

4．凡事精确时间

与人约定时，约具体时间会让员工对领导产生精明能干的印象，如"几点几分"，而如果说"大概几点左右"这样的话，会让员工认为管理者对什么都不太上心，从而魅力会大大减弱。

5．做好总结发言

在会议最后要做好总结发言，不要给人头重脚轻的感觉。

6．做好记事簿记录

一本记满重要事项的记事簿会让员工了解到管理者的细心周到。

7．做事从容不迫

做事不要手忙脚乱，要时刻保持从容不迫的状态。

除了精明能干之外，管理者还必须知道，在与 90 后员工的相处中，"和"也是至关重要的。

对于"和"，很多人其实已经意识到了，但是很多人都只是停留在口头上，真正能够用行动表达的并不多。

"和"不仅仅是指关心员工，还要创造一种和谐的氛围。

随着 90 后对管理者权威的"藐视"与"颠覆"，只单纯地靠精明能干的气质来征服员工已经远远不够，管理者还要学会和员工形成一种高度统一、频率共振的"和谐"状态，同时还要接受 90 后的种种不同之处。当管理者学会接受 90 后的各种"另类"的时候，就已经把彼此之间的距离拉近了，因为从某种程度上来说，管理者已经用行动表达了自己的"和谐"性。

因此，想要把管理变得更轻松，管理者就要学会在管理中"求同存异"，多站在员工的角度看待问题，这样才能更好地沟通，也只有让 90 后员工真正认可了管理者的权威，他们才愿意被管理者管束。

第4章

温情管理，以人为本

学前提示

在企业管理中，温情管理的核心价值观是以人为本，即尊重员工、关心员工，以此来激发员工的热情，从而满足员工的需求和自我实现。

要点展示

温情管理的意义

温情管理的 9 大绝招

4.1　温情管理的意义

人性化管理是近几年来流行于企业的一种管理文化，它的核心观念是以人为本，即尊重人、关心人、培养员工的认同感、激发员工的热情，它处处彰显着特殊的人文魅力和关怀，通过调动人性的内在作用来提升员工的工作热情，保证员工达成工作目标。它的终极目标是满足人的需求，保证人的幸福和追求。

"硬币从来都有两面"，在企业管理中，有刚性的制度管理，就有柔性的人性化管理。人性化管理又叫温情管理。温情管理要求管理者懂得尊重，懂得理解，懂得说真话、办实事，既满足员工的物质需求，又满足员工心理的需求，提升员工的心理素质。

对员工在工作、感情、家庭上遇到的波折，要及时地给予开导、关心、慰问，让员工没有后顾之忧。职场人经常开玩笑说："遇到一个好上司就像遇到了一个好婆家。"一个愿意帮助员工进步的领导，一个愿意体恤、爱护员工的领导，一个和员工友好相处的领导，才是现代 90 后心目中的理想型领导。

4.1.1　温情管理的含义

温情管理，就是管理者以真挚的情感，增强管理者与员工之间的情感联系和思想沟通，满足员工的心理需要，保证员工的幸福和自由全面发展，创造和谐融洽的工作环境的一种管理方式。

早期管理理论中，经济学家把人假设为"经济人"，认为金钱是刺激员工积极性的唯一动力。但事实上，刺激员工积极性的动力很多，比如激励、荣誉、情感……金钱也许是最基本的动力需求，但已经不是唯一的动力需求了。

到了中后期，企业家们慢慢认识到，从前的那种单一的金钱管理模式已经不能满足员工各方面的需求，要想留住人才并且使其努力工作，就要改变以前的管理方式，进行温情管理，激发员工的工作热情，满足员工的正常发展需求。

将温情管理应用到 90 后员工的管理中，能够充分调动员工的积极性、主动性和创造性，使他们以有限的精力投入到无限的工作中去，在尊重、真诚、信任和支持的环境中实现企业和员工的共同发展。

4.1.2　温情管理的趋向性

管理者不懂得关心、珍惜员工，员工自然不会珍惜公司，因此人性化管理模式在企业中占据着越来越重要的位置。

1. 企业存在的弊端

企业，是指以营利为目的，运用各种生产要素向市场提供商品或服务，实行自主经营、自负盈亏、独立核算的经济组织。

一个企业要想获得较好的发展、获得更高的利润，必须建立一套完善的管理机制，使用多种有效的管理方法，温情管理就是其中的一种有效管理方法。

然而，长期以来，人们的"官本位"的思想还是比较严重。所谓"官本位"，就是以官为本、官为尊、官为贵的价值观念。这些企业的管理者不是集中思想如何完善管理机制，而是贪图眼前利益，只注重企业钱赚得够不够，只看重自己的级别、职位够不够高，一门心思想如何获得更大的权力。

这样的管理者容易做出脱离员工、独断专行的行为，直接压制了员工工作的积极性和创造性，从而影响企业的生产经营发展，使企业发展变得缓慢，甚至停滞不前，最终导致人才流失，最严重的就是企业被市场无情地淘汰。要改变这种经营管理现状，就要重新改革企业内部管理模式。

2. 多元化代替传统模式

人性化管理是 20 世纪 80 年代风靡西方世界的一种管理模式，目前在国内日渐流行和兴盛。随着时代的变革，新一代员工走进职场，温情化的管理模式也越来越被管理者重视，那些传统的单一化管理模式已经被时代淘汰，新型的多元化管理模式正逐步走上历史舞台。

在多元化的管理模式里，提升企业管理的观念包括以下几个方面。

1) 树立现代管理化模式

要提高企业管理水平，观念首先要不断更新，快速建立起现代管理化模式。

2) "全面价值"观念

"全面价值"观念包括：经济增值观念，员工所得价值观念，顾客所得价值观念，社会责任价值观念。

3) 创新观念

21世纪的管理是创新式的管理，研究、保持企业的创新能力是每一个企业都应该认真思考的问题。

4) 精益求精观念

每一个企业都要追求一流的效率和生产力。

5) 全球化观念

企业要研究在全球范围内如何生存和提升竞争能力。

6) 双赢观念

双赢观念包括：企业和员工之间的双赢，企业和企业之间的双赢，员工和顾客之间的双赢。

7) 可持续发展观念

企业的可持续发展体现在：

(1) 要以人为本，建立企业和员工之间的良性互动关系。

(2) 要注重资源合理地开发与利用，要积极地承担社会责任。

(3) 要树立诚信至上的观念，把诚信视为企业经营的第一要素。

8) 服务观念

企业既是为顾客服务，也是为员工服务，为顾客提供产品和售后服务，为员工提供与劳动力相符的等价交换、培训学习的机会、知识专业技能的提高……

3. 现代企业管理越来越趋向温情管理

每一个时代，都有与其相适应的管理模式，没有一种管理模式能适用于任何时代的公司，如果不懂得跟随时代的转换来转变企业的管理模式，那么企业必定会被排挤到市场末端，最终走向灭亡。

过去员工任劳任怨、吃苦耐劳，而如今，随着80后慢慢步入管理层，90后逐渐步入职场，传统的管理模式已经难以规范、约束和改造员工，经验丰富的管理者发现，从前单一的管理模式对员工已经渐渐失去了作用。当传统的管理模式和新生代员工之间产生剧烈冲突时，管理者要做的不是恐惧，也不是抱怨，而是改变自己的观念，结合新生代员工的特点，把传统的单一的管理模式升华到新的高度。

在这种日趋增长的激烈冲突中，多元化的管理模式逐步走上了历史舞台，而在多元化的管理模式中，针对这群极富个性、讨厌被指挥、不拘细节的新生代员工来说，温情管理在企业管理中发挥的作用也越来越大。

4.2 温情管理的 9 大绝招

一个企业重视什么，以什么样的精神符号塑造自身的形象，与企业的生死存亡有着紧密联系。随着 90 后新生代员工的到来，很多企业将传统模式逐步转变为现代新型的管理模式，现代新型管理模式强调的是"以人为本"，也就是温情管理。

温情管理是满足人的需求的一种管理方式，要求管理制度、管理思想和管理文化都符合人性化需求，即尊重人、关心人，极大地调动员工积极性，激发员工的热情，发挥其主动性和创造性，为企业带来更好的效益。

下面介绍温情管理的 9 大绝招。

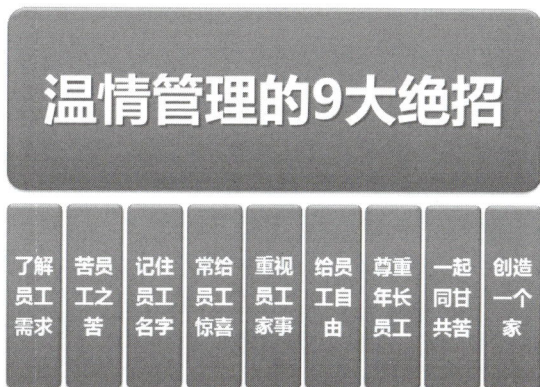

温情管理的9大绝招

| 了解员工需求 | 苦员工之苦 | 记住员工名字 | 常给员工惊喜 | 重视员工家事 | 给员工自由 | 尊重年长员工 | 一起同甘共苦 | 创造一个家 |

4.2.1 了解员工需求

作为新时代的管理者，你真的了解自己的员工想要什么吗？下面我们通过一个故事来展开讨论。

【事例】

一天，驴子和狗相伴而行。在途中他们发现地上有一个开口的信封，信封的旁边是一口枯井。驴子把信捡起来，然后朗读信里的内容，信里说道古井里有一些干草、大麦之类的东西。狗听着听着就有些惊喜，迫不及待地问道："老驴，快点看看有没有肉和骨头之类的？"

驴子把信念完了，信中丝毫没有提到狗想要的肉和骨头，于是狗立马换了一副态度："这都是些什么乱七八糟的，把信扔了吧。"

很简单的一则寓言故事，故事里的驴和狗的需求不一样，因此对待这封信的态度也不一样，狗的需求是肉和骨头，当它知道信里的内容满足不了它时，它立马失去了兴趣。

人类也一样，每个人都是为了满足自己的需求而行动。在企业中，每个员工都有自己的需求，需求是他们的内在源泉和不竭的动力。

马洛斯理论把人的需求分为生理需求、安全需求、社交需求、尊重需求、自我实现需求。一个人所做的事，就是为了获得某种需求，当管理者明白员工的需求之后，就能明白他们的行为。

比如有的 90 后员工，他想要获得尊重，就会向那些不尊重他的人发出进攻；他想要获得金钱回报，就会努力地工作，增加业绩；他想要逃离一个让人窒息、让人难受的工作环境，就会选择辞职；他想要"朝九晚五"、过小资一般的生活，就会拒绝加班……

下面我们从员工的需求以及了解员工需求的方法两方面进行阐述。

1．员工的需求

每个人都有基本愿望，人们所做的一切就是为了实现这些基本愿望，那么，让我们来看看员工的需求究竟有哪些。

1）安全的需求

企业应该为员工创造一个安全健康的工作环境，这对于员工来说是最基本的需求，它关系到员工个人和家庭在社会上能否生存，如果企业连这一点都无法保证，那么根本就留不住人。

2）公平的需求

管理者要认真地对待员工的工作业绩，公平、公正、公开地考核每一个员工，让每一个员工都有公平的晋升机会，这样不仅能满足员工对于公平的需求，还能提升员工的进取心。

3）尊重的需求

人人都渴望被尊重，不要因为别人职位低、能力弱，就不尊重对方。员工在企业里如果不能受到尊重，即使这个企业再好，员工也会扬长而去。

4) 进步的需求

企业应提供适当的平台让员工施展才华、干出业绩，还要给予员工一定的空间来提升。

就像现在的 90 后喜欢玩游戏，如果怪物是一级一级地出来，并且每一级都比上一级厉害，那么玩家胜利之后，心里就会有很大的成就感，如果一开始就出现大boss，那么玩家打赢之后，就会觉得非常无趣。在企业里也是一样的道理，给员工适度的提升空间，让员工有一种成就感，每次进步，都是一次自我理想、自我抱负、自我价值的实现。

5) 娱乐的需求

在工作之余，管理者要定期组织娱乐活动，既可以缓解员工的压力，又可以促进内部团结，没有娱乐活动的企业就像一潭死水，没有生气。

6) 报酬的需求

员工对自己的劳动力价值有一定的了解，在正常的工作时间内有合理的报酬预估值，如果企业不能满足员工最低期望报酬额，那么必定会让员工感到不安，工作积极性也大大降低，时刻准备跳槽，更谈不上持续稳定、健康地发展了。但是，超出最高期望报酬额也不好，要么员工工作压力过大、劳动强度太强，要么企业有不良企图，并且还会增加员工的心理负担，影响正常的竞争力。

每个人都是不同的个体，每个个体承载的信念、价值观、世界观都不一样，因此，每个员工的需求也不一样。有些员工很了解自己想要什么，而大部分员工并不知道自己真正想要的是什么，所以只有依靠身边的人的引导才能得知答案。

在管理者眼里，有些员工的需求是不切实际的，比如现在的 90 后员工，网络上最近流传很多有趣的职场现象：一些 90 后宁肯不要高工资，也要工作悠闲轻松；一些 90 后因为失恋而辞职；还有一些 90 后为了一场说走就走的旅行而放弃一份受人青睐的工作……

这些职场现象，往往让久经沙场、经验丰富的管理者目瞪口呆，企业无法为员工提供这样的需求，但是可以通过引导，改变员工的想法，让他们的需求发生转变。

有些 90 后员工不愿意向管理者吐露内心真正的需求，他们要么认为管理者应该明白自己想要什么，要么觉得这是在向管理者提要求，因此管理者往往听不到员工内心的真实想法，一旦忽略了这些，就会使员工感到没有受到公司的重视，虽然还在公司里工作，但是内心的落差往往就在无形中建立起来了。

除了员工不愿向管理者吐露内心需求之外，还有一些现象是管理者自以为很关心员工，很了解员工。但实际上，他关心的全部是些大事，对于员工真正的需求反而没有注意到，很多基层员工都有这样的感受。

一家公司的 90 后员工小张说道："每次开重点会议，看到老总在台上侃侃而谈，提出关心员工的某些方案的时候，我表面虽然很镇定，但是内心却有些小小失望，公司提出的这些方案虽然打着关心员工的旗号，但是很明显是站在公司的利益上考虑的，员工内心真正的需求还是没能被高管们放在心上啊……"

从这一点可以看出，很多管理者其实并没有真正了解员工的需求，总是自以为对员工很关心，其实，员工心里都很清楚，公司所谓的关心员工到底是站在管理者自身利益的角度考虑，还是站在员工利益的角度考虑的。

2. 了解员工需求的方法

既然了解员工的需求这么重要，那么有哪些方法能够了解员工的需求呢？

1) 谈话法

和员工对话，从对话中发现员工的需求，这是获取员工需求的主要手段之一。下面介绍几种常用的谈话方式。

(1) 单独谈话。

单独谈话是指管理者直接找员工进行谈话的方式，可以是直属领导，也可以是人力资源部主管，单独谈话的优势在于，能够对每一个员工的需求进行了解，并且能够让员工感受到企业对于满足员工需求的重视和努力，既能增加员工的归属感，又能激发员工的工作动力。

但是单独谈话的缺点在于，单独谈话耗时长，假设手底下的员工多，而每一个员工都采用单独谈话的方式，那么管理者要抽出很多时间来执行；其次，如果员工不是很认真地对待这场谈话，那么就会严重影响到谈话的效果，员工的答案一般与真实想法会有所偏离。

因此，采用单独谈话的方式了解员工的需求时，要提前告诉员工谈话的目的。

(2) 会议沟通。

单独谈话是针对个人，那么会议方式是针对一个团队，这种方式由管理者和一个团队进行沟通，其优势在于，能够集中化、有效地收集到员工的意见。

但是会议谈话的方式也有缺点，因为会议的人数多，因此沟通过程可能不能得到有效的控制，现场你一句，我一句，很难将分散的意见集中，同时管理者不能按照正式会议的风格进行控制，因为那样会影响会议效果。

因此，在进行集体会议之前，可以让员工先进行内部讨论，然后以小组为单位，推荐一名员工收集意见，并且呈报给管理者，被推荐的人就是团队的代表，代表所有人的利益。

(3) 其余谈话。

其余谈话也是非正式谈话，非正式谈话不注重谈话的地点、形式、内容，谈话的氛围相对轻松，谈话者只关注谈话的效果即可。

上班途中、午餐时间、休闲时间、假期外出、出差期间等都是管理者和员工进行沟通的时机，这种谈话的特点是不拘泥于形式，员工可以畅所欲言，管理者也可以更好地引导员工说出真实的想法，唯一的缺陷是谈话内容无法记录。

谈话的方式

其余谈话

会议沟通

单独谈话

2) 调查法

了解员工现实与潜在需求的第二种方法是问卷调查法，问卷调查可以由专门的部门拟定设计，问卷调查的特点在于调查效率较高，投入的时间和成本较低，但由于问卷的问题相对比较精练，调查对象的阅读与理解能力的差异会导致其对问题的理解存在差异，因此调查结果的客观性和准确性可能会受到影响。问卷调查的方法适合基层员工。

采用问卷调查的方法了解员工需求的流程如下。

(1) 明确调查对象。首先明确调查的对象，这里的调查对象是员工。

(2) 明确调查目标。调查的目标和主题是客观而真实地了解员工的需求。

(3) 拟定问卷草案。调查问卷的草案可以让人力资源部拟定。

(4) 征求领导意见。草案拟好后，让领导给出意见，以便修改。

(5) 制定调查问卷。等修改完善后，就可以制定调查问卷。

(6) 实施问卷调查。实施调查问卷之前，要向员工说明，让他们认真对待此次调查。

(7) 分析调查结果。等调查结果出来以后，进行统计，并且根据统计结果分析。

要管好员工并不是难事，即使是面对让人头疼的 90 后，管理者也有办法对他们进行有效的管理，只要针对他们的成长环境、社会背景、人文潮流等认真分析他们的特点，了解他们的需求，对症下药，就能事半功倍。

4.2.2　苦员工之苦

对于一个企业来说，不懂得员工疾苦的管理者绝不是一个优秀的管理者，因为员工的疾苦，绝非员工一个人的事，只有没有后顾之忧，员工才能安心稳定地工作，下面通过几个事例来讨论一下。

1. 以员工的利益为重

【事例】

一家服装企业的老板，手下几十名员工都是女性，每个员工都肩负着沉重的家庭负担，有的离婚至今单身，有的几度失业就业。老板施女士在婚后也像大多数女性一样成了一名家庭主妇，但是生活的重担让她在几年前重返职场，从学徒做起，先是一名裁缝师，后来自己设计服装，慢慢地，施女士创立了自己的公司，旗下招收的员工全都是女性，个个都有自己的生活压力。

施女士带领这么一群女性员工打天下，从家庭主妇到自主创业，这其中的艰辛也只有她自己能够体会，但是她很努力，年营业额曾一度创下上千万。

然而，去年市场不景气，施女士的公司也承受了重压，施女士说道："许多公司都不定做服装了，我的生意一下衰减了 5 成。"

就在公司面临重大冲击时，施女士依然坚持维护员工的利益，她公司里的员工每个人都肩负着一定的经济压力，施女士说："我很关注员工的冷暖疾苦，我也能体会她们所要承担的责任和负担。在最艰难的时刻，我也不会强迫她们加班，已婚女性员工不同于其他员工，她们有家庭，有孩子，和我自己一样，我不愿意看到她们在家庭和工作中处于两难境地。"

施女士手下的员工也夸赞道："施总是一个很为员工考虑的老板，即使在最辛苦的那一段时间，她也从来不会给我们摆脸色，虽然她从来不强迫我们加班，但是我们都自发自觉地留下来，把工作认真完成，如果没有施总，也许我们现在还在家中待业，施总给予我们的，不仅仅是一份工资和福利，还有精神上的温暖。"

故事里的施女士是一个很了不起的老板，她把员工的冷暖疾苦放在心上，愿意走进员工，让员工心怀感恩。

很多企业在遭遇不景气时，要么整天严加命令员工加班加点工作，而自己一旦有事，就提前脱身离开；要么用各种理由大肆裁员，让很多人失去工作，导致公司里面怨声载道、人人自危。

在现实生活中，很多管理者总是以自我为中心，总是强调要以公司大局为重，不懂得关心和照顾员工，在自身利益和员工利益发生冲突时，往往会选择牺牲员工的利益来保全自身利益。

听很多管理者抱怨，现在的年轻人都难管，尤其是 90 后这一代，从小娇生惯养、吃不了苦、以自我为中心，一系列的缺点被强加在他们身上。但是从 90 后的角度来说，他们反对这样的说法，因为任何人都不是十全十美的，他们有缺点也有优点，管理者不能一竿子打死所有人，况且，说到以自我为中心，很多管理者也一样，经常会听到有员工抱怨"他什么时候关心过我们"或者"企业只看重自己的利益，哪里会管员工的死活"。

所谓以自我为中心就是凡事都只注重自己的利益,要求人人为己,而置他人的需求于度外,不愿为别人做出牺牲,也不关心他人痛痒。要求所有的人都听自己的命令,恨不得让地球都围绕着他的意愿转,表现为自私自利,损人利己。

在企业中,管理者以自我为中心主要表现在以下几个方面。

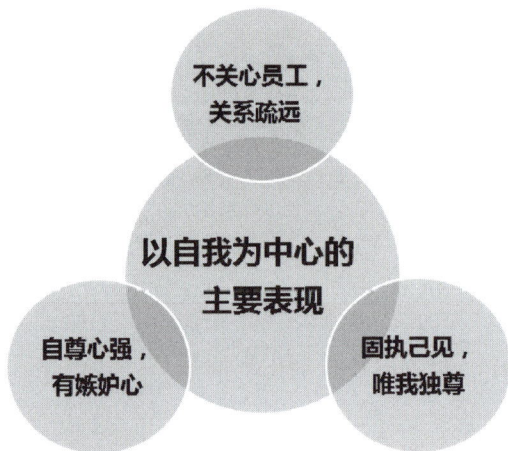

1)不关心员工,关系疏远

无事不登三宝殿,凡是从自身利益出发,打着为企业着想的旗号压榨员工,对员工没有丝毫热情,总是摆着冷冰冰的面孔显示自己的威严,也不愿走进员工,唯恐掉价,认为员工为公司卖命是应该的。

2)固执己见,唯我独尊

固执己见是一种处事态度,这种人往往久经沙场,见识过大风大浪,认为自己看待问题的角度是正确的,而他人是错误的,听不进意见,对待问题,在明知对方正确的情况下,也不愿改变自己的态度和观点。

3)自尊心强,有嫉妒心

每个人都有自尊和嫉妒心,但在工作中,很多这种有着强烈自尊心的管理者往往更偏向维护自己,不愿意看到员工功劳超过自己,有些人虽然表面看似重视人才,但是如果有员工比自己做得还好,就会觉得没有面子。

在现实中,以自我为中心的领导不在少数,而员工是没有办法给管理者指出这些缺点的,因此要求管理者自我反省,改变观念,争取做一个为员工着想的好领导。

2.帮助员工排解后顾之忧

【事例】

一家公司里,有一位人尽皆知的人管部经理,员工大多不是称她为"林总",而是亲切地称呼她为"林阿姨"。

林总在公司里工作了 25 年，从车间员工到车间主任，慢慢晋升到人管部经理，林阿姨体验过很多岗位，无论在哪个岗位，都做得十分出色。

一名员工说："林总对待下属，总是带着和善亲切的微笑，我刚到公司的时候，食宿等生活方面的问题都是她帮忙解决的。我们公司的食堂也是她找人承包的，也不像其他公司那样收费，早餐包子、豆浆、油条，种类丰富，人均不到 2 块钱，而午饭和晚饭都是四菜一汤，顿顿有肉，基本上是免费的，这种政策保持了多年不变。"

另一名员工说道："安排给员工的宿舍，全都是电视、网线、空调、热水器等设备一应俱全。"

在公司的车间里流行这样一句话——"有事找林阿姨"。

去年 9 月份，外来员工小金突发肺炎，大晚上被匆匆送进医院，林总得知情况后，第一时间赶往医院，向医生了解了情况，然后帮忙给付了医疗费用，过了几天，又派公司的专车去接小金出院，为此，小金备受感动。

除了帮助员工解决工作上、生活上的急事和难事，林总还热心地帮员工解决家庭上的烦恼，公司里有一位员工家里有小孩，到了上学的年纪，但是错过了幼儿园的报名时间，为此，他困扰得不行，工作效率也大大降低了。林总知道这件事之后，就专门去找了幼儿园的负责人，了解到相关政策，帮助小孩报上了名。

故事中的林总，总是把员工的困难放在心上，帮助他们排忧解难，在公司发展的同时，也帮助员工发展。

下面从员工为什么不愿向老板求助以及老板了解员工困难的渠道这两方面来进行阐述。

1) 不愿向老板求助的原因

在现实生活中，像林总这样的管理者也有，但是并不多，一般人只会做到自己职责之内的事，职责之外的，他们不会主动帮助，而大多数员工遇到工作以外的问题，也不会去向自己的老板求助，不向老板求助的原因有多种。

(1) "家丑不可外扬"。自己的事自己解决，领导终究是外人，让外人知道自己家的事终究是不好的。

(2) 自身的事和领导没有关系。除了工作以外，领导和员工没有任何关系，他不一定会上心。

(3) 求助了也不一定有帮助。领导一般不会掺和员工的私事，求了也是白求。

(4) 怕被领导看低。这么一点困难还要找领导帮忙，说明自己没本事，因此员工害怕被领导看低。

(5) 影响到工作。怕自己的私事在领导心目中留下不好的印象，影响到自己的工作。

因此，很少会有管理者能够做到帮助员工排忧解难，除非两人关系不错，有私交，否则员工有自己的圈子和生活，管理者很难把这只"帮助"的手插进去。

2) 了解员工困难的方法

这对管理者来说是一个挑战，很多管理者有能力帮助员工，但是没有渠道了解员工的困难，这些渠道概括起来有以下几种。

了解员工困难的方法

在工作指导中了解

通过观察了解

面对面直接询问

从第三者口中了解

(1) 在工作指导中了解。

在公司，员工和领导接触最多的就是工作指导，当管理者不知道员工有没有困难时，可以在工作指导过程中，关心地问一句："最近生活中有遇到什么困难吗？"就像一个小插曲，既表达了关心，又能够帮助员工早日完成工作。

(2) 通过观察了解。

观察员工了解员工是否有困难，一般是观察员工的工作效率、工作热情、心情、言行举止等。

(3) 面对面直接询问。

当管理者察觉到员工有某方面困难时，而且这个困难自己能够帮得到，又不涉及员工的隐私，也不会伤害到员工的自尊，管理者要学会主动出击，直接的、坦白地问员工是否有困难，并且表达自己能够给予帮助。这就好比雪中送炭，一定会让员工无比感动。

(4) 从第三者口中了解。

这种渠道分为两种情况。

① 管理者察觉到员工有困难，又怕主动询问会涉及员工的隐私或伤害到员工自尊。这时，可以与员工关系好的同事多接触，从他们嘴里探探口风。

② 管理者无意中从第三者口里听到某个员工有困难，这种情况，管理者听在心里就行，等有机会再私下里问员工。

一个人的心态决定着工作的效率，一个满腹心事的员工绝对无法全身心投入到工作中，因此，除了工作上的困难，管理者还要重视员工工作以外的困难。

想要成为一名优秀的管理者，就要善于使用员工，还要善于通过替员工排忧解难来唤起其内在的工作积极性，帮助员工排除后顾之忧，使他的生活稳定，才能集中精力全身心投入到工作中。

现在的 90 后，刚步入社会没多久，心思比较单纯，管理者要做好"大家长"这个角色，懂得帮助他们解决工作以外的烦心事，那么一定会受到他们的尊重和喜爱。例如，员工生病了，管理者最贴心的做法就是减轻员工的工作负担，让员工及时接受治疗；当员工出现恋爱危机时，管理者可以以过来人的心态，和他们谈谈如何对待感情；当员工家庭遭遇不幸时，管理者能够及时地伸出援手……

总之，管理者要重视员工的苦恼，必要的时候要帮助他们分忧。同时，员工遇到困难时，当困难的程度已经影响到自身的工作时，也要向管理者提出来，寻求他人的帮助比憋闷在心里要好。遇到来寻求帮助的员工，管理者一定不要置之不理。

4.2.3　记住员工名字

对于一些大型企业来说，企业里有很多员工，要管理者记住每一个员工的名字似乎很难，但是记住员工的名字是一种对其重视的表现，是关心员工的一种手段。下面通过事例来看看记住员工名字和工作表现的作用。

【事例】

通用电气前总裁杰克·韦尔奇是一位非常优秀的管理者，他有一项常人无法比拟的本领，那就是能够说出企业里 1000 名高级领导者的名字和职务，并且熟知公司近 3000 名中层管理者在工作上的表现，以及相当多数量的优秀员工的工作成果。

因此，无论发生任何情况，他都能根据自己所知的资料，迅速地进行系统的判断，并给出最恰当的处理方案。

很多时候，对于高层领导来说，那些非常棘手的问题，韦尔奇却能够快速地解决。比如，他手下的一些领导者和员工，对公司的新政策不满；或者对个人职务调动产生抗拒心理；或者对工作中遇到的问题感到束手无策的时候，韦尔奇总会挺身而出，高效而快捷地处理完这些问题。因为他不仅能够记住每个员工的名字，还能够记住员工的性格特征和平时的工作表现，他对员工想法的理解，就像对待自己的想法一样。

所以，韦尔奇很受员工们的信赖，他被员工当作知己，因为在员工的心里，一个能够记住他们名字的领导，一定是一个重视员工、重视公司的好领导。

其实，企业内部就像一个社交圈，那些"网状式联系"就是在管理者与管理者之间、管理者与员工之间、员工与员工之间连接，如果管理者能够记住员工的名字，那么这个"网状社交圈"就会无比壮大，就像一张网，将企业和员工牢牢地绑在一起，并且还会促进企业内部的团结。

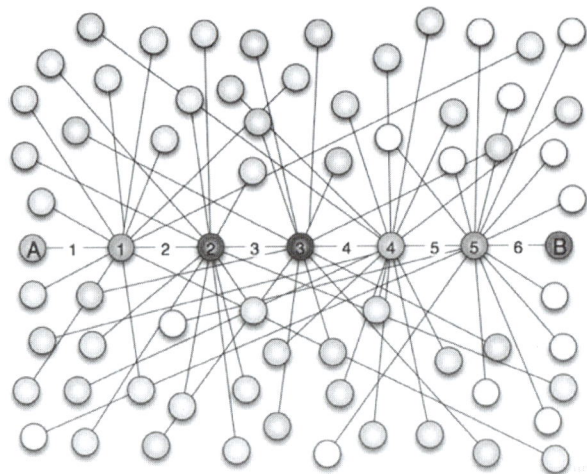

现在很多企业中的管理者，对自己直接下属的名字，能够脱口而出，无论在什么场合碰到，都能轻松随意地叫出对方的名字，这些对于员工来说，是觉得被领导重视的，而且很大程度上，对他们的工作产生了积极的影响。

但是，同样有很多管理者叫不上自己员工的名字，这种情况还比较普遍，尤其是员工人数众多的企业，管理者根本无法顾及每位下属的姓名和工作情况。

听有些退休的老工人说，以前的企业管理模式还比较"纯朴"，领导们也没有什么架子，常常深夜出入车间，与员工畅谈心事、拉拉家常，一个团队成员的姓名全都叫得上，因此，领导深受员工爱戴，在生产上遇到难事，就会直接反映，然后很快就能解决。

而现在的企业管理人，觉得员工名字就像"小三小四"一样，记不记都无所

谓，反正遇到问题了，临时了解也可以，不如把记名字的这些时间花在其他事情上。

这种漠视的处理方式，从一定程度上反映了当下企业管理者与员工之间存在感情上脱节的问题。试想一下，一个连自己手下员工名字都叫不上的管理者，又如何能了解员工的疾苦和需求呢？

因此，记住员工的名字，对企业只会有益无害。

记住员工名字，是一种促进管理者和员工之间亲密关系的方法，也是提醒管理者要经常接触员工，倾听他们的意见和呼声，了解员工的需求。

记住员工名字，是当今管理者的基本素质，也是温情管理的基本内容。只有管理者真正关心企业的每一位员工，进行心灵上的沟通，才能使员工真正感受到企业这个"大家庭"的温暖。

美国成人教育家戴尔·卡耐基说过："记住别人的名字并轻松地说出，便是一种巧妙而有效的恭维。"

每个人都希望别人能记住自己的名字，并能够准确无误地叫出来，这不仅仅是别人对自己的尊重，同时这也能够缩短人与人之间的距离。虽然，很多管理者认为名字只是一个人的代号，但是却能表达对员工某种程度的重视。

某家公司的总经理说道："为了了解底下的员工，我命令自己每天记住至少 3 个人的姓名及工号，这样做不仅表达了对员工的尊重，而且也是一种非常有效的沟通方式。我是从基层员工做起的，因此我很了解作为一名普通员工的内心想法，他们都希望在总经理心目中占有一席之地，希望管理者能够感知到他们的工作价值，看到他们的努力，就和他们的名字一样，是独一无二的，这样才会全心全意努力工作。作为总经理，必须具备这样的能力，牢牢记住每一位员工的名字，并且能够随时随地叫出来，这也许比天天站在台上倡导关心员工要实在得多……"

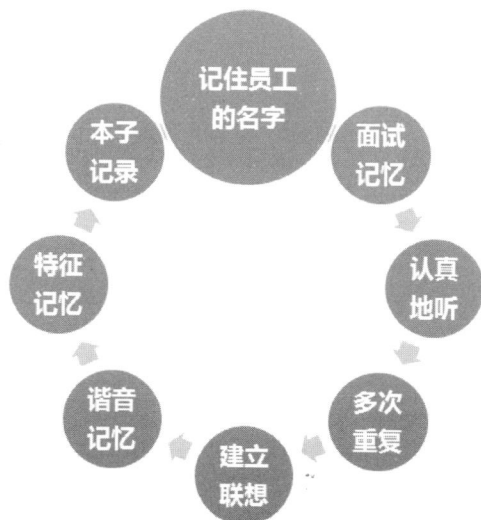

可以想象一下，某天你当着众人的面，突然叫出了员工的名字，你的员工会有多么的受宠若惊。或者你切换角度来想象一下，你是一名普通员工，你们公司员工人数众多，几百到上千，除了你的直属领导外，你觉得很难再被其他领导认识。可是某天，忽然有一位高层领导叫出了你的名字，你能不感到惊喜吗？你可能会想：领导知道我，看来我在领导心目中有一席之地啊。

记住员工的名字是基础，有了这个基础，才有可能进一步了解员工。

然而，想要记住员工的名字并不是一件轻而易举的事，那么要如何记住大量的员工的名字和了解员工的其他信息呢？

1. 面试记忆

员工进入公司前，面试是第一关，面试的时候，一般先是招聘主管对员工进行一个具体的了解，两人会在独立办公室进行面对面的交流，交流的流程包括以下几个方面。

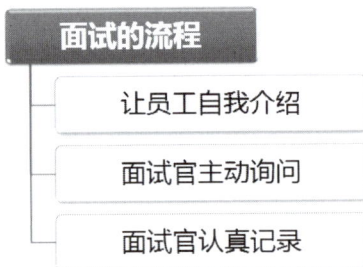

面试的流程
让员工自我介绍
面试官主动询问
面试官认真记录

1) 让员工自我介绍

自我介绍是每个面试环节的第一步，员工入座后，招聘主管就会让员工先进行自我介绍，自我介绍的内容一般涵盖姓名、毕业学校、社会实践、工作经历、兴趣爱好等，有的员工比较含蓄，在介绍完自己的姓名、毕业学校之后，就会等着招聘主管发问。自我介绍环节非常重要，因为看简历只是一种视觉刺激，但是听面试者说话，又是一种听觉刺激，这样就大大加深了面试官对面试者的印象。

2) 面试官主动询问

自我介绍一般只是让员工简单地介绍一下情况，而具体信息就需要面试官主动去询问，加深对员工的了解，询问的内容也包括员工的学校经历、家庭情况、社会实践、工作经历、兴趣爱好、对应聘岗位职责的了解程度等。

3) 面试官认真记录

在询问的过程中，面试官必须要做的一件事是，在面试员工的简历空白处或者自己的工作笔记本上认真记录面试员工的情况，这些情况不仅要交给面试员工的直属领导看，还要交给上层领导过目。这种方式，大大降低了人力物力的输出，同时也节省了其他领导者了解员工的时间和精力。

2．认真地听

有的管理者虽然在询问员工的姓名，但是往往是不怎么放在心上的，如果是直属领导还好，但如果是跨级的上下级关系，领导者可能不会特别重视员工的名字。

比如，某些高层领导，下面管理着一帮中层领导，中层领导下可能是一大批普通员工，那么高层领导可能不会对员工的名字有太多的关注。因此在对方介绍的时候，往往心不在焉，没有仔细听，在下次见面时，当员工亲切地招呼"总经理好"，这些领导只能瞪着眼，心里想这是谁，最后只有点头而过。

因此，在员工介绍姓名的时候，管理者应该聚精会神地听。

3．多次重复

也许你有过这样的情况，刚刚认识的人，不过 10 分钟，就忘了对方的名字。很多人都是这样的，如果不重复几遍，就记不住对方的名字。因此，要记住员工的名字，一个非常有效的办法是，多次重复。

管理者在认真地听清员工的名字之后，就要在脑海里多次重复一下这个员工的名字，并且在交谈中尽量多地使用到这个名字，这样就能在脑海里扎根。

4．建立联想

有些员工的名字比较有趣，管理者可以建立某种联想，以便快速地将员工的名字记住。如一个员工叫"马龙"，管理者可以联想到"车水马龙"，也可以联想到"龙马精神"，反正，怎么联想都可以，只要能够快速记忆就行。

5．谐音记忆

除了联想记忆，还有谐音记忆法，这种方法是根据名字的读音去记，比如有的员工叫"邓子艾"，管理者可以根据名字发音立马想到"凳子矮"，这样依靠谐音的记忆方法很快就能记住名字。

6．特征记忆

每个人长得都不一样，有的眼睛特别大；有的胡子特别多；有的颧骨突出；有的额头比较宽……管理者把员工五官中最突出的特征记住，在脑海中想象成漫画家笔下那种夸张的模样，这样就容易记住员工的名字了。

7．本子记录

最保险的方法是，管理者把员工的名字记录在本子上，当想不起来的时候，就翻开本子看一看，久而久之，就能很轻松地记住员工的姓名，并且永久不忘。

4.2.4 常给员工惊喜

每个人都喜欢惊喜，在企业里，管理者要懂得为员工制造惊喜，制造惊喜不仅能够提高员工的情绪，还能提高员工的工作效率，下面通过事例来看看惊喜的作用。

【事例】

有一家公司，在成立20周年之际，公司总裁给近100名员工带来了一个巨大惊喜——请全体员工去国外度假。这个消息一流出，立马在公司里引起了很大的反响，在度假前期，员工的工作热情一下子高涨，就连那些平日怠工的人都变得格外积极，最有意思的是，好几个员工兴奋得睡不着觉，第二天依旧以饱满的情绪奋斗着。

这是公司的老传统了，自从公司成立以来，公司每年都会举办这一类的惊喜活动。当然，没法年年都那么奢侈。第一年，公司刚成立不久，这家公司的老总想要为8个员工做些事，就租了一辆中巴车，一路上喝着啤酒，啃着鸡翅，唱着山歌，把周围风光秀丽的小乡村游了个遍。后来，随着公司业绩的增加，每年举办的惊喜活动也随之变得隆重，有一年公司还为员工举办了一场价值上千万人民币的派对，这就是员工热爱这个公司的原因之一。

公司的老板说："也许你们会觉得每天、每周用各种办法给员工惊喜是没有必要的，但是在我看来，这至少会留住员工的脚步，作为一名优秀的企业家，你不仅要让你的员工为你把工作做好，还要让他们知道在你心目中，一直有他们"。

公司除了每年制造大惊喜外，还有各种各样的小惊喜，比如公司有为那些爱美的员工提供了独立的化妆间，有放着轻缓音乐的休憩区，每周还有独立的下午茶时间……

公司的员工忠诚度接近90%，员工在入职一两年后，所有的团队力量就显现出来，他们真正凝聚在一起了。很多企业对此感到十分羡慕，公司的老板说："这没有什么值得羡慕的，当员工充满幸福地去享受自己的工作时，管理者就没有什么值得发愁的事了。"

要想管理好员工，管理者就要为员工多多制造惊喜，为什么？因为惊喜能够激发人的热情与活力。

想想那些每到过年就活蹦乱跳的孩子，即使你让他去做平时最讨厌的家务，他也会乖乖地去做，为什么？因为过年的时候，小孩可以得到大人们给的压岁钱，并且可以自由地、没有约束地玩。害怕不做家务就得不到压岁钱，于是那些看起来令人头疼的家务，也终于变得不那么让人厌烦了。

同样的道理，在公司里面，到了过节、发年终奖或者有旅游活动时，员工总是像要得到压岁钱的小孩子一样，做事特别有干劲。甚至是那些平时怠工的人，都变得比平时积极主动，那么给员工制造惊喜的方法有哪些呢？

现金惊喜

制造惊喜
的方法

假期惊喜

活动惊喜

1. 现金惊喜

现金是国王，在所有惊喜中，奖金最能满足员工最基本的需求。

现金惊喜的种类很多。比如，年终奖、公司组织的抽奖、代金券、礼品券等，代金券、礼品券虽然不是现金，但是和现金的意义是一样的。在这些现金惊喜中，其中最受员工喜爱，同时最受企业青睐的就是年终奖。

员工拿着一笔现金，可以做很多事。比如，和家人组织一次旅游；购置几套漂亮的新衣服；为家人买一些礼物；购买自己喜爱的食物；请朋友吃一顿饭；还清贷款，减轻房贷压力；或者只是单纯地想让银行的存款金额上升一个额度……

位于宾夕法尼亚州的某家顾问公司董事长，想出了几个用现金给员工制造惊喜的办法。

(1) 对优秀的、表现出色的员工，奖励 100 元。

(2) 对优秀的团队给予 500～1000 元的现金奖励。

(3) 将小额的金钱偷偷地放在员工的日历中或者抽屉中。

(4) 挑出 2 名优秀员工，小幅度提升工资。

(5) 出其不意地发放代金券、礼品券。

现金惊喜有优点有缺点，优点是简便易行，受大部分人喜爱，对于长期计划能够起到新的推动作用；缺点是没有持久性，缺乏纪念价值，同时没有新意，会慢慢失去惊喜的作用。

2. 活动惊喜

活动类的惊喜包括生日派对惊喜、旅游活动惊喜、趣味比赛活动惊喜、培训活动惊喜、员工的周年庆祝等。活动惊喜的内容、形式复杂多样，管理者可以根据具体情况来定。

位于加州伯克利市的某家公司，经常为员工制造一些惊喜活动。

(1) 给员工在郊外搞一次令人惊喜的野餐。

(2) 用员工家小孩的照片做成小奖章，随意佩戴在员工的身上，两人一组，让员工辨认对方的奖章上是谁的小孩。

(3) 举行"大笑一天挑战赛"，让每个员工带上漫画或者笑话册子，活动一个月为一个周期，所有参加者都有小奖品。

(4) 制定特殊的几天，如果有人说了消极或者抱怨的话，就上缴一点钱，如 1元、2 元，作为开办逗乐活动的基金。

(5) 给员工 10 分钟"开开心心休息"的时间，让他们看喜剧片。

(6) 出其不意地举行晚会。

3. 假期惊喜

假期惊喜比较少见，一般都是周末、国家法定节假日和过年放假等。

不过，偶尔来一次突袭，让全体放假也是一次不错的惊喜。

在苹果公司，只要季度销售额达到 1 亿美元的员工，就可以每年多享受一个星期的带薪假。

用假期惊喜奖励员工可以使用以下几种方法。

(1) 把交代的工作任务定好期限，如果员工在规定的日期内完成任务，并且保证了工作的质量，那么就可以把富余的时间作为对员工的奖励。

(2) 如果某项工作是持续性的、离不开人的，那么管理者就要规定员工在一定时间内完成多少工作量，如果员工的工作按时完成了，并且质量有保证，那么管理者可以给员工放一个下午或者一天的假。

(3) 以假期惊喜来提高员工的工作质量、稳定性、合作的精神。

4.2.5 重视员工家事

经常会遇到这种情况，当员工因为家事向上级请假的时候，总有管理者埋怨"就你家会出这样的事，别人都是好好的"。

下面通过一个事例来看看管理者应该如何处理员工家事。

【事例】

某家芯片公司的董事长最近做出了一个大胆的决定：凡是雇用的工作人员，公司负责员工及其家人的就医、入学、陪伴等诸多工作，以解决员工的后顾之忧，实现人性化管理。

例如，上周三，公司的员工小周的父母要来这座城市看望自己的儿子，小周向公司报备后，当天下午两点，就有专车在火车站接到了小周的父母。

除此之外，公司还负责陪员工的父母看病，陪怀孕的员工做产检等。

这家企业的董事长说道："企业要成功，一靠客户，二靠人才。创业这么久以来，我最大的感受就是，员工家的事就是公司的事情。如果员工在家人的就医、入学、接送等事情上花费了太多的精力，那么他在工作上的投入肯定不够，而且如果员工的家人感受到了公司的关怀，一定会鼓励员工为公司创造更多的财富和价值。"

这家公司在创立之初，只有 5 个人，后来慢慢发展到 40 多个员工，由于职业方向问题，员工的性格偏向清冷。因此管理者表示，对这类员工要给予更多情感上的关注。

一个企业，想要获得长久的发展，光有丰富的资源还不够，还要懂得留住员工，让员工心甘情愿、一心一意地为公司的发展而努力。

每个员工都有自己的父母、子女等，员工家里发生这样或那样的事，都是极为正常的。常言道"家家有本难念的经"，所谓难，是指家里发生的问题内容丰富，各种各样的矛盾摆在眼前，不但不好处理，而且容易影响到家庭每个成员的经济利益或者思想情绪。

管理者不关心员工家里的事或者埋怨员工家里出现的问题，是不近人情的，甚至有的管理者觉得员工家里发生的那些事都是小事，虽然口头上同意了员工的请假申请，但是从肢体语言和面部表情上可以看出，管理者对于员工家里发生的事是嗤之以鼻的，这样就让员工觉得不被重视，在很大程度上会影响与员工的友好相处和工作积极性。

那么，员工家的矛盾和问题包括哪些方面呢？

员工家的矛盾和问题

- 经济方面的问题
- 子女方面的问题
- 长辈方面的问题
- 夫妻之间的问题
- 其他成员的问题
- 恋爱方面的问题
- 邻里之间的问题
- 突发状况

1. 经济方面的问题

随着物价上涨，员工的家庭经济压力会越来越大，有的员工家庭经济本来就十分紧张，如果收入突然减少，或者一下要支付一笔很大的开支，就会严重影响到员工的家庭经济平衡。

2. 子女方面的问题

老一辈的人常说，90 后的孩子是被惯大的，从小就是家里的"小皇帝"。而现在 90 后小孩已经慢慢步入了社会，在为人处世、思想观念方面也日益成熟起来，而且，1990 年到 1995 年出生的人也慢慢成家，并且有了自己的小孩。

因此，现在小孩的年龄层主要聚集在 00 后，而因为家里的溺爱和现代人观念的变化，其实 00 后比 90 后更难"伺候"。

管理者应该知道，员工如果已经组建家庭，并且有了小孩，那么家庭负担可能更重。现在的家长，都很重视小孩的教育、健康、学习、早恋等问题。在健康方面，小孩经常会有这样那样的疾病，除此之外，还有入托难、入幼儿园难、入小学难等问题。

小孩天性淘气，容易逃学、惹事端，导致成绩差，升不了初中、高中；"寒窗苦读十数载"，最终高考落榜、名落孙山；上完大学，还要为他安排出路，找关系、找工作等。甚至有的小孩从小教育不当，偷窃、抢劫等。

3. 长辈方面的问题

没有成家的员工，要照顾自家的父母，老人难免有各种各样的疾病，有的还会突发疾病；成家之后，不仅要照顾自己的父母，还要兼顾对方的父母，有时照顾不周，或者老人们觉得厚此薄彼而产生不满等。

4．夫妻之间的问题

在一个家庭中，夫妻是主体，因此遇到的矛盾自然也多。

比如：家庭开支、亲朋好友之间的礼尚往来等问题，夫妻间常常有意见不合，导致一方或者双方不快的事情；夫妻的兴趣、爱好有差异甚至完全不同，导致夫妻间交流问题；夫妻中一方身体不适，突发疾病或者重病住院，严重的还有不治之症；因伤病导致身体残疾，生活不能自理；夫妻都在忙事业，没空操心家务，家里面一塌糊涂；夫妻间感情遭受波折等。

5．其他成员的问题

家庭除了小孩、父母、夫妻的问题之外，还有其他成员之间的问题，如兄弟、妯娌、姑嫂、婆媳、父子、岳婿等之间，也常发生问题和矛盾。其中婆媳之间的矛盾最为常见。

6．恋爱方面的问题

除了70后、80后以外，大部分90后还处于恋爱阶段，恋爱时，往往会遇到各种各样的问题，比如男女朋友遭遇家人反对；双方感情不牢固，有第三者插足或者失恋；恋爱双方与对方朋友有冲突；恋爱双方因小事争吵等。

7．邻里之间的问题

最常见的就是庇护小孩、上下楼层环境卫生问题等。

8．突发状况

突发状况指意想不到的天灾人祸，如车祸、火灾、水灾等。

上述的各种家庭矛盾，并非所有家庭都有，有的家庭多些，有的家庭少些，但是没有哪一个家庭，完全不存在这样的问题。

因此不仅仅是员工，就连管理者也可能经常会遇到家里发生各种各样的问题。因此管理者要学会体谅员工，不要把员工家里的事当作小事，而自己家里的事就是大事，要记住"员工家里没小事"。

如果公司不把员工的家事放在重要位置，会造成什么样的结果呢？很有可能造成员工无法妥善解决矛盾，最终把家务事闹到公司来的结果。

【事例】

某家公司的员工就把家事闹到了公司里。起因是员工家有一个小孩，小孩到了上学的年纪，但是离家里最近的实验小学只招非农村户口的学生，员工和妻子都是农村户口，小孩也是农村户口，因此只有到相隔近十里地的城市去上学。

夫妻俩就因为上学路程远、是否要买车的问题，在公司里大吵了一架，经理听完之后，便帮他们出了一个主意，经理说他和实验小学的教导主任认识，可以想办法让他们的小孩就近上学。员工和妻子便停止了争吵。

其实经理早在前一段时间就注意到这名员工工作时状态不对，但是当时他也没往心里去，并不知道他家里出了这种事。等员工的妻子闹到公司来之后，经理才了解到事情始末，于是很后悔没有早点去了解员工家里到底遇到了什么问题，他想，如果早点了解的话，这场争吵也就不会发生了。

作为一个企业的领导者，一定要理解每一个员工家里都有一本难念的经，不要认为员工的家事是小事，同时要善于帮助员工处理好家事。例如，员工的孩子、父母病了，管理者要关切地慰问病情情况，然后根据病情严重的程度来予以批假；或者员工夫妻间发生矛盾，管理者要适当调解，根据争吵的原因，在自己能力的范围内给予帮助。

总之，把员工的家事当作大事来对待，既让员工感动，对公司更加信赖，又让员工更加努力地工作，在工作中获得成就感和认同感。

4.2.6　给员工自由

每个员工都是一个追求发展和实现自我的个体人，管理者在管理员工时，首先要把员工看作一个个体人，然后才是为公司创造利益和价值的职场人。

【事例】

老王是某家制造类企业的采购经理，因在工作上取得了不小的成绩，所以深得公司高层领导的赏识。

老王只有中专学历，因此他对自己要求非常严格，正因为他这种恪尽职守、兢兢业业的工作作风，才让他成功地爬到了今天的位子。因此，对待下属，他要求也很高，管理严格，他期望他的员工能够像他一样，一心一意扑在公司的事务上，为公司鞠躬尽瘁、死而后已。

例如，他要求他的下属在上班时间不得做与工作无关的事情；不得擅离职守；不得和同事聊天；不得接、打私人电话等，总之所有的时间都得用在工作上。他总是想方设法把员工的时间占满，让员工不断地加班，认为只有多做工作，员工才能创造更多的成绩，即使有些工作并没有太多的意义。

同时，他还要求员工养成"早到晚退"的习惯，这种习惯就是员工在工作时间之外，还要多出一个小时继续加班。假如员工没有养成这种习惯，那么加薪晋级的机会就会减少，而且有可能被莫名地调职，或者再没有出头之日。

另外，他也不放过员工的午休时间，如果员工午休时间全部用来休息，他也会不满，节假日也是根据他工作的需要来安排。

对此，很多员工表示不满，在他手底下做事的一批 90 后，大多干不了几个月就纷纷辞职。他们抱怨没有私人空间，就像自己是被卖给了公司，自由完全受到了限制，这样的工作一点意义都没有。

很多老员工也表达了自己的不满，他们没有 90 后员工那么冲动，但是他们也在用自己的实际行动表达着自己的不满，例如陆续地请假，以各种理由和借口逃避老王的工作检查，也有一部分老员工已经在制订辞职计划，他们实在无法忍受这种经理，一点私人空间都没有，一点人情味都没有。

这样的结果，不用想也能知道，老王的工作会慢慢陷入被动，管理问题会接踵而至：员工士气低落，工作效率下降，人员的流动率也会越来越高。

这样的例子看起来挺极端，但是在现实工作中，类似老王这样的经理不少，他们认为让员工只有把所有时间都投入到工作中，对企业才是最好的，对企业的发展才最有帮助。在倡导人性化管理的今天，这样的管理方式显然要受到质疑和挑战。

从某种程度上来说，企业的发展离不开人，管理者如何对待员工，员工就会如何对待你。

比较起来，老一辈的生活圈可能没那么宽广，他们大部分时间花在工作、父母、孩子身上，小部分时间花在朋友聚会、聊天上。但是对于现在的 90 后来说，随着时代日新月异的变化，外面的世界也越来越精彩，因此，他们除了应对工作、父母的事务之外，更多是参与各种各样的娱乐活动、朋友聚会、交友旅游等，这些活动充斥着他们的生活，如果公司只顾自己的利益，长期占有员工的私人时间，那么一定会引起员工的愤怒，最终导致人才的流失。

小华是一家培训机构的 90 后员工，他在企业工作了不到一年的时间，便毅然选择了离职，原因是这份工作经常加班，几乎将他的私人时间全部占有。

老板总是布置各种各样的任务给他，有时候已经下班了，只有他一个人留在办公室加班；有时候他已经回到宿舍，老板一个电话，他又得赶到办公室继续加班……

每天除了工作、吃饭、睡觉以外，他基本抽不出时间去做其他的事，周末加班也是常有的事，虽然他的工作方向很明确，但是老板总是把一些很杂又很急的工作分给他，导致他自己的工作内容完不成，只能加班。因此小华再也无法忍受，选择了辞职。

在企业中，管理者让员工利用私人时间加班，员工一般不会拒绝，原因很简单，这是领导的命令，员工为了自己的"前途"往往会愿意牺牲自己的一点时间，满足老板的要求，但是如果一个管理者觉得占用员工私人时间来工作是理所当然的事，那么在这个员工的心里，这个老板一定是不通人情、不讲人性的，这样的老板也必定不受员工的喜爱。

看过 90 后的职场现象，知道现在很多 90 后都不喜欢加班，他们不像 70 后、80 后那么任劳任怨，他们更注重内心的感受，更注重如何去排解内心的压力。如果公司安排的工作是长期需要加班的，那么在招聘面试的时候，面试官就要询问员工是否愿意接受加班，很多 90 后在尝试第一份工作的时候，往往把加班想象得太简单，等工作一段时间之后，才知道加班的痛苦，于是最终选择离职。

很多 90 后表示，让他们一个星期加一两次班可以接受，但是如果无止尽地占用他们的时间和自由，他们绝对不能接受。

那么，管理者如何解决这些问题呢？

给员工一点自由

• 要端正态度
• 要尊重员工
• 不过分约束

1．要端正态度

首先，要端正态度。

站在管理者的角度，可能认为敬业奉献、全心付出、把工作视为生命的全部才是对企业最好的回报，才是自我价值实现的最高衡量准则。因此，管理者便要求新生代员工和自己一样，在工作时间全身心投入，把工作带回家，在节假日依旧加班，将工作视为生活的全部。

但是，对于大多数 90 后员工来说，工作并非他们生活的全部，他们还有朋友、亲人、孩子、父母；还有应酬、交际、娱乐、家庭团圆、朋友聚餐、恋人约会等活动，对于他们来说，工作只是生活的一部分，一个企业如果把占用员工私人时间看作是理所当然的事，那么这个企业只会让人伤心透顶。

2．要尊重员工

尊重是管理企业的立足之本。

美国 IBM 公司提出的口号是"尊重个人"，如果员工作为个体不受企业的尊重，那么就谈不上员工能够尊重和认同企业的管理理念。尊重员工，是为了满足员工自我发展和自我实现的欲望，是为了让员工更加心甘情愿地为公司工作。

员工不是公司的赚钱工具，他们首先是个人，其次才是职场人。只有员工个人受到了尊重，他们才会站在管理者的角度去考虑问题，才更愿意接受公司安排的加班要求，并且更有效率地完成工作。

3．不过分约束

在企业中，很多管理者常常将员工视为己有，经常严格地监督、管制员工，让员工没有一点自由时间可以支配，工作环境也特别压抑。长此以往，无论是对员工的心理还是身体都会造成很大的伤害。

管理者对员工不应该过分地约束，员工从小学到高中，都是在老师、学校、家长的约束环境中长大的，到了大学，才真正有了一点自己的私人时间。

其实没有人喜欢被约束，小孩子只是因为年纪小，没有能力去抵抗这种约束，所以大部分人中规中矩，而小部分人就会做出一些反抗举动。

但是现在出来工作的 90 后员工，已经脱离了那种环境，有自己的思想和强烈的自我意识，如果管理者还是沿用那一套约束管理模式，一定会让员工产生逆反心理，这样，不仅会严重影响到员工的工作效率和公司的收益，还会对公司未来的发展产生不好的影响。

总之，大部分人都喜欢享受工作，而不是对工作感到厌烦。如果一个企业的员工长期得不到自由时间，那么即使这份工作本身很有趣，也会变成一件占用员工私人时间的无聊的事。

4.2.7 尊重年长员工

现实生活中，很多人都知道，要尊重长辈，但是在企业中，很多年轻人并不怎么尊重年长的员工。

【事例】

一家公司新招了一名部门经理，部门经理很年轻，底下管理着一批老员工，这些老员工大多在公司里待了很长时间，不仅经验丰富、资历深，而且还很有能力，只是因为年纪大，所以没有得到公司的进一步提拔。

部门经理刚开始来，觉得这些老员工很有可能阻滞公司前进的步伐，公司应该吸收一批新鲜血液。

因此在对待老员工的问题时，部门经理并没有特别上心，而是把工作重点放在了培育新员工以及那些有潜力的员工上。

老员工也意识到了经理的态度，他们看在眼里，但是没有人去抱怨经理的作为，也没有人私底下议论经理的长短，经理就更加不在意了。

过了一段时间，经理在工作上遇到了一些棘手的问题。

于是跑去请教老员工，老员工全都三缄其口，大多敷衍了事，经理这才意识到自己犯了一个很严重的错误。

老员工其实知道这个问题的解决办法，但是因为经理的作为，让他们觉得自己不被尊重，因此在经理需要帮助时，没有一个人愿意出手相助。

后来经理改变了自己的想法，在对待老员工时，变得谦虚谨慎，工作重心也会分一部分在老员工身上，并且经常主动和老员工进行沟通、交换意见，最后终于让老员工改变了对他的看法。

这样的事例在现实生活中很常见，新生代员工，尤其是 90 后员工，对年长员工总是不那么尊重。

下面从年长员工不被企业重视、90 后员工不尊重年长员工的原因以及如何表达对年长员工的尊重等几方面进行阐述。

1．企业不重视年长员工的原因

那么，年长的员工为什么越来越不受企业重视？

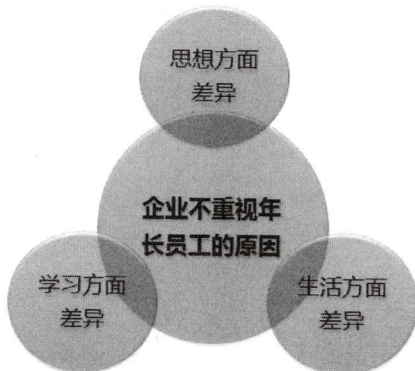

1）思想方面差异

在企业看来，老员工做事保守、循规蹈矩、缺少创新、做事没有干劲，而新员工精力充沛、敢于创新、充满活力、做事有干劲。比如现在的 90 后，就是创新、活力的代表。因此很多公司认为新员工能够为公司带来更多的效益。

其实这是一种偏见，无论新员工还是老员工，都有自己的优势和缺点，老员工做事扎实、求稳，而新员工难免浮躁、粗心，但是两者同样可以为公司带来效益，从长远的角度来看，企业和管理者不应该厚此薄彼。

2）生活方面差异

老员工一般有家庭孩子，往往生活琐事比较多，三天两头请假、孩子生病等。而新员工相对年轻，现在很多的 90 后都是晚婚晚育，在职场里打拼几年都没问题，因此企业更重视新员工，反而把老员工当成一种负担，有重要的工作也不会交给他们去做。

3) 学习方面差异

很多年长员工因为上了年纪，所以学习能力没有年轻时强，因此很多企业更愿意花大量的时间和金钱在年轻的员工身上，而年老的员工学习机会少，成长的脚步就慢，因此也就越来越不受公司重视。

2．90 后不尊重年长员工的原因

接下来讨论一下年轻人为何不尊重年长的员工。

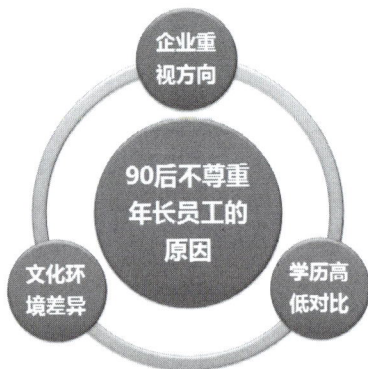

1) 企业重视方向

现在很多企业，认为新生代有潜力，往往把工作重心放在培育新生代员工上，而对于年老的员工，则容易忽视。

企业的态度决定了年轻员工的态度，企业愿意把重大任务交给年轻人，那么在管理者看来，自然是年老员工对公司做出的贡献没年轻员工的大，因此管理者往往对年老员工就没那么尊重。

2) 学历高低对比

年轻人很多都是高学历人才，而老员工学历没有年轻的管理者高，即使学历一样，老员工的思想也相对来说比较落伍，两者之间容易产生代沟，因此 90 后员工容易忽视老员工的感受。

某个企业的 90 后员工，他们除了学历高之外，还精通各种网络用语，和企业的很多老员工都有代沟，管理者看到这种现象，就经常组织各种活动，加深 90 后员工和年长员工之间的交流，帮助他们消除隔阂。

3) 文化环境差异

以前讲"包容"，现在讲"个性"，以前的人出身贫苦，吃不上饭，现在的人就算不是挥金如土，也是不会再过苦日子了。因此年轻的管理者可能天生就有一种"高人一等"的心态，在老员工面前，做不到谦逊尊重。

俗话讲："不听老人言，吃亏在眼前。"这句话用在企业管理中，也同样奏效。年长的员工在长期的工作实践中历经了很多的风风雨雨，积累了很多经验，无论是在政治上、思想上、工作上和作风上都有自己的长处。

或许这些老员工没有年轻人的学历高，也跟不上时代的步伐，思想古板，但是他们拥有熟练的专业技能、丰富的工作经验、处事不惊的工作态度……而这些是很多年轻人所欠缺的。

企业就像一个社会，在这里面，90 后员工可以学会很多对生活、工作都有帮助的实用型知识，如果他们总是表现得高高在上，或者看不起比自己职位低的老员工，与他们产生距离，言行上总是突出自己的骄傲，那么只会和老员工格格不入，难得的学习机会也就这样错过了。

3．对年长员工表示尊重的方法

因此，管理者一定要教导 90 后员工，面对年老的员工时，一定要表示尊重，具体的方法如下。

1）主动沟通

90 后员工要积极主动地与年老的员工进行沟通、交换意见、探讨问题，把他们说过的话记在脑海里，细细推敲。从工作上、作风上、思想上认真地观察、学习他们的长处，尤其是他们处理某些棘手的问题时，所用的一些成功的方法和技巧，更要加倍留意。

2）礼让三分

人无完人，每个人都有这样或那样的缺点，90 后员工在与年长员工相处的过程中，总会出现一些或大或小的摩擦和矛盾，如果是因为年长的员工引起的，只要不涉及公司规章制度和大的原则，那么 90 后员工就要学会注重他人的感受，而不要去计较那些功过与得失。

3) 支持工作

很多企业喜欢重用新人，往往把一些重要的工作和任务交给新人去做，而对年老的员工往往采取干涉阻挠的措施，长此以往，容易让年老的员工失去工作热情。因此，管理者应该在年老员工分管的职责范围内，放手让他们去独立行使某些职权，激发他们的工作热情，同时要让 90 后员工全力支持年长员工的工作。

4.2.8　一起同甘共苦

很多成功的企业家都是白手起家，刚开始一间办公室，几个人，一点点创业资金，靠着几个人的同心协力，走上了成功的道路，他们靠的是什么？靠的是老板和员工同甘共苦、患难与共的精神。

【事例】

战国时，燕国太子姬平继承了王位，史称燕昭王。燕昭王对如何治理国家，感到束手无策，于是他找到了一个善于出点子的人来询问："你能找一个有本事的人，帮我富民强国吗？"

那人说："只要你广泛选拔有能力的人，并且亲自去慰问他们，那么天下有本事的人都会来投靠燕国。"

燕昭王又问："那么我去访问谁好呢？"

那人说："可以先重用我，我本领一般，天下的人看到我这样都被重用，一定会不辞辛苦地来投奔您。"

于是，燕昭王重用了这个人，消息一传开，很多有才能的人，纷纷从魏、齐、赵等国来到燕国，为燕昭王效力。燕昭王很高兴，对待下属关怀备至，无论谁家有婚丧娶等事，他都亲自过问。

就这样，他与百姓同事安乐，同甘共苦近 30 年，终于把燕国治理得国富民强，并且燕昭王受到了举国上下的一致拥戴。

在企业中，管理者要有与员工同甘共苦的决心，在身处逆境时，能够与员工共渡难关；苦尽甘来后，愿意和员工分享成果。

曾经听到有人说："世上没有同甘这个词，只有共苦。"这句话就是说，苦的可以一起吃，但是甜的只能独享。

现实生活中，很多企业的管理者都是这样，只能做到与员工共患难，却做不到与员工分享胜利的果实。

与人共患难并不是一件困难的事，因为当企业遇到危机的情况时，管理者只能和员工同舟共济、共渡难关。但是，度过危机之后，让管理者与员工分享胜利的果实就不是那么容易的事了。

历史上，春秋时期的重耳即位之前，得到了介子推的很多帮助。因此在他即位之后，他论功行赏，介子推不愿受封，他依然把绵上封给他做祭田。从此以后，重耳深受大臣的敬重，后来在众臣的竭力帮助下，打败了楚国。

从这件事可以看出，重耳是一个愿意与属下分享胜利果实的人，因此他才赢得了威望，受到了大臣的喜爱和尊重。

以史为鉴，作为一名管理者，要学会身处逆境时，与员工共渡难关；在身处顺境时，与员工共享胜利的成果。唯有如此，才能赢得威望，受到下属的爱戴，并与之共创大业。

1．逆境中同心协力

松下电器在经济最萧条的时期也没有解雇过一个员工，其表现出来的对员工的信赖与爱护，感动了企业里的每一个人，就是在这种感动下，员工自发地行动起来，为公司出谋划策，最终帮助公司走出了困境。

自古以来的伟人，大多是从逆境中挣扎奋斗过来的。没有哪个公司会一直一帆风顺，也没有哪个管理者不会遭受逆境，当逆境出现时，管理者要摆正自己的位置，以身作则，看准前进方向，为员工起航掌舵，把所有员工的积极性都激发出来。

2．顺境中莫忘兄弟

克服了逆境后，顺境就会来临，当顺境来临时，管理者千万不要过河拆桥、忘恩负义，"江山"是众人一起打下的，那么管理者就要懂得激励员工，让他们共同分享胜利的成果，使自身的满足感和成就感得以实现。

切记不可独揽其功，不仅让员工不齿，同时也会丧失自身的魅力，不会再有员工愿意为这样的管理者"卖命"。

4.2.9　创造一个家

企业管理者，都希望员工对自己的工作充满热情，都希望看到员工在下班之后，仍然埋头努力的样子，对待公司就像对待家一样。

很多企业都号召员工要有"主人翁意识"，其意思就是要员工把公司当成自己的家，但是也有公司并不看重这一点。

【事例】

有一家公司为了让员工重新签署劳动合同，便提出让员工主动辞职的要求，小肖在公司里工作了很长时间，这次也在"主动辞职"的名单里。

10 月上旬的某一天，小肖和几名同事被叫去了总监的办公室，总监没有拐弯抹角，而是很直白地说道："相信大家也知道是怎么一回事。"

大家心里都清楚，可是没有人说话，坐在凳子上默默地听着，他们都是公司的老骨干，在这里干了很长一段时间，早就把公司当成了自己的家，然而，总监接下来的话却让众人听着有点伤心。

"公司不是我们的家，大家为公司打工，要有打工的意识，不要什么都谈感情，关键是要看自己在公司有没有发展……"

总监说了很多道理，但是小肖脑海里始终浮现着一句话——"公司不是我们的家"。这句话让小肖顿时心灰意冷。

在市场经济实行之前，中国的企业都流行着一句话，"员工是企业的主人翁"；在市场经济实行之后，员工不再理所当然的是企业的主人了。谁是企业的主人？是以资本为标准来看，因此很多员工也不再把企业当作自己的家了。

我们都知道，企业的发展离不开人，而员工是否还有"家"的意识，取决于管理者，而不是员工。如果企业想要员工为公司心甘情愿地付出，那么管理者就要给员工创造出一个"家"的感觉。因为只有关心员工、照顾员工，才能上下同心，为企业创造出更加丰厚的业绩。

那么，管理者应该如何为员工创造一个"家"？

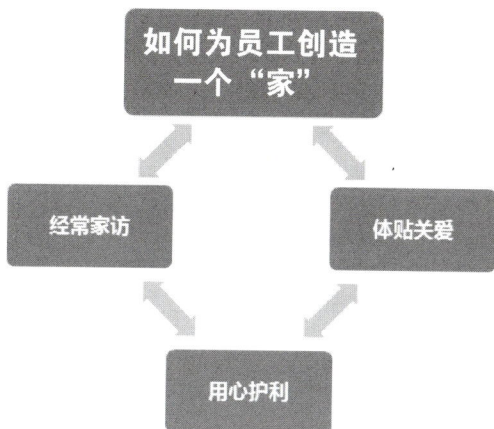

1．体贴关爱

任何一个企业都不希望它只是聘用了员工的一双手，它需要的是员工的大脑和积极热情工作的心，而要激发员工努力工作的热情，光靠岗位和薪水还远远不够，员工只有感受到了企业真正的关爱，才能表现出积极的工作热情，尤其是当下的 90 后员工，心思极其细腻，企业对他们有几分爱护，他们一定可以感受得到。

美国有一句名言："爱你的员工吧，只有这样他才会百倍地爱你的公司。"

很多企业家也是在经历过很多以后才悟出这样一个道理，毕竟企业是由人组成，企业的发展离不开人。

在日本，企业家都很重视员工在企业感受到的"家庭氛围"，管理者都很了解，只有让员工把企业当作家，才能激发出更多的动力，因此，日本的企业家在寻求和建立员工与企业之间的"情感维系纽带"方面获得了丰富的经验。而日本的员工也乐于把企业当作家，因为这个家会终生爱护他，他们也希望这个家会越来越好，从而实现员工与企业的共同发展。

这个模式曾为日本企业飞速、稳定地发展创造了得天独厚的条件。日本的管理者很会运用这一套管理模式，他们声称要让企业成为一个"大家庭"，让所有员工都感受到企业对他们的关爱，因此企业里经常为员工搞各种福利活动，比如在员工生日、结婚、生子、乔迁、晋升时，为员工送去特别的祝贺等。

这种模式很快在员工和企业之间建立起一种家庭式情感，员工感受到企业的关爱，因此更加负责、用心地完成公司的任务，也更加正确地处理好与企业之间的各种利益冲突。所以即使在公司遇到困难的时候，员工也没有放弃企业，反而愿意以降低工资的方式来降低企业的成本，帮助企业渡过难关。

员工需要关怀和体贴。作为一名优秀的管理者，不仅要管好员工，更要"经营"好员工，时时为员工补充"关爱"的营养，才能让他们与企业共同成长。

2．用心护利

企业要懂得为员工谋福利，作为企业的管理者，应当要为员工树立一把"保护伞"，也就是说，要站在员工的角度，竭尽全力为他们谋取福利。例如，经济利益、文化利益、教育利益、法律利益、健康利益等，这种事情是员工最为关心的。

世界上很多企业在这方面都做得很好。例如，马萨诸塞州的连锁店康博兰农场为上大学的员工报销学费；西门子公司在 1862 年给员工增加津贴补助，1872 年实行养老金制度，1888 年为公司配备健康保险医生；伊士曼在 1912 年建立"红利"制度，员工每月除了领到比较优厚的工资之外，还能根据自己为公司所作的贡献参加公司分红，1919 年，又创立了"入股制"，鼓励员工入股，让员工成为公司的主人等。

这些公司采取的种种措施，发挥的作用只有一个，让公司与员工紧密地联系在一起，让公司的员工感受到一种"家庭式"的温暖，并由此激发员工的积极性，全心全意地为公司谋福利。

用心呵护员工的利益，最大的作用就是让员工团结起来，发挥强大的凝聚作用。管理者能够鼓舞员工，只是外来的动力，而员工自己主动工作，是来自内在的动力，因此用心呵护员工能够激发员工工作的内在动力。

3. 经常家访

既然要为员工创造一个"家"，那么有一项举措就必不可少：经常到员工家里走访，建立亲密的"兄弟"情谊。

经常家访，不仅便于对员工给予帮助，还利于增进与员工之间的感情。

每次家访，管理者可以向员工家属报告员工在公司的情况，这样做的好处，一是方便让员工的家属一起帮助改正错误和缺点，二是根据实事求是的原则，报告员工的优点和工作业绩，让家属沾光，不仅让家庭和睦，同时也让家属更加支持员工的工作。

家访主要有以下几个目的。

1) 了解员工的家庭情况

家访是为了增进管理者对员工的了解，每次家访的时候，要做到了解员工各方面的情况，这些情况包括：家庭人口、家庭人员情况、家庭经济状况、家庭的主要矛盾等。在了解员工家庭情况的过程中，要懂得详略有当、适可而止。

2) 慰问员工的辛劳工作

员工工作做得好，一是离不开自身的努力，二是离不开家庭的支持和关怀，因此管理者家访的第二个目的就是慰问员工及其家属。

能够给予赞扬和理解，是一件能够让员工及其家属感到欣慰的事。感谢的话、鼓励的话，从领导的口中说出来，会使员工的家属受到鼓舞，同时也会大大激励员工的工作热情。

3) 赞赏员工家属的贤德

对于员工家属的优点，管理者要不吝赞赏，员工的家属毕竟不是自己的员工，所以管理者不能随意批评，用赞赏的方式反而能够起到很好的效果。

第5章

考核管理，量化效率

学前提示

没有好的考核手段和方法，就无法看出员工成绩的优劣和能力的高低，作为一名优秀的管理者，要懂得灵活运用绩效考核制度，对员工的能力和业绩做出客观而公正的评价。

要点展示

考核管理的意义

考核管理的 7 大绝招

5.1　考核管理的意义

在日常管理工作中，绩效考核是不可或缺的内容之一，即使是藐视权威、不服管理的 90 后，我们也要通过绩效考核的方式来明确其在一定时期内对企业做出的贡献值。如果缺少对员工的业绩、能力的制度性考核，管理者只依赖监督者的意见做出人事安排，很容易出现不公正的现象。

绩效考核的重要性不言而喻，它不仅对员工的品德、才能、成绩、效率等方面进行了总体评估，而且还在企业中建立了某种标准，这个标准可以用数字量化和用语言表述，每一个员工都必须遵循，可以说，绩效考核既关系到员工的前途和命运，也关系到整个企业的生存和发展。

5.1.1　了解绩效考核

绩效考核是指企业运用特定的标准和指标，对员工在一个既定时期内的工作行为以及取得的工作业绩进行评估，并运用评估的结果对员工进行正面引导的过程。

很多人认为绩效考核是对员工在一定时期内的工作业绩做出评价，以便进行奖励或者工资发放，但实际上，绩效考核是管理者用来检验员工的工作业绩和工作行为的一种手段，这种手段的运用是为了确保员工的工作过程和结果与企业的目标保持一致性，也就是说通过绩效考核使得员工的行为符合企业的发展需求，不断地改进绩效考核，通过提升员工的个人绩效来提升企业的整体水平。由此可以看出，绩效考核的最终目的是使员工与企业紧密相连，通过检查员工在工作过程中的不足，促使其努力改进这些不足来提升个人的工作效率。

绩效考核的内容包括三个方面。

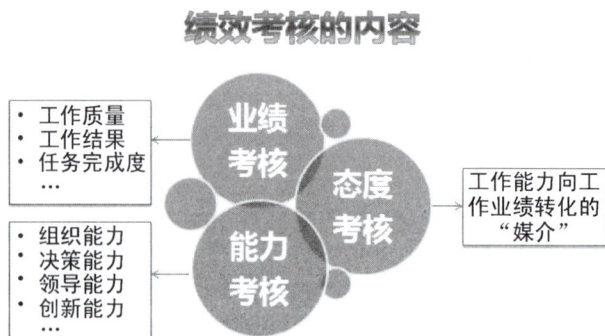
绩效考核的内容

- 工作质量
- 工作结果
- 任务完成度
…

业绩考核

态度考核

工作能力向工作业绩转化的"媒介"

能力考核

- 组织能力
- 决策能力
- 领导能力
- 创新能力
…

1. 业绩考核

业绩考核应用各种科学的定性和定量的方法，对员工工作行为的实际效果及其对企业的贡献或价值进行定性或定量的考核和评价。业绩考核是企业人事管理的重要内容，更是企业管理强有力的手段之一，其构成的要素主要包括工作质量、工作结果以及任务完成度等。

2．能力考核

能力考核是对员工的工作能力的一种考核，这种考核是在岗位要求的基础上，对员工在其岗位上发挥出来的能力做出的测评，如组织能力、决策能力、领导能力以及创新能力等。

3．态度考核

往往正确、良好的工作态度能够使员工的工作能力转化成更优秀的工作业绩，因此，态度考核是工作能力向工作业绩转换的一种"媒介"。

专家提醒

态度考核与能力考核在一定程度上决定了员工的业绩状况，在绩效考核中，应该对员工进行业绩、能力、态度 3 个方面的考核，这样才能最全面地了解员工的具体情况。

5.1.2 绩效考核指标的原则

绩效考核指标是通过明确绩效考核目标的方法，对员工已完成工作业绩的价值创造来判断的过程。也就是说将员工的业绩、能力及态度用科学的方式结合起来，然后按照组织特征划分为项目与标准，用于绩效评价与业绩改善。

下面从考核指标的设定原则以及绩效考核的特征两方面为大家做简单介绍。

1．绩效考核指标的设定原则

绩效考核指标的设定必须符合 SMART 原则。

1) S(Specific，具体化)

指绩效指标要清晰、明确，不是笼统的描述，而是针对具体的工作行为和态度，让考核者与被考核者能够清晰地了解目标，并且依据情境的改变而变化。

2) M(Measurable，可量化)

指绩效指标要有可量化的标准，"比较好""还不错"这类词都不具备可量化性。不能量化的指标，不能随意考核，否则容易出现误差，并且，无论制定的绩效指标是数字化的还是行为化的，都要确保验证的数据或信息能够容易获得。

3) A(Attainable，可实现)

指绩效指标必须是被考核者付出努力能够实现的，不能过高也不能过低，否则制定的绩效指标就毫无意义，不要认为目标定高一点，员工的动力就越强，如果超出被考核者的能力范围，反而会挫伤员工的自信心，使其失去实现目标的动力。

4) R(Relevant，实质性)

指绩效指标是实实在在的，而不是假设性的，其具备现有的资源，能够证明或通过观察得到的。

5) T(Time-bound，时限性)

指绩效指标的达成要在规定的时间内才有意义，时间一到，就要看结果。因此，企业要为员工完成绩效指标设定一定的时限，这样有助于增强员工的执行力。

绩效考核指标的SMART原则

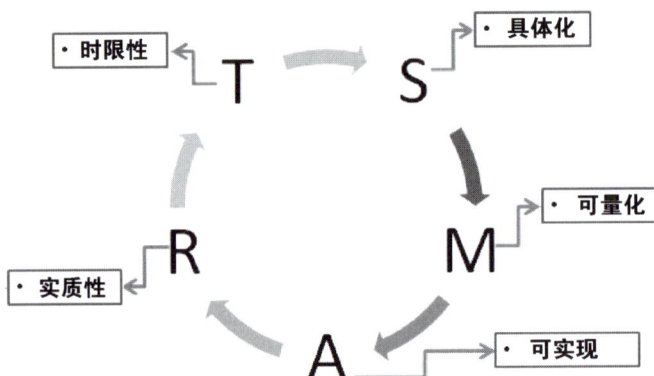

- 时限性 T
- 具体化 S
- 可量化 M
- 可实现 A
- 实质性 R

2. 绩效指标考核的特征

绩效指标考核通常具备一定的特征。

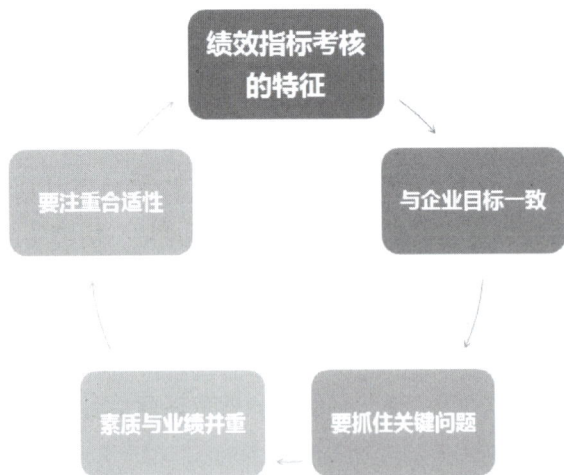

绩效指标考核的特征
- 要注重合适性
- 与企业目标一致
- 素质与业绩并重
- 要抓住关键问题

1）与企业目标一致

绩效考核指标的第一个特征是应与企业的战略目标一致，考核管理是战略目标实施的有效工具，绩效考核指标应围绕战略目标而定，不应与战略目标的实施脱节。只有当员工努力的方向与企业战略目标一致时，企业整体的绩效才可能提高。因此，在绩效考核指标的拟定过程中，首先应将企业的战略目标层层分解，使每个员工承担各自的岗位职责。

2）要抓住关键问题

绩效考核指标要抓住关键绩效指标，但要注意两种情况。

(1) 指标太少，无法真实反映职位的关键绩效水平。

(2) 指标太多，不仅增加管理难度，还会降低员工满意度。

指标不一定要面面俱到，但只要抓住关键绩效指标才能将员工的行为引向组织的目标方向。

3）素质与业绩并重

素质和业绩同等重要，素质即人的行为和个性，过于重素质，会妨碍人的个性、创造力的发挥，没有实效；过于重业绩，容易令人急功近利、不择手段。好的绩效考核指标，应该素质与业绩并重，把握两者的比例，在重视业绩的前提下，兼顾对素质的要求。

4）要注重合适性

不同发展阶段和战略背景下的企业，绩效考核的目的、方法、结果都是各不相同的。绩效考核指标是根植在企业本身中的，其关键不在于考核的精深绝妙，而在于一个"适"字，适当的时间制定适当的指标，现在合适，不代表将来一直合适，因此绩效考核指标必须根据企业的发展情况和战略策划要求，适时地进行调整。

专家提醒

在制定绩效考核指标时，要严格遵守绩效考核指标的这 4 个基本特征。

5.1.3 绩效考核指标的作用

绩效考核指标具有以下 4 个方面的作用。

1．向导作用

考核管理的向导作用主要体现在绩效指标的导向作用上，绩效指标具有为员工在工作中明确目标、指导工作的意义。

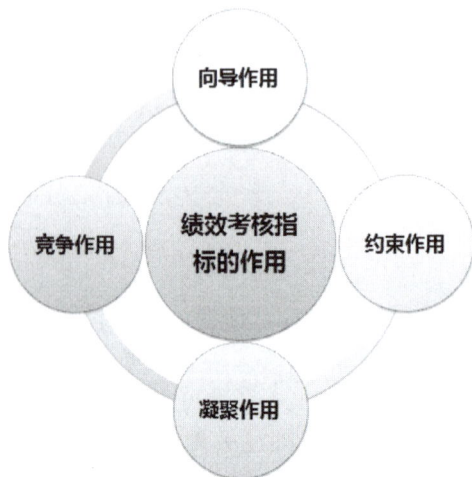

2. 约束作用

绩效指标的约束作用在于明确告诉员工哪些该做，所做的工作是否与绩效指标相符合。这种约束作用在员工的日常行为和管理规范中有所体现，对员工的工作重点和目标也有同样的作用。

3. 凝聚作用

绩效指标可以把具有共同目标和方向的人凝聚在一起。一旦绩效指标确定，员工就会利用各种资源，凝聚一切可利用的力量来实现和完成绩效指标。

4. 竞争作用

绩效指标明确了员工的目标，这就要求员工通过努力才能完成目标，同样也提供了员工之间、部门之间、企业之间的竞争目标和对比标准，使员工为完成绩效考核指标互相竞争。

专家提醒

企业在设定绩效考核指标的过程中，要防止员工单纯地追求结果的行为，因为只注重短期利益，很可能导致员工做出一些不正当的行为，并且很容易造成同事或部门之间的恶性竞争。

5.1.4 关键绩效指标

关键绩效指标是通过对组织内部流程中输入端、输出端的关键参数进行设置、取样、计算和分析，衡量流程绩效的一种目标式量化管理指标，是用于衡量员工工作绩效表现的量化指标，是绩效计划的重要组成部分。

下面从关键绩效指标考核的意义、操作流程和特点 3 方面为大家做简单的介绍。

1. 关键绩效指标考核的意义

关键绩效指标考核的意义有以下几点。

(1) 关键绩效指标所体现的衡量内容最终取决于公司的战略目标，作为公司战略目标的分解，关键绩效指标的制定能够推动公司战略在各单位各部门得以执行。

(2) 关键绩效指标让上下级对职位工作职责以及绩效要求达成共识，确保各层各类人员努力方向的一致性。

(3) 关键绩效指标为绩效管理提供了清晰、客观、可量化的基础。

(4) 关键绩效指标帮助各员工集中精力处理对公司战略有帮助的工作。

(5) 通过定期检查和回顾关键绩效指标的执行结果，管理人员能清晰了解企业经营时的关键绩效参数，并及时对存在的问题采取有效的措施。

2. 关键绩效指标考核操作流程

关键绩效指标考核的操作流程包括以下几点。

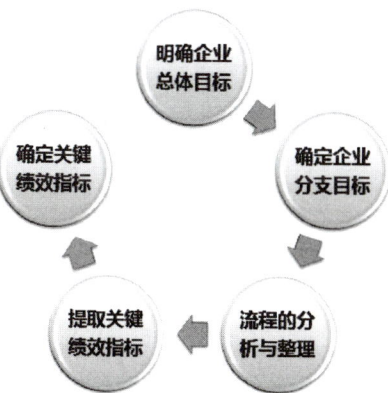

关键绩效指标考核操作流程

明确企业总体目标 → 确定企业分支目标 → 流程的分析与整理 → 提取关键绩效指标 → 确定关键绩效指标

(1) 明确企业总体目标。根据企业的战略方向，从多个角度确定企业的战略重点，运用关键绩效指标的设计方法来分析，确定企业的战略目标。

(2) 确定企业分支目标。在明确企业总体目标后，将企业的总体目标按照内部的主要业务需求分解为多项主要的分支目标。

(3) 流程的分析与整理。关键绩效指标的细化前提是进行内部流程的整合和分析。将工作流程整合为关键绩效指标，让员工了解自己的指标和职责主要是操作哪个流程，以及对部门乃至企业的运作会产生什么影响。

(4) 提取关键绩效指标。通过对组织、部门职能的理解，对企业战略目标进行分解，分解时根据各部门的职能来调整指标。

(5) 确定关键绩效指标。根据关键绩效指标、工作流程以及各岗位的职能,对部门目标进行分解,根据岗位职能对员工个人关键绩效指标进行修正和补充,建立企业目标、流程、职能和职位相统一的关键绩效指标。

专家提醒

企业在使用关键绩效指标考核法的时候,一定要按照关键绩效指标考核流程来执行。

3. 关键绩效指标的特点

关键绩效指标考核的特点包括以下 5 点。

(1) 将员工的工作、公司战略、部门相互关联,就是让员工个人绩效、部门绩效和公司的整体效益相互相联。

(2) 员工的绩效与内外部客户的价值相联。

(3) 绩效考核指标的设计是基于公司的发展战略。

(4) 关键绩效指标是从公司的发展过程中提炼和归纳出来的,是可控的,也是可以管理的。

(5) 关键绩效指标是对经营活动的衡量,而非所有操作过程的反映。

5.1.5 员工绩效考核方法

为加强员工自我管理,发掘员工潜能,提高员工的工作效率,同时实现上、下级之间的交流和沟通,创造一个有前途的优秀团队,推动公司总体战略目标实现,对员工考核时就必须选择一个正确有效的绩效考核方法,引导员工的行为,实现员工和企业的总体目标。

员工绩效考核的方法包括:评级量表法、360 度考核方法、行为观察量表法等,下面将从考核的优缺点、示意图、注意事项等几个方面向大家介绍员工绩效考核的这几种常见方法。

1. 评级量表法

评级量表法是指把员工的绩效分为若干个项目,每个项目后设置一个考核的内容和评定的标准,由考核者对员工做出考核。评级量表法是用的最大的考核方法之一,原因在于它费时少、容易操作又有效率。

1) 评级量表法示意

评级量表法是考核者根据量表,对员工的每一个考核项目做出评价和计分,如表 5-1 所示。

表 5-1　评级量表法

考核指标	考核项目	内　　容	评　定				
基本能力	知识力	是否具备现任职务所要求的基础理论知识和实际业务知识	A	B	C	D	E
			10	8	6	4	2
业务能力	理解力	是否能充分理解上级的指示，干净利落地完成本职工作任务	A	B	C	D	E
			10	8	6	4	2
	表达力	是否具备现任职务所要求的表达力，能否进行一般联络以及说明工作	A	B	C	D	E
			10	8	6	4	2
	判断力	是否能充分把握现状，随机应变，恰当处理各类问题	A	B	C	D	E
			10	8	6	4	2
	交涉力	是否能够有效地和企业内、外人员交涉，具备说服对方的能力	A	B	C	D	E
			10	8	6	4	2
工作态度	纪律性	是否严格遵守工作纪律，按时进行工作汇报	A	B	C	D	E
			10	8	6	4	2
	协作性	是否充分考虑他人的处境，是否主动协助上级做好工作	A	B	C	D	E
			10	8	6	4	2
	积极性	是否主动积极地工作，进行改进	A	B	C	D	E
			10	8	6	4	2
分数换算： A——80 分以上 B——60～80 分 C——60 分以下	评定标准： A——非常优秀 B——优秀 C——基本满足要求		评语				
			考核人签字				

2) 评级量表法的优点

评级量表法创造了数量化的考核方式，它把员工绩效的每一个因素都反映了出来，评级量表法包括两种形式：非表的形式和表的形式。

非表的形式是对量表所表现出来的每一个特征都做了简单的说明，对每一个水平的特征也有精确描述，给了员工绩效一个更有效的评价。

表的形式这种评级量表，考核者只能主观地确定每个特征、每个等级的水平，比如，什么是"低于平均水平"。

多数评级量表是非表的形式，这种形式其考核内容与员工工作联系得更紧密，可根据各自行业的特征制定每个测评因素，量表可以复杂也可以简单，只要能测出不同的品质就行。

总的来说，评级量表最大的优点是简单、省事，而且可以满足很多考核目标。

3) 评级量表法的缺点

使用这种量表，很容易产生误差，过于中庸的考核者，会把项目很快地评为高分或平均分，而且评级量表并不具有针对性，它适用于所有岗位。

2.360度考核方法

360度考核方法又称全方位评估,普通员工从3个方面进行考核:上级、同事、被服务对象。而中层管理者则从4个方面进行考核:上级、同事、被服务对象以及下级员工。

(1) 360度考核方法的优点。

① 集中多个角度的考核信息,综合性强。

② 通过内部团队与外部顾客的共同考评,能够推动企业质量管理。

③ 信息质量高。

④ 从多方面而非单方面进行考核,减少对考核结果影响的因素。

⑤ 从员工周围的人那里获得考核信息,能够增强员工的自我发展意识。

(2) 实施360度考核方法的注意事项。

① 360度考核法涉及的数据和信息相对比较多,因此收集和处理数据成本比较高,同时,由于要汇总大量信息,很容易变成追逐文字材料的机械操作。

② 360度考核方法只能作为一种提供员工绩效信息的方法,而不能据此做出最后的决策。

③ 从不同渠道来的评价和信息也容易出现偏差,所以,考核者在理解分析这些数据时要格外小心。

④ 员工之间可以作弊,容易影响结果的真实性。

(3) 360度考核方法示意图。

3.行为观察量表法

行为观察量表法也称为行为评价法、行为观察法,其适用于普通员工的工作技能和工作表现的考察，通过确定员工某个行为出现的频率，然后给这个行为频率赋值来计算得分。

1) 行为观察量表法的优点

(1) 它是从员工的系统工作分析中设计开发出来的，因此能够帮助员工对考评工作的理解和使用。

(2) 在这个方法中，管理者和员工之间会将员工的优缺点进行讨论，因此能够产生清晰明确的反馈。

(3) 要求考核者对员工做出全面的评价。

(4) 它明确说明了员工在特定岗位上的行为要求，因此其本身就像职位说明书或职位说明书的补充。

(5) 允许员工参与工作职责的讨论，能够加强员工的认同感和理解力。

2) 行为观察量表法的缺点

因为每一项工作都是有特定的员工对应，因此行为观察量表法需要花费更多的时间和成本，同时，行为观察量表法可能会过分强调行为表现，而忽略许多真正需要考评的东西。

3) 行为观察量表法的作用

行为观察量表法的作用是指出了员工需要做什么，帮助管理者根据行为量表去监控员工的行为，再用具体的行为条件给予反馈和讨论，这样，员工就知道他们哪些事是正确的，哪些事是需要加以矫正的。

专家提醒

除了上面 3 种考核方法以外，还有关键绩效指标考核法、相对比较法、重要事件法、反馈评价法、情境模拟法等。

5.2　考核管理的 7 大绝招

考核管理在企业管理中是一种重要的管理方式，对员工的工作进行定期或不定期的绩效考核，能够对员工在德、才、绩、能等方面进行总体的评估。随着年轻的员工越来越多，管理者要学会制定适合他们的绩效考核方案，尤其是对待 90 后员工，把现实利益摆在他们面前，比画一张不切实际的大饼要来得有效得多。

下面，为大家讲讲针对 90 后员工的考核管理的 7 大绝招。

考核管理的7大绝招

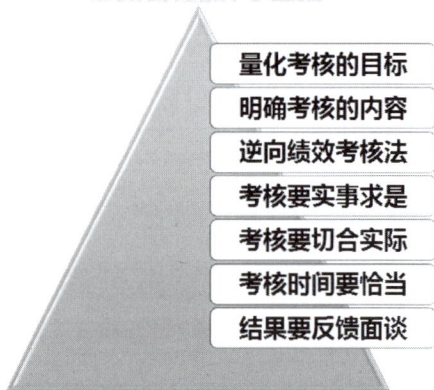

量化考核的目标

明确考核的内容

逆向绩效考核法

考核要实事求是

考核要切合实际

考核时间要恰当

结果要反馈面谈

5.2.1 量化考核的目标

企业的发展离不开企业目标，对不同的部门、不同的级别以及不同的岗位应该设定不同的目标。对于 90 后员工来说，他们注重的是了解自己的具体工作目标，如果目标抽象、模糊或者空泛，那么就会影响他们的工作热情，因此，想要让目标变得具体，就要量化考核的目标。

【事例】

90 后小军是一名销售员，他在一家公司工作了两年，表现一直很不错，新来的员工看到他的表现，纷纷向他请教如何才能把工作完成得这么出色。

小军问他们："你们知道自己的工作绩效考核的目标是什么吗？"

一名员工说："不就是卖东西吗？卖得越多越好。"

另一名员工说："保证每天的销售额达标。"

小军摇摇头，他说："这些不全面，公司开始培训的时候就和我们说过，我们的考核分为工作绩效、团队精神和工作纪律 3 个方面，其中工作绩效的权重占70%，团队精神占 20%，工作纪律占 10%。"

然后，小军把考核目标详细地罗列在一张纸上。

(1) 公司对销售人员进行的工作绩效考核，主要从销售业绩考核和销售费用考核两方面展开，如表 5-2 所示。

(2) 对销售人员的团队精神考核，主要从团队意识和合作能力出发，如表 5-3 所示。

(3) 在工作纪律方面，主要有以下的量化标准。

工作纪律的考核主要考核销售人员个人考勤。迟到或早退一次扣 _ 分，旷工每天扣 _ 分。

违反企业的规则制度，视情节严重程度，扣 _ ~ _ 分。

表 5-2　工作绩效考核

序　号	指　标	说　明
1	销售额	考核期内员工各项业务的销售额总计达到__万元以上
2	销售费用率	考核期内销售人员的销售费用率在__%以下
3	客户投诉率	考核期内客户投诉率达到__%以下
4	违纪次数	考核期内违纪次数在__次以下

表 5-3　团队精神考核标准

序　号	指　标	说　明
1	团队意识	在工作中具有较强的团队意识，能够不断地调整自我以适应工作的需要
2	合作能力	在团队中合作性强，能主动承担团队工作任务，积极与团队其他成员沟通以达成团队目标

很多人只明白自己工作的方向和目标，却不能记住量化以后的目标，管理者在布置任务的时候，一定要将量化以后的目标告知员工，让员工清晰地了解到自己要达成的目标是什么。

下面将从目标管理的基本思想、目标管理过程、量化考核指标的方法 3 个方面进行分析介绍。

1. 目标管理的基本思想

目标管理是组织最高层领导根据组织的发展和社会需要，制定出一定时期内组织所要达到的总目标，它的基本思想可以概括为 3 个方面。

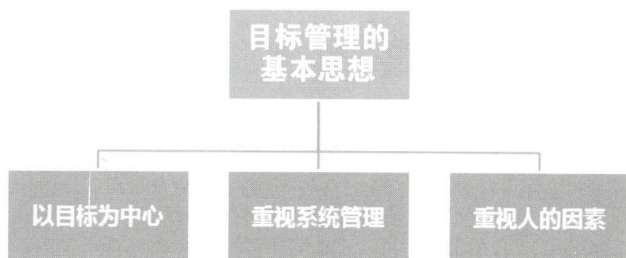

1) 以目标为中心

目标管理强调明确的目标是有效管理的首要前提，其重心是在目标的实现上。

2) 重视系统管理

只有企业的分支目标实现了，总目标才能实现，总目标和分支目标之间是相互关联的，具有整体性和统一性。

3) 重视人的因素

我们经常强调，要让 90 后有参与意识和自我管理能力，目标管理就是一种参与式的、自我控制的管理模式，它把员工的个人需求和企业的目标结合起来，只有让员工找到工作的兴趣和价值，才能享受工作带来的成就感和幸福感，目标管理才能真正实现。因此，目标管理不能仅凭高层管理者的主观意识而定。

2．目标管理的过程

每个企业的性质不同，其目标管理过程也不会相同，一般可分为以下几步。

1) 建立目标体系

建立目标体系是实现目标管理的前提，企业的最高决策层先制定企业年度内的总目标，然后经过协商，设定部门及个人分目标，从而使组织内部都有具体的目标，形成一个目标体系，目标同样可以由下级部门或员工提出，经上级批准。

2) 组织实施目标

达成目标主要依靠执行者的自主管理。管理者的任务主要在指导、协助、提供信息上，同时把权力交给下级，自己去抓重点的综合性管理问题。

3) 取得可靠评结果

对目标的完成情况，要及时进行检查和评价，凡按期完成目标任务的部门或员工，要予以表彰和奖励，以便进一步搞好下一期的目标管理；对于没按期完成目标的部门或员工，可以给予必要的惩罚。

专家提醒

对于 90 后员工的目标管理，要"重激励，轻惩罚"，这其中的度需要管理者自己去把握。

4) 开始新的循环

根据考评结果，结合战略目标，可以给部门或员工制定新的目标，开始新一轮的循环。

3．量化考核指标的方法

我们知道，考核指标可分为定性指标和定量指标两类，定量指标用于可量化的工作考核，定性指标用于不可量化的工作考核。绩效考核指标如产量、利润、毛利率等都是可量化的指标，但是很多指标是难以量化的，比如，能力与态度指标，还有些量化数据难以获取的指标等。

量化指标虽然能够客观地评价员工在工作过程中为企业做出的贡献，但是考核者在制定指标的过程中，不应盲目地追求量化。量化只是一种考核的手段，绝非目的，不能为了量化而量化，而应该把定量和定性的指标结合起来，才能客观、全面、准确地对部门以及员工的绩效进行衡量。

量化考核指标的方法可以分为时间量化、结果量化、质量量化、成本量化、数字量化以及行动量化等方法。

下面为大家介绍这几种量化的方法。

1) 时间量化方法

对于某些类型的员工，如研发型、知识型员工来说，有一部分工作是可以用时间来进行量化的，如办公设备出现故障要求在规定时间内排除、新产品开发周期等，用这种方式来量化考核员工，能帮助员工进行阶段性检测。

2) 结果量化方法

结果量化考核是指用关键性数据指标对员工的工作进行综合评价，从而得出考核结果的一种量化方式。

结果量化一般作为员工工资奖金、职位升降以及评优评先的标准，这一量化方法，能够在一定程度上激励员工。

3) 质量量化方法

质量量化是指对员工的工作质量指标进行量化，反映工作质量的指标。如对产品的合格率、优劣率进行量化，可以反映产品的质量；对生产报表统计的准确率进行量化，可以反映生产报表统计质量；对设备维修合格率进行量化，可以反映设备维护质量；对客户对服务的满意率及客户投诉次数进行量化，可以反映服务质量，等等。

4) 成本量化方法

成本量化是指从成本的角度对工作进行考核，其绩效考核指标包括采购成本、生产成本、质量成本、物流成本等，这不仅有助于加强组织的成本管理，还能增加员工的成本控制管理意识。

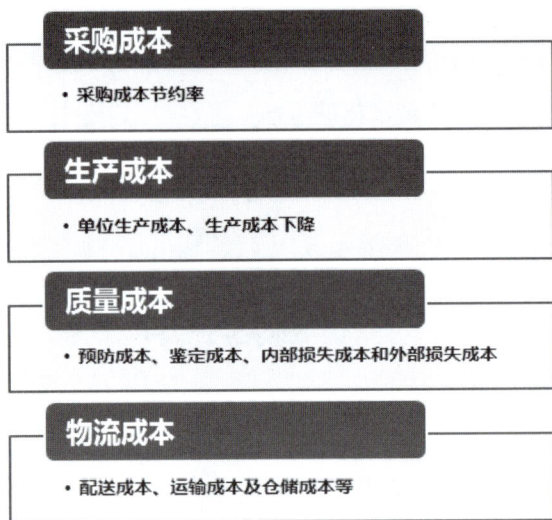

5) 数字量化方法

用数据指标或百分比指标来量化员工业绩的方法叫作数字量化方法，用数字量化绩效考核指标能够直观地反映员工的工作业绩和技能。

例如，通过量化销售额、产量来反映员工的工作量；对合格率、通过率等进行量化来反映员工的工作质量；对劳动生产率、及时率进行量化可以反映员工的工作效率；对接收的投诉率、员工出勤率进行量化可以反映员工管理效率等。

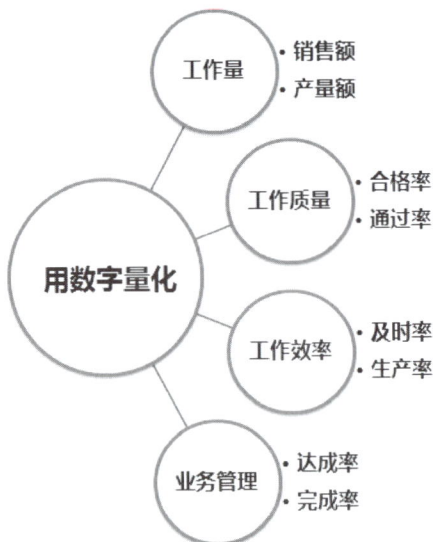

6) 行动量化方法

对于某些难以具体量化的考核项目，可以建立流程，将其流程化或者行为化。

5.2.2　明确考核的内容

在绩效考核过程中，要从多方面对员工进行考核，这样，才能全面地对员工的工作行为以及业绩进行评估。

【事例】

在美国东海岸城市的某条街上，有一家著名的公司，有三兄弟在公司里任职，但这三兄弟的的薪水不同，老大周薪是 350 美元，老二的周薪是 250 美元，老三的周薪是 200 美元，于是他们的父亲去见总经理，询问为什么三兄弟的薪水不同。

总经理听了他的要求后说："我现在把他们三人叫来做相同的事，你看看他们的表现，就能够得出答案了。"

总经理先叫来老三，吩咐说："现在请你去调查停泊在海边的一艘船，把船上毛皮的数量、价格、质量全都详细地记录下来，然后给我回复。"

老三离开后很快就回来了，他在 5 分钟之内用电话询问了那艘船的详细情况，然后把询问的情况向总经理做了汇报。

总经理再把老二叫来，吩咐他做同样的事，1 小时后，老二气喘吁吁地跑了回来，说他亲自去了海边，并把所得知的数据做了详细汇报。

最后，总经理叫来了老大，吩咐他做同样的事，3 个小时后，老大回到总经理的办公室，他首先把总经理需要的那些数据一一汇报，然后他还将船上最有价值的商品品牌详细记录了下来，为了方便总经理与货主发送订单，并且在返回的途中，还询问了另外两家有合作关系的皮毛公司的货物的质量、价格等情况，并且请相关的负责人明天上午到公司来一趟。

父亲看完三兄弟的表现，恍然大悟。

这个故事告诉我们，管理者在对员工进行考核时，不能单纯地依据某一个标准，而应该从多方面对员工进行"综合考评"。

我们都知道，考核其实就是一种评价手段。绩效考核的定义是在一个周期末，对员工的工作业绩作出评价，以便帮助员工检查并发现工作过程中存在的不足，在前面讲过，绩效考核考的主要是员工业绩、能力以及态度等方面的内容。

但在实际的考核中，员工考核的内容还可以更加广泛，下面我们从员工态度、品德、业绩、能力4个方面向大家阐述考核的方法。

1. 考核员工态度的方法

考核要把握"因人而异"的原则。例如，有的员工业绩好，但是品性不高尚；有的员工品德高尚，但是业绩并不出色。对待这两类员工，管理者要做到心中有数，不能因为员工的业绩突出就忽视他们其他方面的品质。

除此之外，我们还应该对"能力越强，业绩越突出"这一类的观点持保留态度，因为有一种现象能让我们对这个观点产生质疑：在日常工作中，有些员工工作能力很强，但是在工作中往往"不太给力"；有的员工虽然能力不强，但是工作勤恳扎实，业绩突出。

以上两种截然不同的工作态度，会导致不同的工作效果，然而这一切都与工作能力无关，仅仅与工作态度有关。

于是，我们可以发出疑问了：为什么90后员工那么难搞？这其中很大一部分原因就是因为他们的工作态度不够端正。

90后天生不爱束缚，不喜约束，而企业、组织又是一个带有纪律性的团体，因此两者之间很容易产生冲突，这种冲突就是"刚性"纪律和"软性"个性之间的战争与矛盾，这种矛盾本身就会对人造成一定的影响，当90后员工不能改变这种约束时，就只有通过另外的渠道来表达自己的情绪，这种情绪积淀就会对他们的工作态度造成影响，因此，90后比其他人更容易陷入工作态度不端正的"旋涡"里。

因此，在考核管理中，管理者要注重员工工作态度的考核，及时发现问题，帮助员工解决问题。

然而，员工的工作态度端正了，就能发挥出他的工作能力，提升工作业绩吗？这也未必，因为从工作能力到工作业绩的转换过程中，除了个人的因素之外，还有别的因素同样影响着结果，例如，企业内部的条件、工作氛围、分工是否合理、人际关系是否融洽、设备是否先进、管理者的指挥是否正确……还有企业外部的原因，如宏观经济环境、企业之间的合作……这些都会影响员工的工作业绩。

2．考核员工品德的方法

在企业管理中，管理者要重视员工品德方面的考核。在这方面，许多成功的企业给我们做了榜样。

【事例】

一家全国知名的企业在招聘员工的过程中，发生了这样一件事。

在经过笔试、面试等层层筛选之后，几百名应聘者只有不到 20 人进入了最后的关卡，其中 90 后不到 5 个。

最后面试那天，由总经理对面试者进行逐一面试，面试过程中，总经理并没有对应聘者的专业技能和知识进行过多的考察，其中有一个环节是每个人都会经历的。在面试的最后，总经理会对每个人说这样一句话："你记得吗？半年前，我们在一个研讨会上见过，当时你宣读了一篇稿子，那稿子写得很不错……"

其实，总经理根本就没去参加过这个研讨会，这不过是个幌子而已，但所有人听到都顺着这个竿子往上爬："好像是见过，真的好巧，至于那篇稿子，我觉得还有很多不足的地方呢……"

整个面试到最后，只有一位 90 后女孩没有这么做，她听了总经理的话之后，觉得奇怪，因为当时她并没有参加过那个研讨会，总经理又怎么可能见过她呢？可是就这么否认，实在有点不给总经理面子，但她不想撒谎，于是这个女孩非常从容地回答道："总经理，您可能认错人了，我当时有事，没能参加那个研讨会，非常抱歉，让您失望了。"说完，这个女孩很有礼貌地站了起来往外走，她以为自己不是总经理见过的那个人，就没什么希望了，但是就在她快走出去之际，总经理叫住了她："请稍等，我们决定录用你了。"

在这个故事中，总经理考核的正是应聘者的品德能力，而事实证明，总经理的决定是正确的。在之后的工作中，这位 90 后女孩的工作业绩非常突出，受到了很多领导的嘉奖。

古往今来，品德的考核始终是人事考核中首要的内容，然而在实际工作中，很多管理者往往因为员工的业绩突出，而忽略其品德方面的考核，其实这样很不利于企业未来的发展，也容易在员工中造成不好的影响。

那么，员工到底应该具备什么样的品德呢？总的来说，员工的德可以包括实、和、勇、新几个方面。

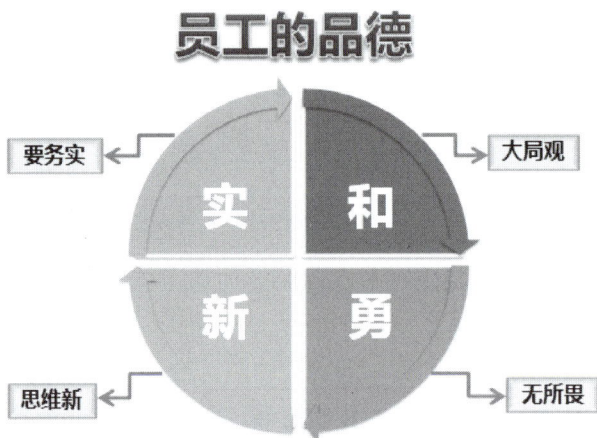

员工的品德

要务实 ← 实 和 → 大局观

思维新 ← 新 勇 → 无所畏

(1) 实：做事要务实，重视承诺，不推卸责任，不计较得失。

(2) 和：服从大局，胸怀宽广，看待问题和处理问题都能从大局出发，乐于分享经验和知识，与他人团结协作。

(3) 勇：遇到问题不畏惧，会想办法去克服困难。

(4) 新：发挥创新思维，不断提出新思路，实践新方法。

90 后常常被冠以"不懂事""自私""功利"的标签，但是这些标签不足以代表全部 90 后，也不足以概括所有 90 后的思想行为，在 90 后的招聘面试中，面试官常常会遇到一上来就问薪资待遇的人，他们中，有的人思维活跃，有的人渴望独立，有的人自我意识强烈，还有的人好奇心强、接受能力强，但是这些也只是表象，都不足以说明一个人的思想品德问题。

是的，相对于前辈来说，90 后的思想和价值观更趋于功利性，因为社会现实让他们很早就明白应该把价值取向关注于具体的事物，而不是抽象的东西。管理者和他们讨论未来 3 年、5 年能得到什么，还不如直接告诉他们明天会得到什么。他们也许无法真正判断对错，但他们敢爱敢恨，这个社会正在要求他们成为更加有用、更加务实的人。

90 后的思维模式独特，因为过早地接触拟成人化世界，因此思想早熟，能像成年人一样算计、讲究社会规则与实际利益，在讨论问题时，他们善于表达，观点深刻，对事物有自己独特的见解。他们从小信息量和知识颇为丰富，但成长环境让他们内心空虚，单纯而又脆弱，这种情绪化的倾向很明显，他们情感很单纯，容易冲动，离职率偏高。

相比前辈，90 后更渴望独立，他们希望有自己的发言权又不代表他们乐于听从组织的安排，他们表现出更多的行为差异，具有较强的叛逆意识，但缺乏独立生存的能力，他们希望成为一群人的亮点又不希望太过脱离团队。

这样的 90 后，简单又复杂，很难以单方面的行为模式来衡量他们的品德优劣，因此，管理者要通过员工的日常行为来发现他们的内在品质。

例如，看似不够尊重长辈的员工，却非常配合同事间的团结互助；不爱遵守纪律的员工却能维护公共利益；爱与人争辩的员工却是一个言行一致、说到做到的人……考察一个员工的品德，要从日常的工作过程中进行，通过系统的、立体的考核模式判断员工的品德优劣。

3．考核员工业绩的方法

简单来说，员工的业绩包括效率和效果。比如，投入相同的量，在一定时间内获得比别人多的产量，那么就说明这个员工的效率高；或者对于相同的产量，投入的时间比别人少，也能说明这个员工的效率更高。

但如果投入的成本不同，花费的时间也不同，那怎样考核员工的业绩呢？

这时，就涉及工作效果问题了，当员工的工作实现了企业的目标时，就被视为有效劳动力。

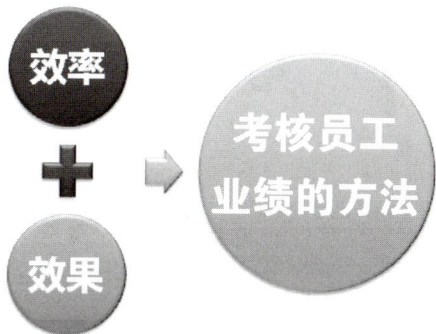

效率 + 效果 → 考核员工业绩的方法

因此，在对员工的效率进行考核时，还要考核他们的工作效果，这两者综合起来看，就是任何一个企业和组织都应该朝着高效率、好结果方向发展。

4．考核员工能力的方法

很多企业部门在品德、业绩考核的同时，还要对员工的能力进行考核。

【事例】

小西和小林毕业后在同一家公司工作，小西本科毕业，小林大专毕业。小林的主要工作是负责文件管理，工作并不复杂，就是打印、分发、保管文件等，因此小林做得非常出色，从来没有出现过差错。

但是小西的工作就不同了，他主要从事文件起草，这项工作相对于小林的文件管理工作来说有难度得多，因此尽管小西工作非常努力，但是完成得并不出色。

部门主管在对这两人进行考核时，并不是按照工作完成情况进行考核，因为简单地依据完成情况进行考核，显然有失公正。

这个故事告诉我们，单纯地考察员工的品德和业绩，并不能公平、公正地体现员工的综合素质。因此在进行业绩考核的同时，还要注重员工能力的考核。

能力考核是一种公平评价的手段，将有能力的人调到更重要的岗位上，显然更体现适岗原则。在企业管理中，适岗原则是一项很重要的原则，其根本就是把合适的人调到合适的岗位，"物尽其用"。

那怎么样对员工进行能力考核呢？具体来说，能力可以分解成4个部分。

专家提醒

在对员工进行考核时，一定要从品德、业绩、能力、态度等多个方面进行考核。

5.2.3 逆向绩效考核法

在企业管理中，90 后员工希望通过逆向思维考核法对管理者进行考核。

【事例】

一家公司的行政部领导为了培养员工勤奋自律、洁身自好的品性，每天中午都会抽查一部分员工的宿舍。

"墙壁上不能有电线，被子必须叠整齐，衣物不能摆放在床上，鞋子要整齐地摆在床下，鞋头不能超出床沿，阳台上的盆子要整齐地摆在固定位置，厕所必须干净无异味。"90 后员工小川说道，"这就是我们公司宿舍卫生的标准，比大学时还要严格。如果不满足要求，就会通报批评，甚至还会拍下照片贴在公告栏上，被贴照片的人感觉好丢脸。"

这个考核方式一执行，立马引起了很多员工的不满，尤其是 90 后员工，他们在私底下这样说道："我们以前在学校的时候，都只是一个星期检查一次宿舍卫生，在这里却要每天检查，还让人怎么活？又说要我们把公司看成自己的家，我在自己家从来不叠被子，衣服就喜欢到处扔，在这里却要被迫叠被子、收衣服，这种感觉真不好。宿舍本来就是我们的隐私之地，天天被人闯还有什么隐私可言？"

在这个制度执行了两周之后，终于有两名员工冲进了总经理的办公室，他们和总经理争论公司的这项考核制度存在不合理性，同时要求按照公司规定的宿舍卫生标准，对领导们的宿舍进行检查，把不符合规定的宿舍拍成照片贴在公告栏上，让大家以此为戒。

逆向思维，相信大家都不陌生，它是指对司空见惯的似乎已成定论的事物或观点反过来思考的一种思维方式，即当大家都朝着一个方向思考问题时，你却独自朝相反的方向思考问题，这样的思维方式就叫作逆向思维方式。

在企业考核中，往往是管理者对员工、上级对下级的考核，因为人们习惯于沿着事物发展的正方向去思考问题并寻求解决办法。但是面对 90 后员工，管理者可以试着用一种特殊的方式来引导他们，那就是逆向考核法。

在前面介绍的员工绩效考核方法中，介绍了一种 360 度考核法，这种方法是由上级领导、被服务对象、同事以及下级员工对被考核者进行共同考评，而逆向考核法就是其中的一部分，由下级员工对上级领导进行考核。

下面介绍逆向绩效考核法的作用。

逆向绩效考核法的作用

给员工起表率作用　　给员工建立参与感　　培养自我管理习惯

1. 给员工起表率作用

在现实工作中，管理者总是员工目光的焦点。作为一位优秀的管理者，除了以身作则之外，还要有很强的自律能力，同时管理者比刚入职场的 90 后员工更能吃苦，让员工对管理者进行考核，能够充分发挥管理者的表率作用，让员工看到管理者优秀的一面，给员工做一个好的榜样。

2. 给员工建立参与感

让员工对管理者进行考核能够树立员工的参与感，在考核管理中，参与感能够很大程度地激发员工的积极性。如果说目标和兴趣决定着员工的长期绩效表现，那么参与感就是提升他们短期绩效的重要的动力。

3. 培养自我管理习惯

卓越的管理者要塑造一支自我管理的团队，实行逆向考核法在一定程度上能够培养员工自我管理的习惯。如果员工对工作能够做出目标计划，并且按照计划进行自我指导和自我控制，就能够很好地完成任务。一般而言，管理者能够承担责任，员工也能够做到这一点。通过逆向考核法，能够加快员工承担责任的速度，培养良好的自我管理习惯。

5.2.4　考核要实事求是

在考核过程中，实事求是是最基本的原则。

【事例】

一位管理者面试一位朋友介绍来的应聘者，在面试结束之后，这位管理者打电话给他这位朋友说："你介绍的这个朋友不是个人才，我不能聘用他。"

电话里的那位朋友听了之后很震惊，问道："为什么？你和他仅仅谈了不到 30 分钟的话，怎么就能断定他不能胜任这份工作？"

这位管理者解释说："首先，你的朋友刚和我见面，就滔滔不绝地自说自话，完全不给我插话的空间，而我说话的时候，他又似乎很不在意。其次，他很喜欢炫耀自己的关系背景，说某某名人是他的朋友，好像借此来彰显自己身份不一般。再者，说到工作业务等方面的内容时，他又完全说不出什么有用的东西，纯粹在瞎扯。你说这样的人，我怎么能聘用他呢？"

就这样，管理者没有顾及老朋友的情面，拒绝了他推荐的人。

这则故事告诉我们，管理者在考核员工的时候，要讲究实事求是的原则。

实事求是，就是指从实际对象出发，探究事物的内部关系及其发展规律，认识事物的本质。在企业管理中，实事求是就是要遵守客观事实，不能讲假话，办假事。在考核管理中，实事求是的原则主要体现在两个方面。

(1) 肯定优秀的成绩。

(2) 对于不足和缺点要予以批评指正。

"二战"结束以后，盛田昭夫与井深大一起成立了东京通信研究所，后改名索尼公司。刚开始，公司主要生产的是电饭锅、加热垫一类的东西。在此后不久，他们决定向高新技术产品进军，于是日本第一台卷盘式磁带录音机就这样诞生了。

之后，索尼公司把这台磁带录音机放到东京大学里演示，在一片赞美喝彩声中，音乐系的一个二年级学生跳出来，提出了许多关于磁带录音机的技术问题，这些问题包括磁带录音机的实用性和缺点。

事后，这个学生还给盛田昭夫写了一封信，信上直言不讳地说道："从一个歌唱家的观点看，你的录音机实在太差劲了，只是一堆破烂货。"

然而，盛田昭夫却并没有因此而责怪他，反而喜欢上了这个直言不讳、敢于批评索尼公司弊端的年轻人。1953年，盛田昭夫聘用了这个学生做公司的特别顾问，他就是大贺典雄。

后来，大贺典雄加入了索尼公司，成为索尼录音机商业部的部长，为公司未来的发展做出了巨大的贡献。

盛田昭夫就是本着实事求是的原则，才发现了大贺典雄这个人才，同时，盛田昭夫也给我们做了榜样。在对员工进行考核时，行就是行，不行就是不行，绝不能拿感情说事，打感情分，也绝不能有任何私心和偏念，因为那样只会给企业带来损失。

5.2.5 考核要切合实际

考核管理除了要实事求是之外，制定的考核标准还要切合实际。

【事例】

有科研人员做过这样一个对比试验。

第一个月，凡是每天生产超过100件产品的员工，属于"合格"，否则就是"不合格"。对于"合格"的员工，可以在当天领取生产奖。而"不合格"的员工，则无法得到这份奖金。然后，科研人员发现，当员工生产到100件产品时，就开始放慢进度，下班时，大多人的生产产量都不超过110件。

第二个月，科研人员就把考核标准进行了调整，100件以下的仍然属于"不合格"，100件以上的则做了更细的划分：100～120件的属于"合格"；120～140件的属于"良好"；140件以上的属于"优秀"。"合格"的员工仍然可以在当天拿到生产奖，而"良好"的员工可以多拿10%的额外奖，"优秀"的员工可以多拿额外的20%奖励。

这样调整之后，员工的工作情绪很快发生了变化，工作积极性大为提高，很多人生产的产品能够达到130件以上。

绩效考核标准是依据组织的战略而定，关于个人或群体的工作行为和工作成果的一种标准，也是考核者通过测量或与被考核者约定，所得到的衡量各项考核指标得分的基准。

一般而言，绩效考核标准必须具备以下的几个特征。

1．基于工作本身

绩效考核标准是基于工作本身制定，员工的目标可以根据个人来定，但绩效考核标准却只能有一个。即一项任务，管理者可以让很多人来做，给每位参与者制定不同的目标，目标依据个人经验和能力设定，但是工作标准只有一个。

2．必须具有意义

绩效考核标准意义概括起来有以下几点。

(1) 绩效考核的内容是控制在部门团队或员工个人的能力范围内，通过部门成员或个人的努力可以实现的。

(2) 绩效考核标准是人人熟知的，如果含糊不清，则会影响员工的努力方向，管理者如果不熟悉绩效考核标准，则无法衡量员工表现的优劣。

(3) 绩效考核的内容最好是能用数据来衡量，对于态度等抽象而不够具体的行为，则无法客观衡量。

(4) 绩效考核信息和资料要定期收集，否则考核则有可能失去时效性，所采用的资料也应该取自一般理性工作中，收集时应以便捷和准确为目标。

3．经过协商制定

为了凸显公平合理，绩效考核标准应当由主管和员工共同协商制定，只有主管和员工都同意了，这项标准才能对员工起到激励作用。

4．能够发生变化

绩效考核标准制定出来后，并不是一成不变的，应该是根据实际情况可以略加改变，即可以因引进新方法，或添进新设备，或其他工作要素等情况发生变化。

绩效考核标准的特征

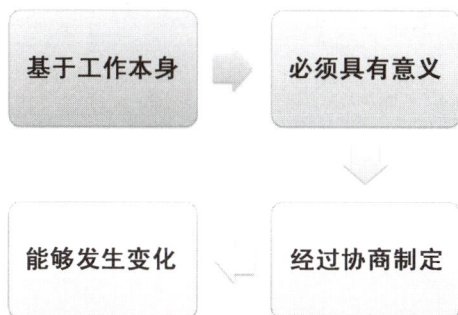

```
┌──────────────┐      ┌──────────────┐
│  基于工作本身  │  ➡   │  必须具有意义  │
└──────────────┘      └──────────────┘
                             │
                             ▼
┌──────────────┐      ┌──────────────┐
│  能够发生变化  │      │  经过协商制定  │
└──────────────┘      └──────────────┘
```

某家销售公司，它给员工制定的标准是每月销售到一定的量，才能拿到当月的奖金。在春节过后，由于居民购买力下降，员工即使很拼命也不能完成指标，可是经理依然扣发了他们的奖金。这下造成了很多员工的不满，他们认为产品销售不出，不是他们的能力和努力不足，而是刚好遇到销售淡季。但是经理依旧不理会这些，最后导致很多员工黯然辞职，公司业务因此受到了很大的冲击。

随着外部环境的变化，公司的考核标准也应该随之发生变化。

5.2.6　考核时间要恰当

对员工进行考核，要选择一个正确的考核时间。

【事例】

一名90后在一家大型企业工作，他的毛笔字写得非常漂亮，于是部门的领导便交给了他一项任务，让他写几幅毛笔字，然后送去参加公司即将举办的文艺大赛。

领导的办公室有足够的空间，于是员工把笔墨纸砚搬去了领导的办公室。在写字的时候，这位员工特别小心，生怕写得不够好看，也怕写错了字，领导看他认真的神情，便夸赞道："不错，就这样慢慢来，不要着急。"

然后领导因为其他的事离开了一段时间，半个小时后，领导回来时，发现这个员工才写了两幅毛笔字，便有点生气了，说道："怎么这么慢呀……"员工听了，就在心里嘀咕："刚才还说让我慢慢写，现在催什么催，早又不说。"

如果这位领导一开始就定好一个时间，这位员工就不会在领导责怪之后，还在心里犯嘀咕了，做事的效率一定会有所提升。

通常，我们都会有这样的感受：当心情愉悦时，看什么都比较顺眼，而心情糟糕时，感受就不一样。

因此，除了要把考核时间选择好之外，有一点应当引起注意，就是考核者的心情、精神状态以及体能状况，都有可能影响到员工的考核结果。

在考核者心情烦躁或是比较疲惫的情况下，对考核结果往往会做出比实际情况差的评价。相反，如果考核者心情愉悦、精神状态饱满，那么考核结果往往比实际情况要好。

所以，考核者在选择考核时间时，要保证这段时间内情绪稳定，这样才能做出真正的评价。

5.2.7 结果要反馈面谈

绩效考核反馈面谈是考核管理中的关键步骤之一，仅仅做好绩效评估无法达到让员工改进错误的目的。绩效考核面谈能够让员工了解自己的绩效状态，并且能够在此基础上更有效地改进下一次的绩效工作。

下面将从考核结果反馈的必要性、反馈的技巧、反馈面谈的准备工作、反馈面谈的方法以及反馈面谈的实施等几方面为大家做简单介绍。

1．考核结果反馈的必要性

绩效考核的最后一步就是绩效反馈，反馈是一种考评手段，将考核结果反馈给员工，能够起到激励、培训、奖惩的作用。因此，有效的绩效反馈对考核管理有着至关重要的作用。

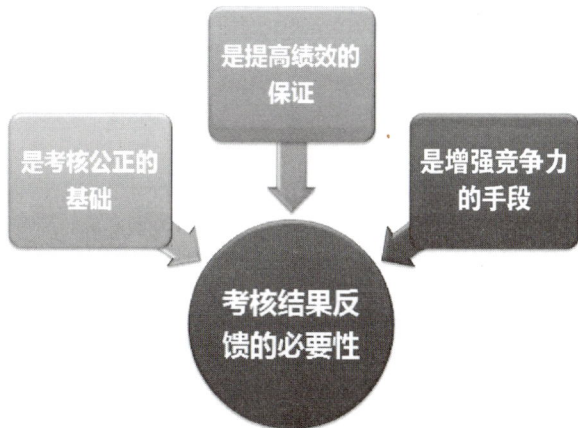

1）是考核公正的基础

员工最注重的是什么？是考核的公正性，因为绩效考核关系着员工的切身利益，因此员工非常注重考核公正性的问题。但是由于考核过程中，考核者不可避免地会掺杂自己的主观意识在里面，因此公正性并不能完全依靠制度的改善来实现。

但是绩效反馈却能较好地解决这个矛盾，它不仅让被考核者有了知情权，更让被考核者有了发言权，因此在管理者与员工之间找到了一个平衡点，有效地降低了考核过程中的不公正因素所带来的负面效果，对整个考核体系的完善起到了积极的作用。

2) 是提高绩效的保证

通常，在绩效考核结束后，员工很大程度上并不了解考核结果的由来，这时需要考核结果反馈，能够让员工对考核的绩效情况有一个详细的了解，同时管理者可以就员工考核过程中的问题和不足之处，提出改进意见。

3) 是增强竞争力的手段

我们知道，任何一个企业、团队都存在两个目标：团体目标和个人目标。个人目标集合起来就是团体目标，个人目标和团体目标一致，能够促进企业不断发展。

2. 反馈面谈的准备工作

为了进行有效的面谈，在实施面谈之前要做好充分的准备工作，下面就从面谈的目的和面谈的准备工作两方面进行阐述。

1) 面谈的目的

一般来说，面谈的目的主要有以下 5 点。

(1) 对员工的表现达成一致意见。

(2) 使员工认识到自己的成就和优点。

(3) 明确员工工作中需要改进的地方。

(4) 制订绩效改进计划。

(5) 确定下一周期的目标与要求。

2) 面谈的准备工作

(1) 上级管理者的准备工作如下。

● 选择适当的时间：管理者应该和员工商定一个双方都比较空闲的时间面谈。

● 选择适宜的地点：面谈的地点选在安静、舒适的环境中为宜。

● 分析绩效信息：在面谈之前，管理者应该对员工的绩效信息、绩效记录以及过去绩效面谈的重要事项进行一次梳理。

● 准备面谈资料：面谈所需的资料包括绩效信息、工作记录、能力发展目标承诺表等。

● 做好面谈计划表：面谈计划表应该包括面谈的内容、可选择的技巧及要达到的语气目标等。

(2) 员工应该做的准备如下。

● 回顾自己的绩效目标进展情况，做好相关绩效记录。

● 对职业发展提出规划，正视自己的优缺点。

● 准备好需要询问的相关问题。

● 疏理在工作中遇到的困难。

● 主动寻求反馈意见并接受反馈意见。

- 就额外需要的支持向领导反馈。

3．反馈面谈的方法

反馈方式会极大程度地影响反馈的结果，管理者要做好员工绩效考核的反馈，就要掌握以下 4 种方式。

1）制定反馈规范

反馈面谈是一项严肃的工作，管理者要慎重对待，为了确保这项工作能够有条不紊地开展，管理者很有必要制定反馈规范，如态度规范、语言规范等。

2）落实反馈人员

反馈是一种双向活动，一般来说，员工的绩效考核反馈由其直接主管负责。

3）确定反馈方式

员工反馈的方式有很多种，如互动交流式、指导建议式、批评帮助式、心理暗示式等。管理者和员工进行绩效考核反馈时，应该根据具体情况选择反馈的方式。

4）整理反馈结果

整理反馈意见，一方面能够帮助员工改进工作绩效，另一方面，整理出来的反馈意见，可作为员工绩效考核的重要材料。

4．反馈与面谈的实施

在实施面谈的过程中，管理者需要注意一些问题。

1）创造良好的面谈氛围

管理者要态度和蔼，与员工面谈时座位安置以斜对的角度会比较好。在员工到来前，可以将手机关机，员工到来可以微笑着邀请其坐下，一开始可以不急着切入主题，谈一些让人轻松的话题会消除面谈的紧张氛围，同时拉近管理者和员工之间的距离。

实施反馈与面谈的注意事项

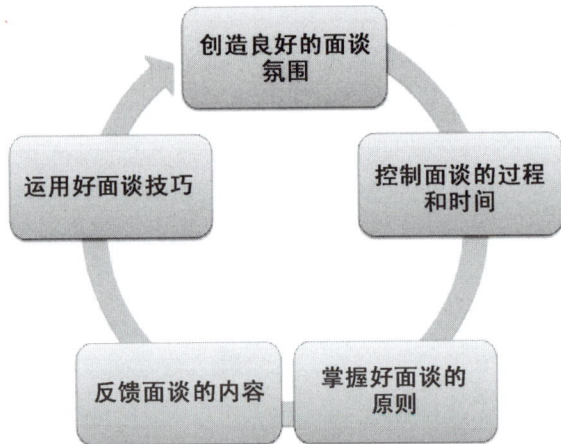

```
            创造良好的面谈
                氛围

运用好面谈技巧              控制面谈的过程
                              和时间

    反馈面谈的内容    掌握好面谈的
                        原则
```

经过调研发现，融洽的氛围更能促进沟通的有效性，因此，在正式面谈之前，花几分钟营造融洽的气氛是很重要的。

2) 控制面谈的过程和时间

(1) 说明面谈的目的和作用，可以消除员工的疑虑，更有利于面谈的进行。

(2) 向员工说明绩效考核的结果，明确评价的标准，逐项说明考核结果的来源及绩效等级。

(3) 对员工的优点和成绩进行肯定。

(4) 指出员工的不足之处。

(5) 和员工一起制订改进计划。

3) 掌握好面谈的原则

(1) 反馈面谈需要建立一个互相信任的氛围，双方都要做到开诚布公、坦诚相待。

(2) 鼓励原则：鼓励员工充分地表达自己的想法。

(3) 倾听原则：在员工表达自己想法时，管理者要认真倾听。

(4) 避免冲突原则：在面谈过程中，管理者和员工可能会有不同意见，管理者应当就不同见解向员工解释清楚，争取得到员工的理解。

(5) 全面性原则：看待员工问题要多面性，不能只看到优点而看不到缺点，也不能只看到缺点而看不到优点。

(6) 积极性原则：面谈结束时，应该让员工带着积极的情绪离开，不能让员工带着消极的情绪离开，因为这样会影响到员工之后的工作。

(7) 抓主题原则：绩效反馈面谈中，管理者和员工讨论的是员工的工作绩效，而不是员工本身的性格特征等。

4) 反馈面谈的内容

(1) 工作业绩：反馈面谈的最重要的内容是员工工作业绩的完成情况，在面谈时应将绩效结果及时反馈给员工，如果员工对绩效结果有不明之处，考核者应该与他一起讨论绩效的标准，详细地介绍绩效结果的来源。

(2) 行为表现：通过平时的观察和绩效结果，看员工的行为表现，行为表现有好的，也有不好的。

(3) 改进措施：考核管理的最终目的不是结果，而是帮助员工发现不足之处，以便改正，在反馈时，管理者可以针对员工未完成的绩效，一起分析原因，并帮助员工提出具体的改进措施，当然，具体的改进措施必须具有实际意义，而且要把握好一定的度，标准不能过高，那样容易让员工产生压力和反感心理。

(4) 谈新目标：反馈面谈之后，员工要重新进入下一个工作周期，管理者应该结合员工上一个绩效的完成情况，给员工提出新的工作目标和标准。

5) 运用好面谈技巧

(1) 坦诚相待，把考核结果毫无遮拦地展现在员工面前。

(2) 允许员工提出异议，并认真对待。

(3) 面谈的目的是改善绩效。

(4) 把面谈升华为激励员工。

(5) 提高员工认知自己的能力。

5. 正确反馈结果的技巧

有效的反馈不仅能让员工认识到自我潜能，还能使员工相信绩效考核的公平公正性。很多人都知道绩效反馈非常重要，但是很多管理者并不知道该如何实行绩效反馈才能使员工准确掌握反馈回来的信息，从而达到最好的效果，因此，管理者应该掌握正确地反馈结果的方法。

专家提醒

管理者要正视自己在员工工作起到的作用，回顾自己是否在员工困难时及时地给予了帮助和建议，不要因为自己是管理者就害怕承担责任。

反馈面谈的技巧

- 落实具体事情
- 指向可控行为
- 避免指责个人
- 指向具体目标

1) 落实具体事情

绩效面谈时，管理者一定要针对具体的某件事进行表扬或批评。如果员工犯了错，管理者就要明确指出员工出错的地方。如果员工做得好，就要指出员工做得好的地方。不管是表扬还是批评，都要针对具体的事情。

美国一家著名化妆品公司的总经理这样告诫她的手下："你们在批评员工的时候，应当针对具体的事件，指出具体的错误，而不是简单的一个评价。要记住，批评的目的在于指出错误的地方，而不是指出谁错了。"

2) 指向可控行为

研究表面，人对于自己可以控制的事情，会积极努力地去做；对于无能为力的事情，则会显得漠不关心。因此在进行绩效反馈时，管理者应当围绕那些员工可以控制的行为进行讨论。

3) 避免指责个人

在反馈面谈时，要注意反馈针对的是工作本身，而不是员工本人，因此管理者在面谈时，要注意说话技巧，不要伤害了员工的自尊。

4) 指向具体目标

反馈时，会遇到各种各样的反馈对象，管理者应该根据员工各自的特点选择合理的反馈方式。

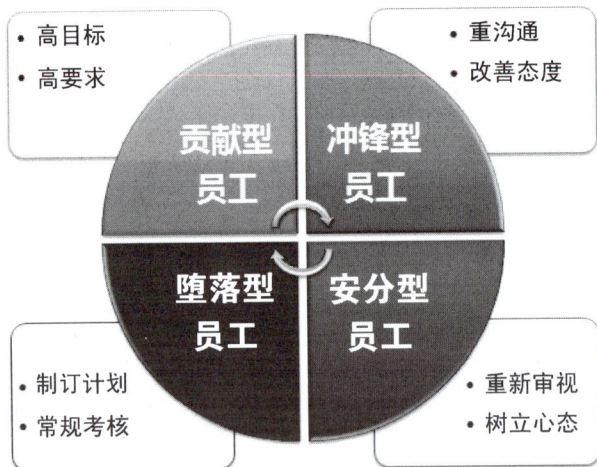

(1) 对于贡献型的员工：在给予奖励的前提下，提出更高的目标和要求。

(2) 对于冲锋型的员工：通过良好的沟通建立信任，辅导改善日常工作态度。

(3) 对于安分型的员工：制订明确的、严格的绩效改进计划，严格按照绩效考核办法予以考核。

(4) 对于堕落型的员工：重新审视员工的目标，可适当降低目标要求，帮助员工树立积极向上的心态。

第6章

批评管理，以心换心

学前提示

人无完人，员工在工作中偶尔犯些错误无可厚非，但是管理者依然不能放弃批评的手段，如何把握好批评的尺度，最大限度地发挥批评的威力，是管理者应该考虑的问题。

要点展示

批评管理的意义

批评管理的 9 大绝招

6.1　批评管理的意义

在企业管理中，有赏必有罚，有激励必有批评。在这个追求人性化管理的时代，关爱员工必不可少，但是批评员工也同样重要。

当员工做错事的时候，管理者仍然要拿起"武力"的皮鞭，对员工进行鞭挞和裁定。面对批评，员工一般会采取两种态度：一种是积极改错的态度，另一种是消极反抗的态度。

第一种态度是比较理想的效果，员工经过管理者的批评之后，能够看清自己的现状，承认自己的错误，并且冷静地分析原因，适当地改变、转换自己的行为和工作方式。第二种态度说明管理者的批评没有达到预期的效果。

要让批评达到什么样的效果，就要看管理者采取什么样的招数来批评员工。

很多的管理者面对 90 后员工，都害怕批评他们，怕批评会伤了他们的自尊心，可是当他们做错事的时候，不批评指责又会心里不舒服。而且更加重要的是，管理者担心他们将来遇到同样的事情，还会犯同样的错误。

其实管理者大可不必担心，虽然当今的 90 后个性顽皮，思维跳脱，勇于对不公平的事情说"不"，但是，只要是因他们自身导致的错误，他们会有这份责任心去承担错误，只要管理者把握好批评的尺度，不触及员工的底线就没问题。

6.1.1　有效的批评

有效的批评，是一种让下属理解事情错误的原因，通过领导的指出，让下属自愿接受并反思自身，同时愿意想办法去改正错误的批评方式。

在企业管理中，管理者要做的是有效的批评，而不是不分青红皂白地无效批评。

一提到批评，人们就会想到激励，这两者就像孪生兄弟一样。但很多"老好人"管理者，对待员工总是采取奖赏的方式，他们不愿意批评惩罚员工，是考虑到一旦没有用对批评方式，就会起到很大的反作用。

然而，在企业管理中，批评和激励一样，也是一种必要的强化手段，因此，管理者使用有效的批评的方式来管理员工，是一个很大的考验。

在任何管理制度中，只有正面的激励和奖赏方式，或者只有负面的批评和惩罚方式，都是不可取的。

只表扬不批评会让管理者在员工面前失去威信，同时让员工更加肆无忌惮；只批评不表扬，会让员工工作激情锐减，对管理者噤若寒蝉。因此，管理者要适当地、恰到好处地将两者结合起来使用，既要有批评管理模式，又要有奖励管理模式，两者结合，才能真正发挥作用。

作为现代企业的管理者，要学会有效地批评员工，尤其是 90 后的员工，在批评的过程中，要尽量减少员工对批评产生的抵触情绪，这样才能减少批评产生的副作用，从而保证批评的效果。

6.1.2 批评的基本原则

在企业管理中，批评有几点要注意的基本原则。

1．正确的认识

管理者在批评员工的时候，首先应对自己有一个正确的认识，要知道自己作为管理者应该承担的责任，了解自己的不足，然后再对员工有一个正确的认识，知道员工犯错的原因，再去批评员工。

2．理解的态度

管理者在批评员工时，要以一种理解的态度看待员工犯下的错误。人无完人，金无足赤，管理者要考虑到假设自己处在同等的条件下，会不会也犯同样的错误，这样，才能感同身受地去批评员工，而不是一味地指责。

3．要实事求是

批评员工要讲究实事求是的原则，不要刻意去夸大员工犯下的错误，这样会让员工产生强烈的反感心态。有的 90 后员工，还会和管理者争辩，两者矛盾冲突激化，就会进入一种恶性循环的模式。

4．公正的评价

任何一件事，不可能从头到尾都是错误，总有闪光的地方，因此管理者在批评员工的时候，除了指出错误，也要对员工做得好的地方进行适当的表扬，这样才会让员工觉得管理者的批评很公正。

6.1.3 简析批评技巧

批评技巧很多,下面介绍几种常用的批评技巧。

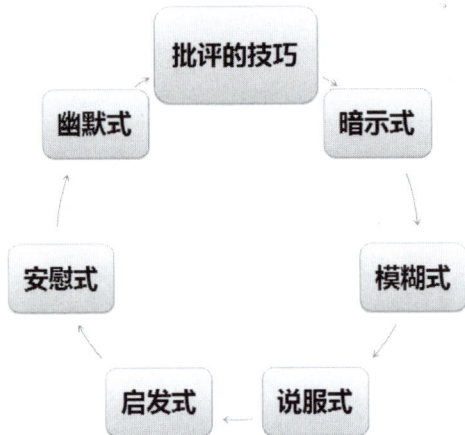

1．暗示式

暗示法是一种比较委婉的批评方式。比如开会时有员工迟到,领导便询问对方:"帮我看看现在几点了。"员工一看表,就知道自己迟到了多久,这是一种典型的间接式批评方式。

2．模糊式

模糊式也是一种很讲究技巧的批评方式。比如领导想要整顿公司纪律,就会说:"最近一段时间,公司的纪律整体都是好的,就是有个别员工纪律意识比较差,有的迟到、早退,有的不能按时完成工作任务⋯⋯"

这里的"个别""有的"就间接提出了对某些员工的批评,既给了员工面子,又指出了问题所在。

3．说服式

这种方式在日常工作中比较常见,管理者一般会设身处地为员工着想,然后从自己的经验出发,为员工指出错误和提出意见。

但值得注意的是,对于有些创新思维的 90 后员工,管理者还应该考虑其他的因素,单以自己的经验和能力断定员工的错误并不可取。

4．启发式

这种方式主要是诱导员工从内心认识错误,动之以情,晓之以理,帮助他认识和改正错误。

5．安慰式

管理者在批评员工的时候，通过对比的方式来让员工知道自己犯了错，并知道错误在哪。

法国文学家莫泊桑曾向两位著名的作家请教诗歌创作，两位作家听完了莫泊桑的朗读，说道："你这首诗，读起来像块牛蹄筋，疙里疙瘩，不过我读过更坏的诗，所以还是有可取之处的。"

两位作家说的这段话说得实在是很巧妙，既严厉地批评了莫泊桑诗歌的不好，又给了他回转的余地。

6．幽默式

幽默式的批评方式即在批评的过程中，以哲理的故事、形象的比喻、双关语等，缓解批评的紧张氛围。幽默式批评不仅能够启发员工，还能增进员工和管理者之间的感情交流。

6.1.4　批评的忌讳

批评要注意以下几点。

批评的忌讳

- 切忌恶语伤人
- 切忌捕风捉影
- 切忌唠叨不停
- 切忌针对个人

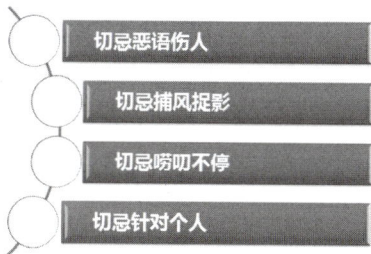

1．切忌恶语伤人

每个人都有自尊心，管理者在批评员工的时候，态度上可以严厉，但是语言上不能恶毒，因为这样不但于事无补，而且还会让员工心里感到不舒服，同时也透射出一个领导的心胸和修养。

2．切忌捕风捉影

管理者批评员工，不能依靠主观来断定员工的错误，要实事求是，不要用权势压人，也不要听信流言，而是要在调查过之后，再发表自己的看法。

3．切忌唠叨不停

唠唠叨叨、没完没了会让员工很厌恶，批评员工最好能够一针见血地指出问题所在。喋喋不休只会增加员工的逆反心理，而且也有可能抓不住错误的症结，因此，只要员工能够接受批评并且自我反省，管理者就不应该太过苛求。

4. 切忌针对个人

批评应该要做到"对事不对人"，这一点在企业管理中非常重要，如果管理者在批评员工的过程中，对员工的人品德行也产生了怀疑，那么一定会引起员工的反感，因为这样很伤自尊。

6.2　批评管理的 9 大绝招

批评下属不是一件特别轻松的事，但是恰到好处的批评可以令一些犯错者或者"刺头"有所收敛，并且改正错误。因此，管理者如果不懂得如何批评下属，就有可能降低部门的工作效率，甚至影响到整个团队的工作情绪。

在公司里，挨批最多的是哪一类人？

资深老员工？职场新生代？两者皆有！老员工一般是在犯重大错误的时候受到批评，而刚入职的新生代，更多的可能是在工作细节上犯错。

对待 90 后员工，某个资深经理人如是说："这些小孩犯了错就得训，不训记不住，下次还会犯同样的错。"

专家提醒

训有训的道理，但是训也有训的技巧。只有掌握了一定的批评方式，才能让这群"初生牛犊不怕虎"的 90 后心服口服。

下面介绍批评管理的 9 大绝招。

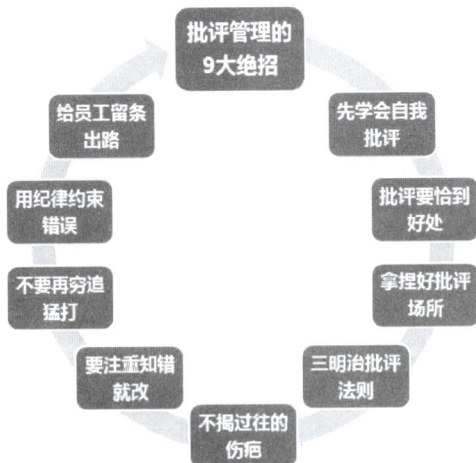

批评管理的
9大绝招

给员工留条
出路

先学会自我
批评

用纪律约束
错误

批评要恰到
好处

不要再穷追
猛打

拿捏好批评
场所

要注重知错
就改

三明治批评
法则

不揭过往的
伤疤

6.2.1 　先学会自我批评

作为一名管理者，想要批评员工，首先要学会自我批评。

【事例】

小张是某家连锁公司新招聘的部门经理，他手底下管理着一批员工，这些员工以 90 后居多。

小张很热爱自己的工作，对工作也非常的认真负责。他观察了一段时间，发现大部分 90 后员工思维活跃，在销售工作上大胆而创新，但是平时太过放纵，完全没有纪律可言，于是小张决定在员工纪律方面进行一番整治。

几天之后，小张制定了新的规章制度，并且要求所有员工严格按照规章制度来执行，有些员工觉得规章制度太过严格，就和他提了些建议，但是小张认为严格的规章制度能够帮助他们改掉之前的坏毛病，是对员工的负责，因此就没有把员工的意见当回事。

过了一段时间后，小张发现很多员工上班总是无精打采，那些平时活跃的员工也似乎对工作失去了激情。看到这种现象后，小张就开始寻找原因，经过几轮调查询问后，终于发现了症结所在，原来是因为新的规章制度太过严厉，很多员工一时适应不了，就产生了厌工的情绪。

有的老员工对小张说，现在的 90 后员工都不太喜欢束缚，这种"家长式"的管理模式不但不会激起他们的工作热情，反而会让他们产生排斥的情绪。

小张听了之后，开始自我反省，是不是把从前的工作习惯带到了新的工作中？在没有经过调查之前，就制定规章制度是不是太草率了？同时，他也深刻意识到，自己之前没有听取员工的意见，一意孤行，是一个很错误的决定。

这么检讨了一个晚上之后，第二天，小张就在所有员工面前进行了深刻的自我批评，顿时，他的形象在那些原本不太喜欢他的员工心里发生了翻天覆地的变化。

后来，小张就和员工共同讨论了新的规章制度，在讨论期间，小张不仅发现了 90 后员工的其他方面的优点，还加深了彼此之间的感情，那些 90 后员工都亲切地称呼他为"老大"。

任何人都难免会犯一些错误，而面对错误，大多数人都会千方百计地为自己找借口开脱，把错误嫁接在他人身上。其实，真正聪明的管理者，在犯了错误之后，不但会认识到自己的错误，还会诚恳地改正错误。如果管理者能够做到这一点，就能给员工留下很好的印象，而且还能和员工打成一片。

海涅说过："反省是一面镜子，它能将我们的错误清清楚楚地照出来，使我们有改正的机会。"因此，任何一个管理者，都应该学会自我反省、自我批评，这样才能赢得员工的信赖和尊敬，才能在拼搏的道路上走得更远。

稻盛和夫的经营诀窍就在于自我批评和自我反省，他从来不以圣人自称，就是因为不想让投机取巧之心俘虏自己，面对工作，他常常采用一种自我告诫的方式，避免自己出现自满、自以为是的情绪。

稻盛和夫在年轻的时候就养成了这种习惯，这个习惯伴随他的一生，让他发自内心地保持着谦虚谨慎的态度，面对错误及时改正，然后重新开始，这也为他以后的事业轨迹埋下了伏笔。

在现代职场中，很多管理者常常以忙碌为借口忽略内心的自省，或者把错误推给员工，自我开解。其实，这种作为是错误的，管理者身为员工的带头人，必须要懂得承担失败的责任，在逆境和错误中自我批评，才算是对员工、对企业负责。

专家提醒

相比起爱摆架子、讲面子、不愿认错、推卸责任的领导，90 后更喜欢坦诚、开明、愿意承担错误和责任的上级。

任何人，都不可能不犯错，管理者也是凡人，也会犯错。犯了错，没有必要遮掩，欲盖弥彰，反而影响自己在员工心目中的形象，让自己的威信大大减损。勇敢地自我批评，公开地坦诚地承认错误，并不是一件有损形象的事，反而让员工看到了领导的担当能力，更加提升了自己的威信。

对于自我批评，要注意以下几点。

1. 要坦诚认错

对于管理者来说，最怕的是什么？不是犯错，而是有了错不愿承认，认了错不愿改正。自我批评在某种程度上是一种很高尚的精神境界，它不是发泄不满，也不是玩弄权威，而是让管理者在员工心目中树立起更高的威望。

在企业中，管理者千万不要抱着侥幸的心理，认为只要不公开自己的错误，就不会有人知道，其实很多员工都心知肚明，他们或许会在背后议论，这样的后果会给管理者带来很多负面的影响。

但是，如果管理者能够及时地站出来，坦诚地承认自己的错误，那么一定会让员工打心底里佩服，员工关心的可能并不是错误的本身，而是身为一名管理者，是否有勇于承认错误的品性。

2. 要明确原因

管理者在自我批评和自我反省的过程中，要洞悉每个错误发生的原因，有可能是自身性格的原因，也有可能是自己管理方式的原因……总之，导致错误的原因有很多，因此，管理者要深入分析每个原因，然后进行深刻的自我解剖，不能逃避责任，把过错推给员工或公司。

3. 要经常反省

自我批评和反省一次两次很多人都可以做到，但是要"吾日三省吾身"却不是每个管理者都能够做到的。"照镜子，正衣冠"，自己脸上干净不干净，只要照照镜子就能清楚。因此管理者要时常审视自己，对照一定的要求和标准，养成不断反省与自我批评的习惯，只有这样，才能在日常管理工作中发现错误，改正错误。

4. 要积极整改

从某种意义上来说，自我批评是不断完善自我修养的积极体现，对于管理者来说，自我批评不仅是一种公开的态度，更是给自己提供了整改的动力。因为管理者既然已经开展了自我批评，而且这一切都被员工看在眼里了，那么就一定会下功夫去整改，既然要改了，就一定要改出名堂、改出样子。如果管理者只是光说不做，那么难以让员工再信服，因此，管理者开展自我批评就是惊醒自己、推动自己，努力地去完成自己的工作。

6.2.2　批评要恰到好处

批评是一种艺术，也是一种激励方式，恰当的批评方式能够让员工意识到错误，并且改正错误。

【事例】

一天，经理照常来到公司，看到办公室不像平时那么整洁，而且桌上放了一份文件，经理打开文件一看，发现很多的错别字。

于是经理把秘书叫到办公室，用温和的语气说道："平时你整理文件整理得非常好，而且交给我的文件也从来没有错别字，这一切都让我感到很满意，但是今天你似乎有点不在状态。"

这么简简单单的几句话，一下就让秘书意识到自己的工作没有做到位，秘书表达了自己的歉意，然后出去了。

第二天，经理照样来公司上班，发现办公室被收拾得非常好，所有的文件都被整齐地排放，甚至比以前还要好。

后来，经理了解到，前一天秘书和家人发生了口角，心情不好，因此上班也没有往日那么积极，但是听了经理的话之后，秘书意识到自己把工作以外的情绪带到了工作上，心里很内疚，便更加努力地完成工作。

面对这种事，通常有很多种处理的方法，可以扣员工的奖金，也可以严肃地批评员工，但是事例中的经理既没有直接批评秘书，也没有采用扣奖金的惩罚方式，而是间接地、委婉地给出了批评，这一招足以让秘书认识到自己的错误，并且保证不会再有同样的事情发生，不仅体现了经理对员工的关心之情，同时也让秘书对经理充满了感激之情。

在工作中，员工偶尔会犯一些错误，这是很常见的现象。如果管理者不能及时地给予批评和指正，那么员工很有可能在同样问题上犯同样的错误，这样不仅给员工自身带来影响，还会给团队带来一定的影响，因此，为了避免员工重蹈覆辙，管理者一定要及时给予批评、指正，并且追究失败的原因，对于情节严重的，还要追究责任，给予处分。

作为一名管理者，如何让批评恰到好处？

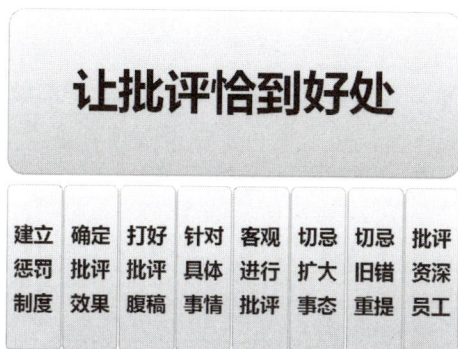

1．建立惩罚制度

除了口头上的批评，还要以工作为中心建立明确的惩罚制度。惩罚制度和奖励制度一样，都要认真地贯彻执行。

2．确定批评效果

批评的理由一定要充分，管理者在批评员工之前，首先要确定批评对于员工和事态的发展和改善是否具有积极的作用。

3．打好批评腹稿

批评比鼓励更需慎重。在批评之前，管理者应该先打好腹稿，明确批评的主题和批评的内容，加以整理，这样就能保证批评的时候主次分明，有条有理，也更加容易让员工信服。

4．针对具体事情

没有人喜欢接受不明不白的批评。有些管理者说话含蓄，批评的时候也讲究含蓄，例如员工出错的时候，管理者漫无边际地指责："下次不可以这样了。"这样模棱两可的话，只能让员工摸不着头脑，不知自己错在了哪里。

因此，批评一定要针对具体的事情进行，如果员工哪个地方错了，管理者就要指出他的错误根源以及这种错误可能导致的后果。

5．客观进行批评

管理者批评员工应该站在维护企业和团队利益的立场上进行，要讲究一种"大局"观念，而不是以"不听我的话"或"违抗命令"等理由进行批评。

6．切忌扩大事态

批评员工是为了解决事情，而不是扩大事态。管理者不能因为员工的一点点错误，就上升到"人身攻击"的高度，例如使用"你经常犯这种错误""你无论做什么都做不好""屡教不改"等伤自尊的句子。

7．切忌旧错重提

员工犯错也非他所愿，管理者不要揪着员工的错误不放，更不要拿他以前犯的错误来讲，这样不仅影响感情，还会让员工觉得管理者不大气。

8．批评资深员工

对于资深老员工，批评有时候更能够起到激励的作用。因为资深员工一般都有丰富的工作经验，工作业绩也比较突出，因此管理者适当地提出"你的能力远不止于此，还能更上一层楼"这样的激励态度，更能激发老员工的动力。

任何人都喜欢赞扬，不喜欢批评。如果管理者批评得当，不仅不会令员工垂头丧气，还会对员工产生一种激励效果，因此，管理者要掌握好批评这门技术。适当的批评，不仅会让员工自觉地反省，还会让他们在今后的工作中努力挽回损失，再次赢得领导的赏识和赞美。

批评的目的，是让员工认识到错误并改正。在实施批评的过程中，管理者要对于那些有错却不认错的员工进行严厉批评，对于知错就改的员工要懂得适可而止，特别是那种自尊心比较强的员工，一般遇到领导批评都会有较大的压力，因此管理者在提出批评之后，要给予适当的安抚。

6.2.3　拿捏好批评场所

批评的场合不对，可能达不到批评的效果，因此，管理者在批评员工时除了要掌握好批评的方式之外，还有注意拿捏批评的场合。

【事例】

小宁是销售部的经理，他因为一件事没有办好，老板便当着所有员工的面把他批评了一顿。他知道老板最喜欢当着大家的面批评人，以为这样能够起到很好的"杀鸡儆猴"的作用，但是大家都很反感这种批评方式。

小宁偶尔抱怨说："老板对谁都是这样，从来不给员工留面子，对于我来说，是极不赞同他这么做的，所谓'表扬必公开，批评宜私下'，老板当着员工的面批评一个人，不仅达不到教育的效果，还可能会起到反作用，尤其是当着众人的面批评一个部门主管，以后这个主管怎么在员工面前抬起头。"

小宁被老板当着众人的面批评了之后，员工私底下议论纷纷，更有的员工不小心把 QQ 消息发到了他的 QQ 上，上面写着：看到令被老板批评了，心里真爽！这个"令"显然就是指的小宁，他也知道这条消息是员工不小心发错了的，但是依然让他心里很不舒服。

小宁作为一个部门的主管，平时对员工都比较严格，而且对员工的关心也比较少，因此有小部分员工可能对他有些意见，所以小宁也不怪这个员工，因为这是人的本性使然。

不过这件事又让小宁想起了另一件事，当时也是因为一个员工犯了错，他当众批评了那名员工，让那名员工在其他员工面前抬不起头。

因为公司里的同事都受到老板的影响，所以批评人都是当众批评。但是经过这件事之后，小宁开始反思，这样的做法是否正确，他想到既然自己被老板当众批评是一件有损面子的事，那么其他员工也一定如此。于是，从那以后，小宁便再也不当众批评员工了，他在员工心目中的形象也有了大大的提升。

在企业管理中，批评员工一定要掌握一定的方法和沟通技巧。这则事例就是告诉我们，员工犯了错，采取适当的批评手段是必需的，如果管理者当众批评员工，很有可能会适得其反，被批评的人不但听不进批评的内容，反而会觉得羞辱和愤懑，还有可能遭到其他同事的嘲笑。

当然，也有人认为，管理员工有时需要"杀一儆百"，因此当着众人的面去批评一个员工，不仅仅是让这个员工受到教育，同时也是让其他的员工受到了教育，保证以后不会再犯同样的错。

其实这种做法在现实工作中，不一定行得通。像有些优秀的老员工，能力强、业绩丰厚，如果管理者当着新员工的面狠狠斥责他的办事能力，那么一定会打击到他的自尊心和自信心。而现在的 90 后，有的个性要强、不服输，如果被管理者当着众人的面批评呵斥，小孩心性一定会让他对管理者产生某种怨恨心理，可能嘴上不说，但是心里终归是不舒服的。

每个人都希望自己的工作做得很好，但是差错是不可避免的，因此以正确的方式对待员工的差错、做好批评工作是每个管理者应该具备的基本素质。

员工出了差错，只要掌握好批评的尺度和分寸，那么坏事也有可能变成好事，但是如果管理者不分场合、不分地点地大声呵斥员工，那么不仅不能使员工心服口服，还会影响整个团队的进步。

下面从被批评者的情况、旁观者的反应以及如何掌握批评的场所等几方面来进行阐述。

1. 被批评者的情况

从管理者的角度来看，当众批评员工可能是想起到"杀鸡儆猴"的作用，对于被批评的员工来说，往往会出现多种情况。

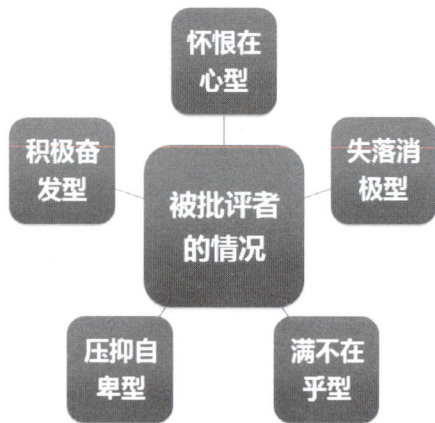

1) 怀恨在心型

人人都爱面子，这个无可厚非。对于大部分员工来说，被领导当众批评是一件十分丢脸的事，甚至有的员工可能会对老板怀恨在心，这类员工往往斤斤计较、小肚鸡肠，在工作上可能会和老板对着干。

2) 失落消极型

这类员工不会对老板怀恨在心，但是由于自尊心强，可能会消沉失落很长一段时间，工作的时候提不起劲，老板布置的任务也不能按时完成，长时间背负着沉重的心理压力。

3）满不在乎型

这类员工对老板也会有小小的埋怨，但是只是在老板批评的过程中会有此种心情，等老板批评完后，他转身就忘记了，做事还是我行我素，也是让老板十分头痛的类型。

4）压抑自卑型

这类员工比较少见，但是在现实生活中也是存在的，比起失落消极型的员工，这类员工往往背负着更为沉重的心理压力，被老板当众批评后，可能会出现自卑的心态，和同事之间的来往也会减少。

5）积极奋发型

这一类的员工不同于前面的几种，当他们被老板当众批评后，反而会将这种羞耻当作发愤的鞭子，积极进取，用优异的成绩将老板的批评反击回去。能够做到这种程度的员工很少，因为工作是一个定性定量的事情，一个人想要在工作中取得进步，往往要付出比平时多出数倍的努力，所以很多人都不能坚持到最后，即使这次坚持住了，下次未必能够坚持住。很多成功人士都是这样坚持过来的，可是这个世上的成功人士相对于普通人来说，是那么的微乎其微。

有的员工可能会有多种情况出现，但是，总体来说，当众批评给予的负面效果更多一些，因此为了适应大众，管理者尽量避免当众批评员工的方式。

2．旁观者的反应

介绍完了被批评者的反应，那么现在来看看旁观的员工的反应。

1）评头论足型

人天生有一种八卦心理，看到他人遭受批评，有些员工往往会私底下评头论足一番，也许并没有恶意，但是如果被当事人听到，心里会很不舒服。

2) 幸灾乐祸型

这类人看到他人受到批评时，表面上可能没什么，实际上却在心里偷偷地笑，尤其是看到自己不喜欢的人受到批评，这种心理状态会表现得更明显。

3) 冷嘲热讽型

如果说幸灾乐祸型的员工是表现在心里，那么冷嘲热讽型的员工则是表现在外面，看到被批评的员工，要忍不住说几句，实在很可恶。

4) 视若无睹型

很多人为了不得罪人，往往会表现得视若无睹，而这种人很有可能把管理者批评的内容当作耳旁风，不放在心上。

5) 同情扶持型

这类人比较少，但是也有，对被批评者表示同情，并且愿意在对方困难的时候帮对方一把。

6) 谨小慎微型

这类员工见到别人被批评得狗血淋头，往往会联想到自己被批评的场景，因此会产生一种害怕的心理，以后也会更加慎重对待自己的工作。

性格差异决定表现差异，而不同的表现会对事情造成不一样的后果。在以上的员工反应类型中，只有最后一种满足了管理者"杀一儆百"的需求，因此管理者在选择批评场合时要慎重对待。

3. 如何掌握批评的场合

那么，在实际工作中，管理者要如何掌握批评的场合？

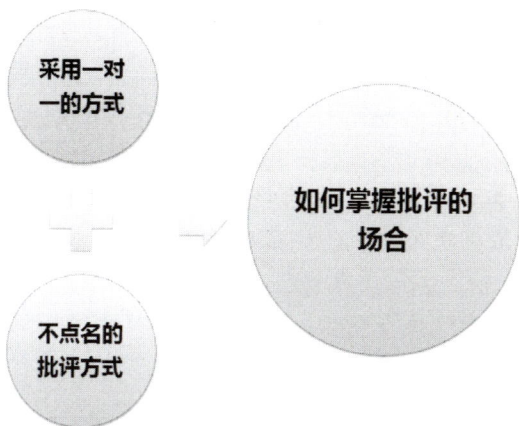

1) 采用一对一的方式

管理者当众批评员工除了想要起到"杀一儆百"的作用之外，有的管理者是为了把责任转移到员工身上，好让公司里的领导和其他员工都知道这个错误不是他造成的，而是因为员工办事不力造成的，以为这样是在挽回自己的面子，其实这种想法并不可取。

管理者要知道：

(1) 既然身为管理者，那么就应该对团队和组织的人与事负责，一味强调自己不知情，只会暴露自身管理不力，反而给人留下自私和狭隘的印象。

(2) 团队或组织表现出来的一切，是全体人员共同努力的结果，因此，如果遇到问题，管理者应该负起这个责任。

(3) 如果管理者确实不知情，那么就要找到相关的工作人员，把事情调查清楚，再做下一步打算。

2) 不点名的批评方式

如果是全体员工共同存在的问题，那么管理者可以采取公开批评的方式，但是这种时候，可以不必明确地提出某一个批评对象，而是采用不点名的批评方式，让所有员工将受训的风险一起分担，也能够起到向全体员工警示的作用。

总之，批评的目的归根结底是为了让员工改正错误，如果管理者不懂得分场合批评，那么很有可能起到反作用。

6.2.4　三明治批评法则

"三明治"的批评法则通常来说就是一种叠加式的批评方法，即在批评人的过程中，采用表扬——批评——表扬的方式。因为这种方式不是一味地批评，其中还夹杂着表扬，因此被很多企业家称为"三明治"批评法。

【事例】

玫琳凯化妆品公司在刚刚创立时只有 9 名员工，而多年后的今天，玫琳凯已经发展成为一家拥有几十万员工的国际性大公司，它的创办人玫琳凯·艾施被称为"美国企业中最成功的人士之一"。

谈到如何批评员工，玫琳凯一直严格地遵循着自己的原则：在批评员工的时候，一定要找出一点值得表扬的事，放在批评之前和批评之后讲，这样才能让员工心里感到舒服，凡事不能只批评不表扬。

玫琳凯强调：批评要对事不对人，在批评的过程中，要创造良好的谈话氛围，因此在批评前，要设法表扬一番，批评完之后，也要制造友好的结束氛围，还要再对员工表扬一番。

有一次，她的秘书由一名刚刚毕业的大学生接任，新来的大学生打字总是不注意标点符号，这让玫琳凯非常苦恼。

于是有一天，玫琳凯对她的大学生女秘书说："你今天这套衣服真漂亮，让你显得更加的迷人大方。"

那位女秘书听到老板的称赞，非常开心。玫琳凯又接着说："尤其是你衣服上的这排纽扣，点缀得恰到好处，因此我希望你的文章中的标点，也和你衣服上的这排纽扣一样，运用得恰到好处，并且让文章更加有条理性。"

秘书当即红了脸，知道了自己做错了事。

然后玫琳凯又说："你这么聪明的女孩，我相信你一定会注意这方面的问题，保证将来不会再犯。"

从此以后，女秘书的文章明显不再乱用标点符号了，而且她做事也变得有条理了，不再那么马虎。

玫琳凯灵活地运用了"三明治"的批评方式，首先对员工进行一番赞扬，然后提出批评，最后又给予赞扬和信任，提出目标和期望，这样，既没有伤害到员工的自尊，同时又让员工明白了自己的错误。

在中国，古人都讲究"先礼后兵"的做事技巧，这和"三明治"的批评方法有着异曲同工之妙。对待那些自信心弱，感情脆弱的员工，可先进行表扬，卸下员工的防备心理后，再提出批评，这样，就可以使员工的心理达到一种平衡，进而能够理智地接受管理者的批评。而"三明治"的批评方式是在"先礼后兵"的批评方式前提下再加上一层表扬，让员工重获自信和动力。

下面从"三明治"批评法的 3 个层次、"三明治"批评法的作用、"三明治"批评法的缺点以及"三明治"批评法的关键点 4 个方面进行阐述。

1. "三明治"批评法的 3 个层次

"三明治"批评方法一般包括 3 个层次。

1）认同、肯定以及相同观点

在这个层次里，表现为管理者赞同员工的某个观点，具有趋向性。

2）建议、批评以及不同观点

在这个层次中，管理者提出自己的建议、批评以及不同的观点，具有反趋向性。

3）鼓励、支持以及设立目标

在这个层次，管理者应该向员工提出新的目标，更好地鼓励员工改正错误。

2．"三明治"批评法的作用

为什么运用三明治式的批评就会产生如此大的效应呢？主要原因有如下几点。

1）去除防卫心理

从某种意义上来说，管理者对员工有管理约束的作用，因此员工对管理者或多或少会有一点防卫心理。

尤其是现在的 90 后员工，除了对管理者有一种天然的防御心理之外，还有一层跨越不了的"代沟"。因此，在批评之前，如果管理者先对员工说一些关怀赞美的话，不仅可以在批评前制造友好的交谈氛围，还可以让员工以平静的心态来面对接下来的对话。

假设一开始就进行严厉的批评，那么，员工会自动生成一种防御式的反射弧进行自我保护，一旦生成这种自我防卫心态，就很难再听进管理者的批评意见了。

某企业最近给大客户提供的产品质量合格率下降了，因此老板找生产部门的负责人谈话："知道找你来是什么事吗？最近有客户投诉说我们公司产品质量合格率下降，你说这是怎么回事？以前合格率都在 98.8%以上，现在竟然只有 80%，你这个部门经理是怎么当的？"

这样的批评方式，恐怕任何人都不会喜欢。

老板应该这样说："以前谈起我们公司产品的合格率，大家都非常自豪，公司上下很多人都以你为榜样，但是，最近几个大客户订的那几个单，合格率都只有80%左右，别看这些客户目前只占我们 10%的销售额，等半年后，很有可能增加到30%，所以，要牢牢抓住这些客户，明白了吗？"

如此一讲，生产部门经理很快就会意识到自己的错误，并且努力改正。

2) 去除后顾之忧

很多管理者在批评 90 后员工时，总是喜欢反反复复地批评，一个错误可以讲上半个小时，让员工既惊又怕，批评结束之后，还让人心有余悸。但"三明治"的批评方法常常给予员工鼓励、希望、信任和支持，让员工重新振作，不会"在同一个坑里摔两次"。

3) 带给员工面子

有句话说得好，批评只是手段，不是目的，因此如何批评员工就特别讲究了。

"三明治"的批评方法，不会伤人的感情，也不会损坏人的自尊心，能够激发人的积极性，使人保持良好的心态继续工作，又能指出员工的问题所在，同时还容易让人接受。

3．"三明治"批评法面临的挑战

但是，"三明治"批评法同样面临着挑战。

过于正式

"三明治"
批评法面临
的挑战

负面效果   不能常用

1）过于正式

在使用"三明治"批评法之前，管理者往往要预先计划好交谈的内容，就像设置好一套程序，管理者按照这套程序走，给员工的感觉就会很正式，像是接受评判。

2）不能常用

"三明治"批评法用过几次之后，就会降低原本的作用，因为员工一听到管理者的表扬，可能就会想："天啊，他又表扬我了，接下来肯定就是批评了！"

3）负面效果

"三明治"批评法也会产生负面效果，比如对某些中、高级经理人，在职场中身经百战，如果管理者对他们采用这种批评的方式，那他们可能很快就会意识到这是"三明治"批评法，于是效果就会大打折扣。

4．"三明治"批评法的关键点

同时，采取"三明治"批评法，还要注意以下几点。

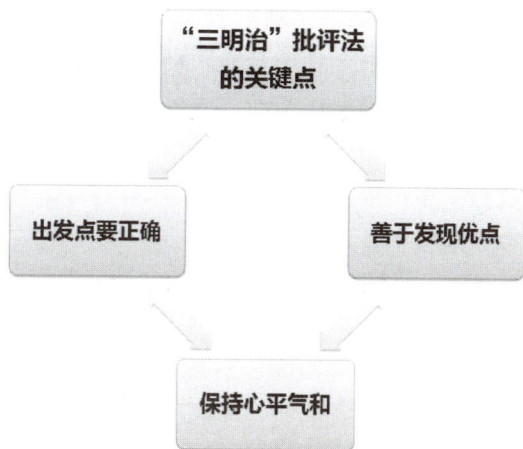

1）善于发现优点

三明治批评法，要求把批评夹在两个表扬之间，所以，管理者要去寻找员工的优点，俗话说："世界上不是缺少美，而是缺少发现美的眼睛。"每个人都有自己的优点，世界上虽然没有十全十美的人，但是也没有一无是处的人，所以，如果管理者找不到员工的优点，那么这问题就出在管理者身上了。

2）保持心平气和

如果管理者心态不平和，那么即使使用"三明治"批评法也起不到什么作用。因为假设管理者的心态不平和，那么在表扬员工的时候，说话的语气绝对不会是表扬的语气，也许很生硬、很刻意，反而加重员工的防卫心理。因此，管理者必定要保持平和的心态，从理性的角度去看待员工犯的错。

3) 出发点要正确

管理者批评员工的出发点要正确，不是为了羞辱对方，也不是为了显示自己的权威，而是希望员工能够改正错误，确保以后不再犯错。

6.2.5　不揭过往的伤疤

一般来说，没有人喜欢被人揭"伤疤"，大部分人也不喜欢干揭人伤疤的事，但是在批评员工的时候，管理者由于情绪失控，就很难说了。

【事例】

朱元璋是明朝的开国皇帝，但是他出身卑微，不仅当过和尚，还曾在街头当过乞丐，要过饭。在朱元璋做了皇帝后，昔日的很多旧识就跑去京城投靠他，这些人想的是他们曾经和朱元璋是患难与共的朋友，现在他发达了，念在昔日的情谊上，一定会帮助他们，让他们摆脱现在这种贫穷困苦的生活。

让人万万想不到的是，朱元璋最忌讳的就是别人提及他的过往，堂堂一国之君，需要的是尊严和威信，因此朱元璋面对众人的来访，都是直接拒绝了。于是那些昔日的穷朋友只能看着朱元璋享受人间的富贵繁华，而他们依然过着从前那种食不果腹的日子。

大多数人都见不到朱元璋，但是也有例外。有位与朱元璋同穿一条裤子长大的老友，从凤阳千里迢迢地赶到南京，经过很多波折之后，终于进入了皇宫，见到了这位高高在上的皇帝。

这位老兄为人淳朴，一见到朱元璋，就当着文武百官的面，大声嚷嚷道："哎呀，朱老四，你还记得我吗？现在当皇帝可威风了，记得当年咱们可是光着屁股玩过，你做了坏事总是让我给你扛。有一次我们一起偷豆子吃，豆子还没煮好你就先抢起来了，结果把瓦罐弄碎了，后来你吃得急，豆子卡在喉咙里了，还是我帮你弄出来的呢，还记得吗？"这位老兄提及儿时的事，就是为了制造和朱元璋亲近的机会，却万万没想到，这竟然会给自己招来杀身之祸。

朱元璋听他啰唆了一大堆，心想这人太不懂规矩了，当着这么多人的面让我下不了台，于是盛怒之下，朱元璋下令把此人杀了。

由此可见，揭人短处不可取，也许还会给自己带来很大的麻烦。

俗话说得好，"矮子面前莫说短话"，别人或许有生理上的缺陷，或许遭遇过家庭的不幸，或许在其他方面有短处，这些对于他们自身来说，已经够痛苦的了。所以我们不能再雪上加霜，"哪壶不开提哪壶"，这样不仅会伤了别人，而且自己也得不到什么好处，反而引起他人的憎恶。

这世上不存在完美无缺的人，每个人都有着不愿被人提及的憾事、缺点、隐私以及各种难堪的事。因此，在人与人的交往中，一定要学会在不同的场合下说不同的话。尤其是管理者，因为权力在握，对员工人事方面的情况了解得很透彻，比如，员工的家庭情况，员工的某些方面缺陷，员工的过往经历，等等，基本上都会有一定的了解。因此，管理者在批评指责员工的时候，一定要注意控制自己的情绪，不要因为怒火上心就出言不逊，踏进员工的"禁区"，触及员工的短处，犯了员工的忌讳，这样，不仅会对员工造成一定的伤害，自己也会下不来台。

我们每个人都有自尊心理，即使在接受老板批评的时候，也不希望自己的不好的过往被提起，每个人都希望受到别人的尊重与欣赏，所以，管理者在批评员工的时候，要杜绝揭人伤疤的行为，因此就要做到以下几点。

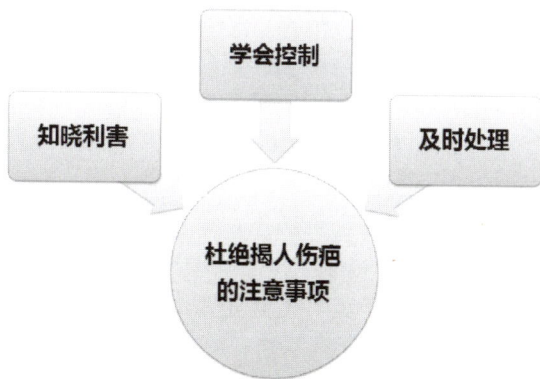

1. 知晓利害

在揭人伤疤之前，管理者要先学会衡量利害关系，想想对于这次指责批评的事项，揭露员工不愿提及的过往，是否对这个事情起到推动的作用，如果不能，那么就要及时制止揭人伤疤的行为。

2．学会控制

有的管理者说："并不是我想揭他的伤疤，实在是他的态度太恶劣了，一点悔改的意思都没有，我这才忍不住把旧账翻出来说了。"

其实这都是狡辩，如果员工的态度恶劣、不思悔改，管理者可以就其态度进行指责，针对他的恶劣态度进行警告即可，没有必要揭员工的伤疤，这样反而遭人厌恶。

3．及时处理

面对问题，管理者要养成及时处理的习惯，不要把事情耽搁了，导致事情无可挽回，之后在批评员工的时候，就拿这些事做文章，这是不可取的。

6.2.6　要注重知错就改

相信所有的老板都喜欢认错的员工，而不喜欢争辩解释的员工。

【事例】

在一个公司的中、高层领导会上，老板问一个分公司的部门负责人："你们南京公司的那个招标计划做好了吗？"分公司的部门负责人说："还没。"老板立马表露不悦："怎么回事？不是应该早就做完了吗？怎么到现在还没做完？"负责人马上解释："我已经安排员工做了，但是他到现在还没给我回复。"

这则事例里，负责人并不是立马向老板承认错误，而是选择用"自我保护"的形式将责任推给手下，但是在其他人眼里，这种"自我保护"往往是一种"自我贬低"，不仅给老板留下了一个不好的印象，而且还会让周围的同事看到他的无能，然后这些人就会在心里幸灾乐祸，他们会这么想："原来这家伙连一个手下都搞不定啊"，"自己不行，还把责任推给手下"，"办事能力差点就算了，还没有担当"，"老板总算看到他的无能了"。

人通常都是这样，遇到对自己有利的事，就会主动邀功求赏，遇到问题，就会把责任推给别人，而且大部分人还不自知。

很多人都喜欢把自己裹在壳子里，尤其是那些职位越高的人，别人把他的优、缺点看得一清二楚，他自己可能还浑然不知。

因此，在企业管理中，管理者都喜欢认错的员工，因为这些员工认识到自己的缺点，看得清自己的不足，也会虚心接受领导的批评。

华盛顿小时候很顽皮，某天他父亲送给他一把斧子，他很高兴，然后用那把斧子砍倒了院子里的一棵樱桃树，那种树当时在美国很罕见，他的父亲回来后，看到自己最爱的一棵树被砍了，当即非常生气，可是华盛顿勇敢地向他承认了错误。

在现实生活中，很多人都看不到自己的错误，也缺乏认错的勇气。

相信很多管理者都有这样的经历，每次面试的时候，让员工说说自己的缺点，很多人憋了半天，只能挤出那么一两句："我性格急躁"，"我说话太直"，这种话看起来是在检讨，实则是一种变相的表扬，很少会有人实事求是地讲出自己身上存在的缺点。其实，员工不知道自己身上存在的缺点，这本身就是一个巨大的缺点，所以对于那些其他方面很优秀，但是无法正确认识自身缺点的人，管理者要慎重考虑是否录取对方。

人有各种各样的性格，大概我们每个人都接触过"特别要强"的人，这种人往往有能力、有责任心、有经验、做事认真努力、业绩也很不错，但是这种人不一定就招老板待见。大家听了他们的诉说，会认为他们怀才不遇，但是老板却会告诉你，这个人虽然有能力，肯努力，但是特别要面子，不会认错，也不服输，即使他们真的意识到自己的错误，也会把责任推到别人身上。这种人或许是一个优秀的人才，但不一定是一个好员工。

在批评员工时，管理者往往会遇到各种各样的问题，因此管理者应该具备以下的几点素质。

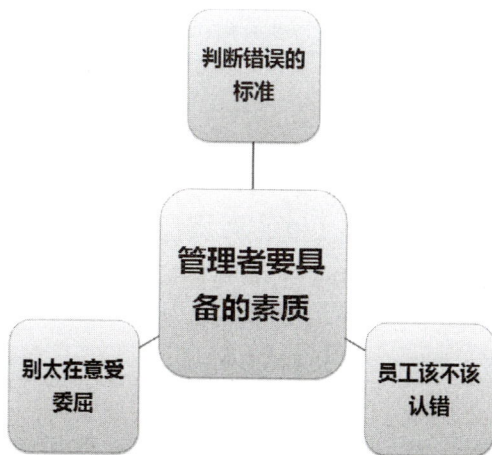

判断错误的标准

管理者要具备的素质

别太在意受委屈

员工该不该认错

1．判断错误的标准

首先，管理者不能用自己的主观意图去判断错误，不是自己觉得错了就是错了，判断错误的标准应该是：站在公司的角度考虑，这个事这样做是否对公司有利？是否符合公司的制度流程和文件规定？是否符合公司内部发展现状？是否符合老板的内心需求？

如果答案是否定的，那么管理者就可以判断这件事是错误的，就可以找到相关的员工，具体谈谈这个问题，并且寻找补救措施。

2．员工该不该认错

当管理者根据判断错误的标准判断出某个员工犯了错之后，就要考虑是否应该让员工承认错误。

对于错误，员工一般会有 3 种回应。

1）果断认错

这类员工会直接认错，而不是把责任往外推，或者狡辩不认错，这类员工具有担当意识，面对错误，敢于承认，是不可多得的好员工。

2）后续补救

这类员工比较要强，好面子，在管理者面前一般不会承认错误，或者把错误推给他人，但是事后会采取积极补救的方式，这类人一般都有比较强的能力，也有资历，但是个性太强，让管理者捉摸不透。

但是批评的目的不就是促使人认识错误并且改正错误吗？这类人虽然不认错，但是在行动上已经给出了很好的答案，也算是达到了批评的目的。

3）不知悔改

这类员工就比较让人头疼了，可以分为两种。

(1) 虽然认了错，但是依旧我行我素，没有改正。

(2) 不但不认错，还把领导的话当耳边风。

对于这类人，就要采取一定的措施去帮助他们认识到错误对公司以及他们自身产生的影响。

其实，员工认不认错是其次，重要的是管理者批评之后，员工会不会改正错误。

3．别太在意受委屈

无论是员工还是管理者，在接受批评时，都不要太在意吃亏或者受委屈。要知道团队的利益高于个人，遇到批评只知道辩解，不仅忽略了老板的感受，也忽略了其他人的感受，还会把原本简单的事情弄得复杂，而且，并不是所有老板都喜欢把时间浪费在与属下的辩论中。在老板的心目中，对员工的种种行为其实都非常了解，因此不要以为承认错误是一件很丢脸的事。"认错近乎勇"，这是一种智慧，也是一种品行。

6.2.7　不要再穷追猛打

有些领导在员工认了错之后，喜欢穷追猛打。

【事例】

某公司一名 90 后员工最近给公司老总写了一封信，信里主要抱怨自己所在部门没有遵循环保规则。然而，她所抱怨的具体内容，并非公司将有毒化学物品倾倒进河水中，而是没有对废纸张进行回收再利用。

但是老总看了这封信之后，立马动员了公司高管和部门领导，就这件事展开了深入的调查，但得到的最终答案是，公司确立了的明确的环保规章并且一直在坚持执行。

这场风暴之后，员工主动向领导认了错，公司老总并没有再追究她的责任，只是把此事当作基础培训的典型事例，因此这名员工保住了这份工作。然而，她的直接上司却没有因此而放过她，他把她叫到办公室，狠狠批评了一顿，这名 90 后员工还是诚恳地认了错，她的上司却一直喋喋不休，最后这名员工羞愤难当，哭着出了领导的办公室。

有些领导认为，他们指责员工是为了让员工认识到自己的错误，而在员工认错之后一直穷追猛打，是为了让员工记住这次教训，下次不再犯错；有的领导则认为老是犯错的人太笨了，只有不停地教育才能让他长记性；还有的领导觉得不断地鞭策员工是为了树立自己的形象和威信。

下面就从"穷追猛打"的后果、员工犯错的原因两方面进行阐述。

1．"穷追猛打"的后果

揪着员工的错不放，会引起什么样的后果呢？

"穷追猛打"的后果

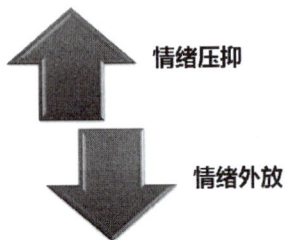

情绪压抑

情绪外放

1) 情绪压抑

这类员工会变得垂头丧气，有些女性员工，可能还会号啕大哭。

2) 情绪外放

这种人就会忍无可忍，愤然反抗，和管理者大闹一场然后离去。

当领导者揪着员工的错误不放时，被批评的员工往往会在心里这么想："我都已经认错了，还要揪着这件事不放，实在是太过分了，在这种人的手底下做事，有什么意思？"

显然，管理者对认错后的员工穷追猛打是不明智的。

一般的管理者会认为员工犯错是因为他们素质太差，执行力弱，看不清方向，找不到方法，或者是领悟能力太差，因此身为管理者，要更加严格地教育。

而优秀的管理者则认为员工的犯错，是企业的培训不当、系统弱化、模式不精、管理不力造成的，所以，他们愿意改善公司的培训、系统、模式、考核、目标制定、激励方法等，帮助他们快速成长，而不是一味地将错误推给员工。

员工认错后，有的管理者穷追猛打，还会说："不是我得理不饶人，是他们做事太散漫了，以为出了问题随随便便认个错就行了，要是这样，公司岂不是天天都有人犯错，反正不会有人管。"

其实，一直盯着员工的错误不放是领导者最大的失误，不说 70 后、80 后员工，单说现在的 90 后员工，谁不会偶尔犯一两次错误？要是管理者一直揪着他们的错不放，会让员工心里怎么想？

假设这样的一个场景：公司新来了一名 90 后员工，最近做错了一件事，你身为他的上司，考虑到他可能经验不足，便手把手教了他正确的方法，可是没过多久，你去检查工作，发现他还是犯同样的错误，于是你说了他几句，没过几天，他依然犯错，这时，你要怎么办？如何处理这件事？

面对员工一而再再而三地犯错，很多管理者就算再有耐心也会控制不住责怪的冲动，于是批评了犯错员工，但是相同的错误，他还是会犯，你没辙了，决定和他严肃地谈谈这件事。

谈话的过程中，你想到他的"屡教不改"，越说越气愤，员工站在你面前，垂着头，一声不吭，其实他心里也很愧疚，可是你现在只是生气，却不能真正解决问题。

人会犯错在本质上有两种原因。

● 方式方法有问题。

● 心态上的障碍。

像上面的这位员工，屡屡犯错，可能不仅仅是方式方法的问题了，很有可能是心态上出了问题。

但是管理者的严苛指责只会加重他的心理负担，从而导致错误频频发生，因此，面对 90 后员工，管理者需要改变一下思维模式。

90 后的学习能力和记忆能力普遍都很强，这点是毋庸置疑的，尤其是短期的、即时的记忆。所以，如果一个员工总是在同一个地方犯同样的错误，那么他可能在向你传递一个信息：他不愿被你管。90 后是不愿意被打压的一代，传统的"家长式""打压式"管理模式在 90 后身上已经行不通，越打压，他越反抗，越揪着他的错误不放，他越要犯错误。

现在的很多的管理者依旧抱着"对事不对人"的思维逻辑，每次遇到批评下属的时候，总是声明：我现在是对你进行公平客观的评价，不带任何感情色彩。这就相当于在说："你做错了事，不要以为嘻嘻哈哈认错就能蒙混过关，事情错了就是错了，该接受批评就得接受批评，我揪着你的错不放也是正确的。"

事实上，谁愿意自己的错误一直被人揪着不放？

可是有的管理者就是这种"穷追猛打"的性格，为了不让自己的手下感受到自己的"咆哮"功力，那么管理者就要学会从源头上控制员工犯错。

2. 员工犯错的原因

员工一般会在下面几个方面犯错。

(1) 知识：没有足够的专业知识，员工往往犯错而不自知。

(2) 态度：态度不够端正，很容易懈怠，尤其很多新进的员工，往往喜欢投机取巧。

(3) 技能：没有解决问题的专业技能，遇到问题就无法应对。

(4) 管理：缺乏时间管理、目标管理、工作流程管理等，因此做事没有什么效率。

要防止员工犯错，管理者就要针对以上的问题进行改进。对于员工在细节方面犯的错，就要让有经验的老员工或者上级，对其进行前期的沟通和培训，这样可以大大降低员工犯错的概率。

对于聪明的管理者来说，对员工犯错最好的惩罚，不是在他认错后依然穷追猛打，而是帮助他找到解决问题的办法和途径。

某家公司的总部，领导们基本不在自己的办公室或卡座办公，他们每天在会议室里，讨论各种问题的解决方案，并且让相关的员工、团队参与进来，这样就可以把错误率降低到最低值。

● 员工和团队知道了决策的内容，因此对领导的意图很了解。

● 员工提出意见，管理者把好的意见加进去，让员工充满了成就感和认同感，因此，扫平了执行障碍。

● 对于团队来说，讨论过程中同时解决了前期磨合的问题，因此在执行过程中减少了摩擦。

因此，员工的犯错概率大大降低了，在团队面前，他们的态度、执行力、技能以及综合管理能力都在竞争中不断地提升。

要知道，一千个员工，有一千种犯错的方法和理由，因此管理者要做的不是在员工认错后依然揪着错误不放，而是借着员工犯错的机会，认真指导员工，帮助他更好地提高工作智慧以及工作效率。

6.2.8 用纪律约束错误

一个企业，如果没有纪律的约束，那么所有的团队成员，都将各行其是，没有秩序，也没有团队形象。

【事例】

老李是房地产公司的一名保安，负责管理公司的建材及材料。

老李有一个坏习惯，就是喜欢晚上喝几杯酒，喝了酒就比较贪睡，因此，仓库有好几次都差点被偷，好在有人及时发现，抓到了小偷，为此老李被领导多次口头警告，后来还写下了书面检讨，当着全公司的面，朗读了书面检讨，自此，老李发誓不再喝酒。

一天夜里，老李当班值守，恰逢家里添了喜事，老李一时高兴，就又喝了几杯，结果这一喝又出事了，公司里的大量建材被偷走，老李难辞其咎，公司立刻给予了严厉的处分。

后来公司高层会议上，就此事展开了讨论，纪律部门也站出来，做了深刻的自我检讨。前几次，念在老李初犯，公司并没有给予严格的处分，只是口头警告几句，才造成老李纪律松懈，玩忽职守。如果在一开始，公司就给予严肃的处分，让老李记住这个教训，那么这件事也许就不会发生。

没有规矩，不成方圆。在我们的成长过程中，总是被各种各样的纪律约束，俗话说国有国法，家有家规。每个公司都有自己的纪律规章，想要减少员工犯错，就要学会用纪律约束员工。

纪律是什么？纪律就是规则，是要求员工知晓并且遵守执行的一种行为准则，是用来约束员工行为的规章、制度的总称，纪律包括4个要素。

- 由组织确定的秩序。
- 每个员工都要遵守执行。
- 目的在于维护集体利益。
- 能够确保员工工作正常进行。

下面从纪律的特性、用纪律约束员工的方法两方面来进行阐述。

1．纪律的特性

作为企业中的一种控制手段，它具有一定的特性。

1) 普遍适用性

对于任何组织集团来说，纪律都是不可或缺的，在制定纪律的过程中，制定纪律的人要考虑到纪律对于公司员工来说是否适用，如果一个公司制定的纪律对员工来说没有普遍适用性，那么这个纪律就没有任何意义。

2) 科学性

纪律具有一定的科学性，凡是脱离实际、过于严苛或过于宽松的纪律制度，都是不能推动企业前进取得成功的。因此，企业在制定规章制度时，要根据企业的情况科学地制定。

3) 艺术性

纪律具有艺术性，纪律条令不只是僵化的文字和习惯，很多公司制定出的各种规章制度渐渐成为摆设，纪律的艺术性在于：只有企业和员工认真地执行纪律，才能领会到纪律的思想灵魂，才能使纪律成为推动公司成功的保障。

对于企业组织而言，纪律是其能否生存的基本前提，可以说没有纪律就没有进步、没有忠诚、没有敬业、没有创造力、更没有效率和合作。

优良的纪律的作用包括以下几个方面。

● 利于避免任意管理带来的弊病，减少企业内部的纷争。

● 保障企业运作的规范化、制度化，可以有效降低经营成本。

● 可以避免员工出现违规行为，激励员工为企业管理目标而努力。

英国一家公司在新员工培训中，总是先强调公司里纪律。高层领导对员工说："纪律是一条高压线，它高高地悬在那里，只要你稍微注意一下，或者不是故意去碰它的话，你就是一个遵守纪律的人。"

每一个人都渴望自由、无拘无束的生活，但是如果一个国家没有法律，那么犯罪的人会越来越多，社会就无法安定，人们的生命财产也会受到威胁，因此，只有制定了法律，才能将不法分子绳之以法，社会才能安定，人们才会有更多的精力去做自己想做的事，社会才会进步。

同样地，在一个企业、团队里，假如没有纪律的约束，那么员工的工作态度就会不严谨，例如，上班迟到、早退；工作态度不端正；工作随意、做事拖拉；工作秩序杂乱无章，等等，如此一来，员工的工作业绩将无法得到保证，公司将无法正常运营，最终只能被社会淘汰。因此，好的纪律不仅是团队成功的基石和保证，也是团队战斗力的来源，同时纪律还可以帮助员工减少差错。

作为员工来说，在公司里工作，就要认同公司的规则，把纪律变成一种习惯，做一名守纪律的员工。

2. 用纪律约束员工的方法

可是在企业里，很多的 90 后员工，因为讨厌被束缚，所以往往对公司的纪律视而不见，这也是令很多管理者头疼的事，为了培养员工遵守纪律的自觉性，管理者一般要注意以下几个方面。

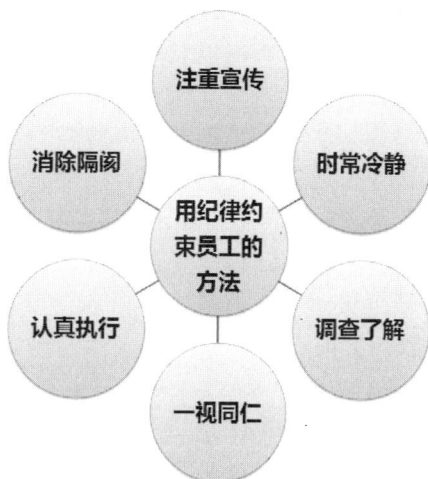

1) 注重宣传

作为一名管理者，不要想当然地认为，公司制定的规章制度所有员工都知道。你不说，他们怎么知道？因此，对纪律的宣传一定要落实到行动上，尤其是新来的员工，不要等到员工违反了某条规定时才告诉他公司里有这条规定，这样，容易让员工产生一些负面心理。

● 公司不重视纪律。

● 公司缺乏纪律管理意识。

● 做事松散，出问题可以找借口推脱责任。

在国外的很多企业，管理者按照惯例会在员工进入公司一周内，发一份公司规定，在员工认真阅读完这份资料后，让员工签署一份声明，表示他们已经知道并且理解了公司的规章制度。

2) 时常冷静

制定规章制度的目的是让员工重视纪律，而不仅仅是作为一个摆设，假设员工因为违反了公司的规章制度而犯了错，那么管理者应该怎么做？是大发雷霆？还是保持冷静？

当然是保持冷静，可以批评，但是不要在情绪失控的时候采取行动，因为那样往往让员工产生逆反心理。如何保持冷静呢？

● 情绪失控时，闭上嘴巴，等 30 秒再开口。

● 做些其他的事转移注意力。

● 让员工 20 分钟后再来找你。

● 在办公桌上放一些绿植，交谈之前，看看绿色植物。

总之，想要让员工自觉地遵守纪律，管理者就不能对员工大发雷霆。

3) 调查了解

一定要调查，没有调查就没有发言权，身为一名管理者，做任何事都应有理有据，在批评之前，先了解发生了什么事，以及员工这样做的动机，千万不要草率地做决定。

4) 一视同仁

规矩制定出来是为了让大家遵守，任何人都有可能犯错，在同样的条件和同样的情形下，管理者对待员工应该采取同样的处罚手段。

5) 认真执行

既然想要用规章制度减少员工犯错的概率，那么一定要认真贯彻执行，首先从管理者自身做起，然后扩散到全员。

6) 消除隔阂

前面说了，批评的目的在于让员工改正错误，而不是惩罚，因此在执行纪律处分后，管理者应该积极地找员工谈话，表示你相信他，消除员工心目中的怨恨情绪。

6.2.9 给员工留条出路

当员工犯了错误，管理者要给予适当的批评，但是批评过后，管理者还要做好善后工作，才能让员工心服口服。

1. 批评要注意善后工作

【事例】

三洋电机公司前副董事长后藤清一先生，曾在松下公司任职，某一次，因为一个小小的错误，他惹恼了松下幸之助。

松下让他去他办公室，当他进入松下的办公室时，松下正拿着一只火钳使劲地往桌子上拍，然后对他大发雷霆，直接把他骂了个狗血淋头。

后藤心情很不好，正打算离开，松下忽然说道："等一下，我刚刚情绪太激动了，把这个火钳弄歪了，你能帮我把它弄直吗？"

后藤无奈，只得想办法把火钳弄直，他拿着火钳子在桌子上使劲敲打，敲着敲着，他的心情也渐渐恢复平静。

他把敲直的火钳交给松下时，松下还赞扬道："不错，比之前的还要直。"

等到后藤走后，松下悄悄地打电话给后藤的妻子："今天你先生回家，可能会心情很不好，你要多多体谅他。"

后藤回家后，妻子和他说了这个事，他顿时觉得之前的怒火烟消云散了，而且对松下产生了佩服之情。

原本，在挨了松下的一顿臭骂之后，后藤决定辞职不干了，但是松下的做法，让他临时改变了主意，他决定继续效忠他，并且要做得更好。

任何企业，当员工犯下错误，身为管理者，都应该给予相应的批评和惩罚，但是，一旦斥责的次数过多，往往起不了任何作用，而且还会让员工认为领导性情暴戾、易怒，进而对领导产生反感情绪，有的员工甚至会自暴自弃。

因此，管理者在批评完员工之后，要注意做好善后工作。

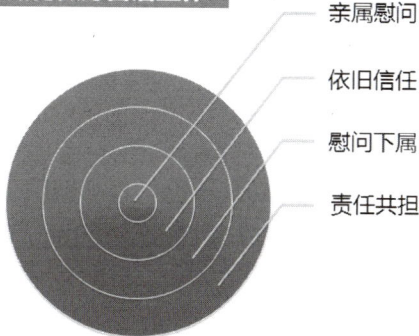

1）亲属慰问

就像松下先生一样，在痛斥完员工之后，立刻打电话给员工的亲人，让员工的亲人了解事态，并且体谅员工。

2）依旧信任

作为员工，他如果出现了失误，除了愧疚自责之外，还会怀疑领导是否会像之前那么信任他。而作为一个聪明的管理者，在员工出现差错之后依然要保持对他的信任，可以一起研究出现差错的原因，提出改良意见，要表明在今后的工作中，依然会像从前那样信任他。

3）慰问下属

在痛斥完属下的当天晚上，管理者可以打个电话或者发条短信进行慰问，慰问的内容要真诚，譬如，"白天我火气太大，说了些重话，希望不会影响到你工作的情绪"。简短的一句慰问，让员工会心存感激地认为：虽然领导毫不留情地批评了我，但也是用心良苦。

4) 责任共担

如果可能的话，管理者也给自己揽一份责任，与员工共担当，减轻他的压力，更加赢得他的信任。

2. 给员工留一条出路

在社会洪流中，每个人都无法独善其身，随时随地都要与人交往沟通，"予人玫瑰，手有余香"，我们都知道，予人方便就是给自己方便，因此我们在做事的时候，不仅仅要考虑到自身的利益，还要考虑到别人的利益。

【事例】

两个管理者在一起聊天，其中一个管理者向另一个管理者聊起 90 后员工，不无感慨地说："现在的小孩真会来事。"

一听 90 后这个字眼，另一个管理者立马来了兴趣，于是问道："怎么？"

那名管理者喝了口茶，说道："我们公司新来了个 90 后员工，94 年的，长得可嫩了，就是禁不起打击……上次他做报表出了点错，我不过就是把他叫到办公室训了一顿，结果，嘿！他第二天直接不来上班了，我打电话给他，你猜他怎么说？"另一个管理者摇摇头，这个管理者接着说："他说昨天被骂觉得很没面子，在其他同事面前抬不起头。"

另一个管理者哈哈大笑，却听那个管理者又说："这还不止，他说我让他没面子，他也要让我试试这种感觉，说什么领导和员工是平等的，我一听又好气又好笑，偏偏他说话乐呵呵的，我都没脾气了。"

另一个管理者又问："那后来呢？"

"后来他下午又来了，我心里有点气，就说'你不是觉得丢人吗？怎么又来了？'他反而得意扬扬地说'给老板留条后路，日后好相见呗。'……你不知道，我当时气着气着就乐了，唉，现在的 90 后，比我们那个时候跳脱多了，偏偏有时候又感觉挺有趣的。"

另一个管理者意味深长地点点头说："深有同感。"

对待 90 后员工，一定不能把路堵死。管理者管理员工，本来是为了让员工给企业创造价值、实现双赢，而不是为了堵住员工的出路，那样只会把员工管"死"。因此，不管员工犯下什么错误，只要其出发点是好的，管理者就应该给员工留一条出路，最终员工能够体会到领导的用心。

很多管理者可能会发现，越和 90 后接触，就会发现他们身上越多的共性：率真、勇气、滑稽、无厘头、图享受……

管理者要是用传统的管理方法对待 90 后员工，无疑是不给自己留后路，在这点上，很多 90 后做得比管理者还要好。

【事例】

有个 90 后员工，在某家公司工作，因为做错了事，被领导批评了、惩罚了，他把工作一推，坐在凳子上发呆，老板问："你这是在干吗？"他理所当然地说："我在反思，我工作出错了，应该多多反思。"老板直接无语，心想：不想工作就不想工作吧，还说得这么冠冕堂皇，这种员工不要也罢。

当天下班，这名员工主动请老板吃饭，就员工大食堂，5 块钱 4 菜一汤的那种，员工乐呵呵地帮老板刷了饭卡，饭桌上，又是赔礼又是道歉。老板想：这小子终于醒悟了。可员工接下来的话就让老板愣了："林总，我知道我工作上出现那种错误不对，所以这顿饭也是想请你消消气，我保证以后不会再犯同样的错误了，怎么样？"

老板一听，很满意，知错悔改，有前途，老板当下决定给他留一条后路。当天老板回家，躺在床上转念一想，不对，这员工请吃饭分明别有深意啊，他下午毫不留情地臭骂了他一顿，他竟然还能心平气和地请自己吃饭，分明是在给自己这个老板留后路啊，啧啧，自己竟然连一个小孩的胸襟都比不过……

那之后，老板再也没有那么重地责罚过员工，他觉得，这个 90 后员工给他上了一堂生动的课。

俗话说得好：给他人留一条出路，也是在给自己留一条出路。对待员工的错误，当严则严，该松则松，有些事看似已经无法收拾了，其实还是可以松一松的，给员工留后路，其实已经向员工指出了问题的严重性。一间黑屋子，被密封得严严实实，想要打开一扇窗透进一丝光，不妨打开一扇门。批评员工也是，没有必要吵到你死我活的地步，问题总是可以化解的。所以，对待员工宽容一点，给他们留点出路，自己才会多点出路。

第7章

激励管理，点燃激情

学前提示

人的需求是多层次的，物质需求只是最低层次的需求，企业通过激励，可以促燃员工的工作激情，如何激励员工为组织奋斗不息是管理者应该思考的问题。

要点展示

激励管理的意义

激励管理的 11 大绝招

7.1　激励管理的意义

　　激励，是管理艺术的核心。在企业中，员工是企业生产的主力，每个人都希望在企业工作中获得认可，点燃员工的工作热情，激发员工的潜在能量，员工的尽心竭力便是公司发展的不竭驱动力。

　　当下，企业的竞争不再是经济实力的单项比拼，而是企业团队人才间软实力的较量。随着越来越多的 90 后渐渐步入职场，企业也慢慢将重心放在培养新生代人才上面。90 后成长于经济与思想同时开发的年代，因此他们敢于创新、乐于接受新鲜事物、活泼又有朝气，不久的将来，职场将会是 90 后的天下。

　　因此，想要留住新生代员工，企业更要懂得如何激励员工，令其更好地协作，这样的员工才能为企业所用，企业文化才能被员工所认可，企业的向心力和凝聚力才能得到体现。很多公司的 CEO 和最高管理层并不是真正的技术专家，而是善于用激励的方式让员工愿意为公司卖命的人。

7.1.1　什么是激励管理

　　什么是激励？

　　激励就是激发鼓励，在管理学中，激励的含义主要是指通过满足人们生理的、心理的某种需要，激发员工的工作热情，挖掘员工的内在动力，朝着所期望的目标采取行动的过程。

　　激励是为了调动人们的积极性、主动性和创造性，使其为了满足正当的、合理的需要，把潜在的能力发挥出来。从管理的角度来说，上层领导激励下属，就是要激发和鼓励下属朝着组织所期望的目标表现出积极主动的、符合要求的工作行为。

　　近年来，激励管理作为开发和管理人力资源的一个重要方法，已经被越来越多的企业掌握运用。在各种激励理论中，都在传递着一个信息：激励是一个复杂的系统工程，没有单一的方法。在企业管理中，采取激励措施，有效地调动员工的工作积极性，使整个团队更有效地完成组织的目标，是每个管理者必须研究的课题。

　　具体而言，激励可以从以下两个角度理解。

　　(1) 从外部诱因来看，激励就是将外部适当的刺激转化为内在动力，从而强化人的行为、提高人的工作激情。外部的适当刺激包括：薪酬、福利、晋升、培训等。这种激励也可以称为硬性激励。

　　(2) 从内部状态来看，激励即指获得某种心理上的暗示，从而产生目标导向动机，提高员工的工作效率。内部的心理满足包括：情感激励、目标激励、榜样激励等。这种激励也称为软性激励。

　　两者的区别在于：从人的内在心理和外部行为过程来看，激励主要指由一定的刺激(或先天需求)激发人的某种动机，外部诱因是一种工具，是可以借助他人的平台，获得经验和实施自己的手段；而内在心理暗示则是一种情感刺激，是难以效仿的，只能参考，然后根据自身领悟，结合实际情况得出某种特定的行为方式。

而因先天需要或经刺激产生的需要，能够激发员工的工作动机，从而产生有效的行为达到组织为满足需要而制定的目标，这就是人类行为模式，如下图所示。

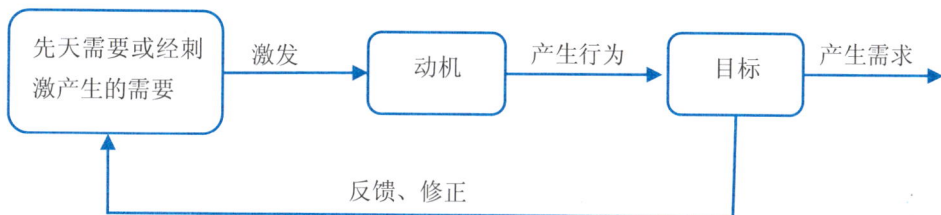

7.1.2 激励的根本原则

在古今中外，不论什么领导，都不同程度地采取过各类激励措施，达到收拢人心、让组织团结一致的目的。下面介绍激励的根本原则。

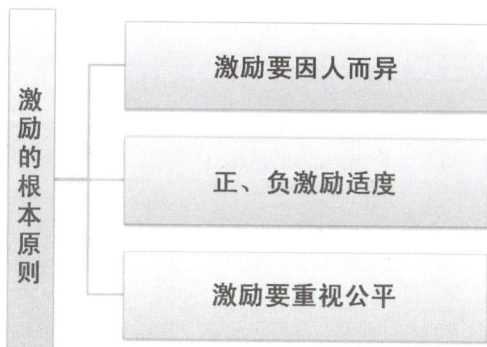

1. 激励要因人而异

每个员工的需求不一样，而同一员工，在不同时间或环境下，追求的目标也不一样。真正有效的激励手段，要从满足员工的心灵需求出发，相同的激励措施在员工的不同需求下，起到的激励效果也不相同。

激励要因人而异，简单地说，要区分不同员工的性格，在不同时期灵活运用不同的激励手段去满足员工的需求。每个管理者心中要有把"称"，在实施激励政策时，先要明白被激励者需要什么，然后再制定相应的激励政策，帮助被激励者实现其需求。

对于 90 后，管理者更要积极地琢磨分析他们的心态，用他们的思维，感受他们的情绪，再结合个人差异化，实施不同的激励措施。

2．正、负激励适度

无论是正激励，还是负激励，激励不适度都会影响激励效果，并且增加激励成本。因此，激励的尺度要把握准确，在一定的范围内波动。

正激励过重会使员工产生骄傲和自满的情绪，进而失去进一步提升自己的欲望；正激励过轻会让员工心理产生落差感，觉得不被公司重视。

负激励过重会让员工感到不公平，或者失去对企业的认同，严重的会产生怠工或逆反心理；负激励过轻会让员工轻视自己犯下错误的严重性，从而可能还会犯同样的错误。

对于 90 后而言，不管是正激励，还是负激励，都是行之有效的激励方式，管理者最容易忽略的一点，往往是对员工的需求采取忽视、冷落的处理方式。日本科学家曾做过实验，划等分的三杯水，一杯每天注水，一杯每天消耗水，还有一杯被置之不理，最后最先变味的恰恰是被冷落的那杯。90 后员工就如同一杯水，"注水"或者"消耗水"，都是管理者用智慧来软化冲突的一种体现。管理者们，千万不要让你的 90 后员工成为被冷落的那杯水。

3．激励要重视公平

任何一个企业，都不能忽视公平的重要性。公平，是员工管理中的一个很重要的原则。无论员工感到何种不公平事物，都会影响其工作效率和情绪，这也直接影响到激励效果。用一种公平的心态处理员工的问题，是对自己，也是对员工的负责，任何的偏见和喜好，都不应该带到工作中来。一视同仁，是管理者在管理活动中的必修课。

无论哪一代人，都无法容忍不公平的事物。

如今这样一个新兴时代，背负着信息化进展的庞大使命，造就了一波喜欢争论、不甘示弱的 90 后，若是"不公"一词落进了他们眼中，或者"不公"的事物发生在他们身上，甚至只是某个瞬间管理者的"不公"不小心"惹"到他了而已。很有可能，企业面临被"炒鱿鱼"的危机，只是有些管理者犹不自知，总以为这样一波初出茅庐的小娃娃，无法肩挑大梁。

7.2　激励管理的 11 大绝招

激励，能激发人的潜力。人的潜力是非常大的，同样的时间可完成很多事情，反之也可完成少量的事情。企业如果善于采用激励的方式激发员工，不仅能够提高员工的斗志，让其有意识地完成工作目标，还能让员工从中获得成就感，为企业带来与之付出成正比的企业效益，实现双赢。简单地说，领导的奥妙就在于如何激发全体员工的工作热情。

激励管理的方法很多，下面向的大家介绍激励管理的 11 大绝招。

- 赏罚激励，最基本的需求
- 尊重激励，内心树立意识
- 赞美激励，足以感化人心
- 示范激励，正人首先正己
- 榜样激励，力量是无穷的
- 荣誉激励，激情的催化剂
- 竞争激励，领悟生存价值
- 培训激励，员工的金饭碗
- 晋升激励，鼓舞员工士气
- 兴趣激励，带来活力源泉
- 危机激励，灌输危机观念

激励管理的
11大绝招

7.2.1 赏罚激励，最基本的需求

提到激励，人们最先想到的就是赏罚激励，赏罚激励在企业中应用得最广泛，下面通过几个事例看看赏罚激励在企业管理中的应用。

1. 赏罚要从员工需求上考虑

【事例】

一位 90 后朋友辞职，他之前是在一家国企工作，国企待遇不错，压力虽然有，但是他干劲十足，对于自己的第一份工作，想要认真对待，干得有些玩命。"既然认真过，为什么会突然辞职？能够处在一种激情四射且充满干劲的工作状态中，其实是一种充实的表现。"

"几个月前，我有点激动，我的工资条中，在绩效奖励一栏里多出了 400 块钱，可……你知道我那个月是怎么过的吗？得过且过，消极怠工，但工资里却给我发了400 块奖励。想想觉得挺讽刺。在那之前，我每天拼死拼活地干，我从来没这么认真过，做梦都是工作，那种兴奋的心情你肯定也体会过，那样的状态下，我满怀期待，想得到领导的夸奖，公司却给我扣了奖金，理由是什么我也不记得了……我不明白，我拼命努力的时候，公司为什么看不到我的努力，我被打击得很厉害，我对公司的制度产生了怀疑，是否我身边的同事也是一样，绩效不能真实地反映工作努力程度，那这种努力有什么意义？"

振聋发聩的答案，值得公司的管理层深思。

这几年，越来越多的管理者意识到，单纯的赏罚机制已经不足以用来管人，尤其面对逐步走进职场大舞台的 90 后，他们对于实现自身价值的愿望，已经建立在一种新鲜刺激外的内心需求上。奖与罚，倘若不能满足员工的真正需求，一切都是毫无意义的。

一家大型的医药企业，在一次内部培训活动中，管理者面对一群 90 后、80 后员工，展开"员工需求"的调查，这是每一期培训都会制作和调查的问卷。这十几个问题充满针对性，分为金钱需求、生活条件需求、发展前景和工作氛围几大类，每个人可以选择其中最想要的 3 项。结果显示，70%的 90 后倾向于金钱需求和工作氛围需求，而 80 后则相对倾向于金钱需求和发展前景。在金钱需求中，"设置奖励制度"比"加薪"更让员工振奋。

由此可以看出，赏罚激励在任何一个企业，任何一个时期都不过时，关键是企业管理者制定的赏罚激励是否足够吸引员工，足够满足员工对自我价值实现的需求。

工作，除了实现自我价值以外，还有一种结果是为了生存。每个人都要和金钱打交道，金钱提供给人们物质保障，没有金钱，人类无法生存。而在企业管理中，赏罚激励是最基础、最常用的一种激励方式。提到激励，管理者们首先想到的往往是金钱激励，这是几千年人类传承下来的惯性思维。

2. 赏罚激励要运动恰当

【事例】

走在英国街头，可以看到英国人的肥胖问题已经十分严重。根据专项调查报告显示，欧洲国家中，英国快成为最胖的国家了。为此，英国政府不惜花重金帮国民减肥。

英国政府就如同一个企业，企业里的员工就像英国的肥胖公民。在这起全民减肥的浪潮中，英国政府起到了重要作用，而英国政府采取了一个长期战略形势：肥胖者减肥和定期做运动，将获得现金方面的奖励。政府鼓励企业以现金和其他奖赏形式举行比赛，表彰那些注重健康饮食和健康生活的员工。公司还在员工中开展减肥竞赛，向接受减肥的员工提供奖励。在英国的许多企业里，减肥已经成了一种商业文化，既有奖励的一面，也有惩处的一面。

英国政府巧妙地抓住了人类需求心理，英国人几乎都能有这样的感知，肥胖消耗物资和金钱，减肥却能换来金钱和健康，在这样的差异对比下，很容易就激发出肥胖者减肥的信念和决心。

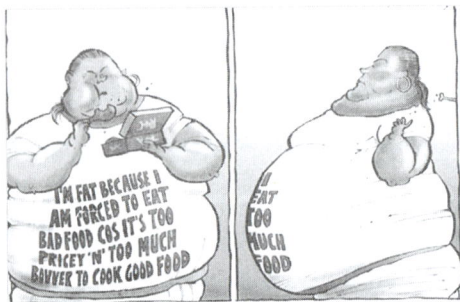

赏罚激励用得恰当，能适时起到很好的正面效果，但如果用得不到位，就有可

能适得其反。

赏与罚能产生不同的激励作用：一方面，适时的奖赏对员工来说能起到肯定、激励和鼓舞的作用；另一方面，必要的惩罚能起到纠正、警示的作用，让员工得知自己的错误和不足，努力提升。同时，恰当的惩罚能给受罚者以外的人带来激励，可以防微杜渐，及时审视自己。相对于赏，罚的运用技巧更为微妙，一般多以奖励的激励为主。但一个赏罚分明的管理者，必然更能取信于员工，赏罚得当，相辅相成，能使人进有所得，退有所失。

3．制定奖罚制度

看了以上两个事例，我们知道赏罚激励是一种有效的激励措施，下面让我们从几个方面来讨论一下如何制定奖惩制度。

1）做好前期调查

在制定奖罚制度之前，对员工进行系统的调查，获得员工的价值观取向，以及他们想要获得奖赏的方式。

2）让员工们参与

在设计奖罚激励制度的过程中，创建一个员工专责小组，或者指定员工代表加入到方案制度项目，让员工参与到整个过程中。

3）要保持持续性

奖罚制度开始实施后，公司要确保方案的持续性，对于一个企业来说，最糟糕的事情便是大张旗鼓地开始实施一套方案，但一段时间过去后，便被人遗忘。保持方案的持续性，是检验一个企业执行效率的重要体现。

4）不同奖罚形式

为员工量身定做奖赏方案，可以发送简单的贺卡，让员工们会感受到真诚和意外的愉悦感，并且可以让企业与员工更加亲近。也可以考虑加入一些当地餐厅、电影院或是其他娱乐项目的礼品卡，还可以通过延长午餐时间或增加一天带薪休假。

对于那些表现出色并帮助企业实现卓越业绩的员工，给予特定的奖励。

对于惩罚制度，每个公司大同小异，惩罚制度在一定基础上也能促进员工的积极性，所以企业要灵活运用。

5) 评估方案效果

在初步调研和实施阶段开始后，不要停止与员工的交流。和员工一起对方案进行定期检查，以确保它的有效性，同时看哪些方面可以改进。

7.2.2　尊重激励，内心树立意识

尊重是一种最人性化、最有效的激励方式。90 后员工需要尊重，如果管理者能够发自内心地去尊重每一个员工，一定会收到意想不到的效果。

【事例】

有一天，日本著名企业家松下幸之助与员工在公司的餐厅里就餐，大家都点了牛排。吃完主餐后，松下让助理去请烹调牛排的主厨过来。"不是找经理，找主厨。"助理一看，松下幸之助面前的牛排几乎没动过，他猜想松下可能是要批评主厨牛排做得不好吃。主厨很快来了，在他面前的是松下总裁松下幸之助先生，他知道，所以他很紧张。

主厨怀着忐忑不安的心情，做好挨批的准备站在松下面前，松下说："你做的牛排很好吃。只是我今天胃口不是很好，所以只吃了一点。我找你来说清楚，怕你会错以为自己做的牛排不好吃，其实你的厨艺很棒。"听了这话，大家都面面相觑，过了好一会儿，才明白这是怎么一回事。

"我当面跟他解释，是怕他看到我吃了一点的牛排被送回厨房，心里会很难过。"管理者如何赢人心？就是在某些巧妙的机遇下，从细节上入手让员工感受到你的人格、你的独具一格。可以想象，假设你是主厨，听到松下先生这么说，会是什么感受？是不是会感到备受尊重？

还有一次，松下对自己的管理人员说："我个人要做很多决定，并要批准他人的很多决定。实际上只有 40%的决策是我真正认同的，余下的 60%是我有所保留的，或我觉得过得去的。"

管理人员不解，他觉得只要是松下不同意的事，完全可以否决。

"你不可以对任何事都说'不'，对于那些你认为算是过得去的计划，你大可在实际过程中指导他们，使他们重新回到你所预期的轨迹。我想一个领导人有时应该接受他不喜欢的事，因为任何人都不喜欢被否定。"

尊重员工，不仅是松下的领导风格，也是松下的人格魅力。有多少员工愿意为这样的老板做事？人人都希望自己有稳定的社会地位，个人的能力和成就得到社会的认可。尊重不仅能使员工对自己充满信心，积极投入到工作中，体验自己活着的

价值，还能激发员工的潜力。

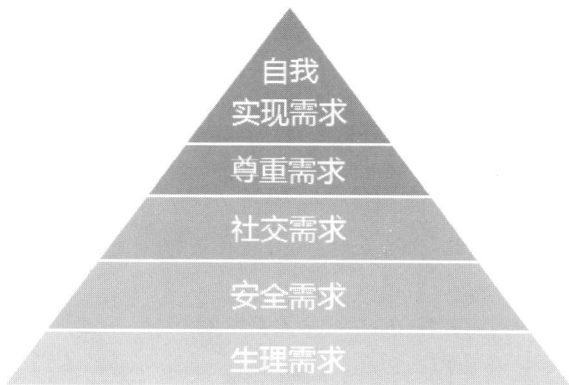

美国犹太裔人本主义心理学家亚伯拉罕·马斯洛 1943 年在《人类激励理论》一书中提出需要层次论，将人类的需求像阶梯一样从低到高按层次分为 5 种，这 5 种需求分别是：生理需求、安全需求、社交需求、尊重需求和自我实现需求。人类激励理论是行为科学理论之一，尊重是第 4 级需求。

尊重需求是自尊以及来自他人的尊重。在管理心理学中，尊重是指管理者以平等的态度、人的情感，对待每一个员工，它包括信任、尊重和支持 3 个方面。信任是尊重的基础，也是尊重的表现。员工受到领导的信任本身就受到了一种激励。尊重包括很多方面，尊重他人的人格、自尊心，尊重他们的进取心，尊重他们的独立自主性，尊重他们埋藏在缺点中的闪光点。

研究表明，人人需要尊重。让员工从事的工作能够体现自我价值，也是满足员工对尊重的需要。

在企业管理中，管理者让员工去做一件事，用指示、命令的口吻与支持、肯定的口吻表述出来的话语的效果完全不一样。你是希望他充满激情、发自内心地用实际行动表达对管理者的敬意去工作，还是希望他灰心丧气、带着怨气和不服的态度去工作？千万不要小看尊重的激励作用。

下面让我们看看尊重激励法有哪些要点。

1．尊重员工的人格

指手画脚，员工犯点小错误就横加指责，这是管理者的大忌。有的员工性格内向，平时做事喜欢默默无闻、埋头苦干；有的员工相对热情洒脱一些，做事风风火火、得益有道；有的喜欢和有人情味一点的领导相处；有的习惯于用数字说话。但无论对待哪一种类型的员工，管理者都要公平慎重，不能因自我主观意识或者心情不好而将怒火发泄到员工身上，劈头盖脸、大肆指责的方式往往让员工无地自容。发布任务的时候，不要用命令的口吻，大度从容是一种修为。在员工出色地完成一项工作时，一句"谢谢"能换来丰厚的回报。

这个社会，员工不仅仅是一名单纯的员工，每一个人的潜力都是不可限量的，他不是机器，不是木头，有思想有意识有自己的主观能动性，"诋毁"一词是将他们的人格尊严踩在脚底。任何管理者，都不要拿员工的人格开玩笑，嘲弄、讽刺会让员工备感冷落，极大地影响他的工作热情，让企业失去一份最重要、最有价值的财富。

2. 重视员工的才能

在管理者的印象中，90后员工思想前卫、反常规又讲究个性，敏感、自私又早熟。但实际上，他们好奇心强、接受新生事物能力强，很多人都有一技之长，他们信奉"天生我材必有用"。

管理者要重视挖掘员工的潜力，每个员工都是一支潜力股，尤其是普遍被评价为"幼稚"的90后。多了解、多观察，你会发现他们身上有很多闪光点。

重视员工的才能，就是给予他们尊重，给予他们尊重，才能让他们在工作中更有激情。当员工在工作上犯了错误后，请多多鼓励，许多人的才能是在日常工作中慢慢挖掘出来的。

3. 听取员工的意见

面对员工，管理者有优势，年龄决定了他们丰富的人生阅历，职场打拼决定他们积累大量工作经验，职位决定他们的职能和权力，很多管理者"戎马战场"，练就一身本领。以前领导者习惯"霸气"的行事风格，做决策往往一锤定音，这种犀利风格不仅是一种能力的代表，也是一种权威的代表。

可是，越来越多的员工喜欢站出来发表观点，尤其现在的90后，个性鲜明，对于工作指令，首先会加以判断，从来不会逆来顺受，遇到矛盾和冲突，有些意见憋在心里不吐不快，和领导针尖对麦芒地对着干也是常有的事。

这时，管理者是否需要停下来思考一会，听取员工意见这一项是否应该列入行事历程中？多元化的时代，多元化的交流，尝试让员工发表看法、认真听取员工意见并且积极地给予回应，也是尊重的体现。90 后小周表示："当我提出自己的意见时，如果领导认真听取，并且心平气和地和我交流，我会觉得领导是可信任的，他懂得尊重我，让我对这个组织有一种归属感。"

交流中也许会有代沟，员工表达的方式不同会产生不同的效果，但是管理者要有耐心，注意提炼两点信息：一是员工表达的内容，二是员工表达的情绪。无论如何，不要生硬地拒绝员工或者中途打断他们的建议，这样不仅打击他们的积极性，也让员工觉得不被尊重。

4．要学会一视同仁

人容易受主观意识影响，作为一名管理者，不能被自己的主观意识左右，学会对每一个员工一视同仁。在这个世界上，每个人都是一个独立的个体，每个人都有被平等对待的权利。

分配任务和利益时，不要因为关系好坏而分布不均。对待生理有缺陷的员工，不能当众或背后取笑。

一个管理者能否恰当地运用尊重激励法，是他修养、素质的体现。尊重员工，做到为人谦逊、随和、低调、有礼貌，平等地对待每一个员工。在一个企业中，无论管理者的权力、学历、职位有多高，都要依靠团队协作才能成事。尊重员工，这样才能促使他们积极思索，锐意进取。

7.2.3　赞美激励，足以感化人心

每个人都渴望赞美，有时候，好员工不是"管"出来的，而是"夸"出来的，因此赞美激励在企业中有着很重要的作用。

1. 赞美能够鼓舞人心

【事例】

1921 年，查尔斯·史考伯担任美国钢铁公司的第一任总裁，安德鲁·卡耐基1919 年去世了，他的年薪是 100 万美元。他能够得到这么高的薪水，是因为他跟员工相处的本领。

"我认为，我拥有的最大的资产，就是我能把员工鼓舞起来。我信奉一个法则，要让一个人善尽其才，最重要的，就是懂得给予赞赏和鼓励。"史考伯说，"我从来不批评任何人，天下最会使人颓丧不振、冲劲全失的，就是上司的批评和责骂，它能轻易抹杀一个人的雄心。我赞成鼓励别人的工作，如果碰上我喜欢的事，从不吝啬夸赞和褒奖。"

一句普普通通的赞美，改变了史考伯，也改变了在他手下做事的员工。

人人都有双重需要，即被赞美和去赞美别人，对于一个管理者来说，真诚的赞美会触动每一个员工。有些领导人在工作中碰到不顺心的事，就把下属批评得一塌糊涂，而碰到认可的事，却又一言不发，对员工吝于赞美。这对下属的成长和团队的发展是没有好处的。

试想一下，一个 90 后员工，刚进你们公司没多久，某一天，他因为在销售工作上取得了一点成就，屁颠屁颠地跑来向你报喜，结果，你却淡淡地说："上个月小王的业绩是你的两倍，小青，你还要继续努力呀，好好向小王学习，提高销售技巧，抓住更多顾客。"你说的也许是实话，但是这么一句实话却大大地打击了小青的信心，他乘兴而来，却败兴而归，可能一连好几天都神情沮丧，失去工作斗志。

对小青来说，赞美是鼓励他的最佳方式。在他心目中，没有什么比领导的赞赏更让他激动了。赞美是有艺术的，不仅需要合适的方式表达，还要有洞察力和创造力。

所以，面对小青这种心思细腻，又积极上进的 90 后，你应该称赞一句，"小青，你真是好样的，比起之前的成绩，你进步了很多，我为你感到高兴，继续努力，争取超越小王。"不仅认可了他的努力，让他得到了快乐和满足，还为他树立了榜样，让他有了进一步前进的动力。

对员工来说，在工作上取得少许成就，就像小时候期末考试拿奖一样，每次捧着奖状回家，都期盼着得到父母的一句衷心的赞赏。作为一名管理者，当下属取得成绩时，要及时给予赞赏和肯定，让他觉得你为他的成绩而高兴，这样，他的工作热情才会更加高涨。

工作过程中，想要调动员工的热情，赞美是必不可少的一种手段。每一个员工有自己的追求、上进心和积极性，无论是在哪一个方面，哪怕只是做出了一个微乎其微的小贡献，管理者也要及时、诚恳地献上赞许的语言。高度认可的评价和真诚的鼓励会唤醒员工想再次听到赞美的念头，在潜意识里，积极主动的后继行为也会被强化。

不管是员工，还是管理者，都希望听到别人一句赞美的话。赞美是什么？赞美不是虚伪的奉承，不是夸大其词的吹捧，赞美也不是一味地宽容，赞美是真诚的鼓励，赞美是一种鞭策。马克·吐温说过：听到一句得体的称赞，能使他陶醉好几个月。

2．批评要适度

【事例】

彼得·巴勒是马戏团的驯兽师，他做过一个类似的动物实验。

第一种方法，在小狗参加训练表演的过程中，当小狗做错某个动作时，巴勒马上对小狗进行责骂和鞭打，用这种方式，让它记住做错事时会受到教训；而当它做对时，巴勒却没有任何的表示。

第二种方法，在训练过程中，当小狗做对了某个表演动作时，就算只有一点点的进步，巴勒都会上前去轻轻地抚摸它，给予安慰，对它进行一番赞赏，或者赏它一块肉，并逗它一会儿，就当成对它认真态度的嘉奖。

通过以上两种方法，巴勒发现，后者比前者训练得效果要好很多，小狗不仅更易掌握各种表演动作,而且也更加愿意配合驯兽师。

从那以后,巴勒就经常使用后一种方法来训练各种动物表演。大家都知道,巴勒使用的并非什么复杂难懂的方法。自古以来,驯兽师都是用这种方法来驯服各种凶禽野兽,并教会了它们各种杂耍的技巧。

这个事例告诉我们:褒奖的效果比惩罚要好很多,一味地进行批评是不会出现好效果的。

经过反复的赞美激励,能让人偶然性的外在行动演变成内在的持久行为。许多人对自己不了解,看不到自己的长处、特点,甚至包括很多细小的优势和特长,有些优势和特长还处在萌芽阶段,如果管理者能够发现这些,就能够通过赞美,激发员工的积极性和上进心,起到一种让对方加强优势、强化特长的效果。

心理学家赫洛克曾经做过这样一个实验:被试验者分为 4 组,这 4 组在不同的诱因下分别完成任务。

第 1 组——表扬组,每次工作之后就给予表扬与鼓励。

第 2 组——受训组,每次工作之后就对他们严加训斥、指责。

第 3 组——被忽视组,试验过程中,不对其进行评价,只让他们静静地听上面两组受表扬与挨批评。

第 4 组——控制组,让他们和前 3 组隔离开来,不给予任何评价。

实验结果显示,前 3 组的工作成绩都比最后一组控制组要优秀,表扬组与训斥组要比被忽视组优秀,而表扬组又比受训组要优秀,且成绩属于不断上升阶段。

这个实验说明,在员工工作过程中,管理者对于员工的工作结果及时给予评价,能够强化他们的工作动机,对工作有帮助和促进的作用。而适当的表扬,其效果明显比批评要好。将员工冷落忽视,不给予任何评价,比给予批评效果要差。

因此,赞美是激励下属的有效方法之一。很多管理者抱怨,现在很多年轻员工缺乏良好的抗压受训的心态,心灵太脆弱,一点点打击都受不了,耐压性太差。是的，年轻员工受不了打击，很大一部分原因是因为管理者做出的指示和他们心目中的期望不成正比，或存在一定程度的偏颇。

80 后抗压性自然比 90 后要强，因为他们工作时间长，有经验，有本领，长期处于支配—从属关系中，早就在工作中培养出专业的职业素养和良好的工作习惯。而 90 后，这一新新人类，能够达成管理者心目中既定标准的，还是少数。

但是不要忽略了，90 后并不是在老一辈期望的环境中成长起来的，那种传统的古朴的思想，没能传达到 90 后的内心，没有根深蒂固。他们需要的，是一种短期交换关系，不仅仅是物质交换，而是在一种趋近于平等的劳动关系中体现出的价值交换。

比如，员工完成一项工作，他心目中的期望是及时完成，或者哪怕没有按时完成，但是相对于上一次的结果，他达标了两倍，那么这个时候，他心目中就计算出了某种期望达成值。他想领导也会注意到这一点，不一定要全部赞赏，但是至少要注意到他的某个闪光点。于是，他去找领导了，做好心理准备，迎接批评的同时，更加期待领导的肯定。

很多管理者，不懂先礼后兵的说话技巧，语气生硬，太过直白，或者只看到员工的不足之处，帮他们指出不足是一种仁慈，员工下次不会犯同样的错误，会感激他，然而管理者忽略了每个人心目中的期待值是不一样的，一泼冷水直接浇灌而下，很容易打击到员工的自信心。

因此，批评员工要适度，否则容易让员工一蹶不振，从而影响到公司进步。

3．赞美激励的措施

赞美是人际关系的润滑剂，是一种非常有效的激励手段，那么管理者应该如何赞美员工呢？

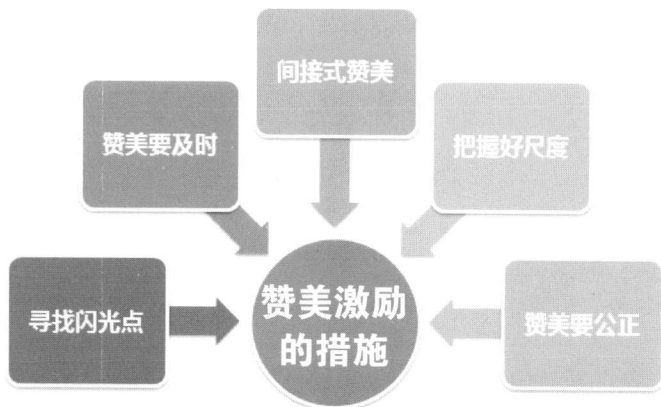

1）寻找闪光点

赞美的前提是员工身上有值得赞美的地方，因此赞美的第一步——寻找员工的闪光点。每个人都有优点和缺点，除了工作上可以量化的成绩外，员工本身就存在很多闪光点，管理这样要细心观察，找出员工身上隐藏的闪光点。

2）赞美要及时

如果员工出色地完成了任务或者达成有关工作目标，管理者要及时给予适当的表扬和赞美，如果员工完成得并不理想，在批评的同时，一定要回过去看看，是否有值得赞扬的地方，一定有的，只要你足够细心和耐心。批评能够帮助员工改正错误，但是赞美却可以让员工失落的心立刻"死灰复燃"，每一次赞美背后，都有员工的一次进步。

3）间接式赞美

间接式赞美是指管理者在第三者面前赞美员工。当着员工的面赞美能够起到一定的激励效果，但这并不是最好的效果，如果赞美是通过第三人的口转述给员工，那么这个效果一定会很好，被赞美的员工一定会觉得这是最真诚、发自内心的赞美，因此就大大激发了员工的工作热情。

4）把握好尺度

赞美也要把握好尺度，既不能过多地表扬，也不能不表扬。

过多地表扬会助长员工的虚荣心理，有点成绩就表扬，让员工喜怒溢于言表，不仅会引起其他员工的不满，还有可能造成员工自身骄傲自满，反而影响工作效率。

因此管理者在表扬员工的时候，要张弛有度，不要过分地表扬，适当的表扬能够增进与员工之间的感情，也能激发员工的工作热情。

5）赞美要公正

在企业管理中，不少管理者无法摆脱自我偏见和束缚，对不喜欢的员工做出成绩往往会冷淡处理，对喜欢的员工就多加偏袒，这样最容易引起员工的不满，还会激化员工内部矛盾，因此，作为一个明智的管理者，要做到公正，不管是公正地指出员工的缺点，还是公正地赞美优秀的员工。

7.2.4　示范激励，正人首先正己

一个管理者，想要员工达到什么样的标准，就要用什么样的标准去要求自己，下面通过几个事例看看领导示范在企业管理中的作用。

1．不要轻视领导的影响力

【事例】

一家为员工提供食宿的大型企业，管理层最近在讨论这样一个问题：如何加强员工锻炼意识，提升运动场的利用率，改善全公司新老员工的健康状况。该公司设有专门的运动场所，羽毛球、乒乓球、室外篮球、室内台球……场地宽阔，运动种类丰富。然而管理者发现，每天下班，除了一些新员工会出现在运动场之外，大部

分老员工选择"蜗居"在寝室，看电视，玩游戏……

管理者注意到这种现象后，组织了一次会议，分析讨论如何提高员工自发锻炼的动力，以往公司会定期开展体育竞赛、制定一些运动标准，但总是收效甚微，员工的自主性与公司的运动标准搭不上边，而且公司也不能强制员工进行体育锻炼。在这个时候，有人提出，让高层领导做出楷模和表率。

接下来的一段时间，每晚都能看到公司的高层领导，在运动场挥洒汗水，最高领导人喜欢打羽毛球，公司的"二把手"喜欢玩台球，还有的领导喜欢玩乒乓球……一时这个消息在员工之间传开，一个星期之后，运动场渐渐加入了新的面孔，很多极少参与运动的员工也加入了这些队伍。长此下去，公司的运动场地供不应求，管理者也不用每天出面做表率，偶尔"与民同乐"一下就行了。

一个团队的执行是否有效，领导带头是关键，成员全部参与是基础。作为一名管理者，不管是被委派、选举产生，还是受聘而来，一旦进入企业，就拥有了管理的职责，管理者的主要职责除了管理团队、制定战略，还有一个重要的工作就是带头执行，为团队成员做出表率，"以身作则，身先士卒"。

电视剧《亮剑》里的李云龙在这方面做得很出色，他不仅是全队战略的制定者，也是亲自带队、冲锋陷阵、英勇杀敌的表率者。

李云龙说："事实证明，一支具有优良传统的部队，往往具有培养英雄的土壤。团队的整体氛围是塑造成功个人的土壤。团队的灵魂是由组建这支团队的领导人注入的，团队的传统和性格，是由组建团队的领导人性格和气质决定的！"

一个优秀的领导者，能够影响一大批员工。影响方式是一种"肯定"的思维，管理者的操守和德行，能够带动员工的主观能动性，激发每个人的追随欲望，从而创造自我价值。作为领导者，其主要任务就是运用组织的目标与自身的人格魅力去感召员工，将自己能力和涵养修炼到一定高度是一门必修课。启发员工，让员工产生自我感知，找到希望和寄托，迸发工作的原动力，从而产生巨大的行动能量。可以说，没有追随者，领导人所赋予的职权和领导能力不过是一具空壳而已。

常言道：言传不如身教。在管理工作中，管理者应该"身正为范"，用自己的实际行动，为员工树立一个正面榜样。实践证明，管理者的身教示范比口头说教的威力要大得多。

王经理非常注重企业组织中管理者的榜样作用，因为她清楚，作为一个部门的负责人，其为人处世受到整个部门员工的关注。她说："假如一个领导常常迟到，上班时总是不打卡，下班时总是提前走，打起私人电话来没完没了，不时因喝咖啡而中断工作，那么，他的部下大概也会如法炮制。因为员工模仿的往往是经理的工作习惯和职业修养，而不管其工作习惯和职业修养是好还是坏。"

管理者带领员工，就像父母带孩子一样，父母的言行直接感染了孩子，如若不能做出好的示范，必定会在一个纯洁的孩子心灵上留下不可磨灭的阴影。

一位心理学家指出："当个体感知别人行为时，便产生实现同一行为的愿望，随之而来的便是模仿的趋向。"

领导者示范正是一种激励，具有以身作则、以德服人的作用，员工的模仿和趋从便是从这一作用感染下所产生的效果。从一定意义上说，组织的行为方式就是领导者的行为方式，有什么样的领导，就有什么样的企业文化，有什么样的企业文化，就有什么样的员工。

2. 苛刻的管理模式给员工带来压力

【事例】

位列世界 500 强的全球"代工大王"富士康，在 2007—2010 年期间，发生过多起"连环跳"事件。

富士康一直实行的是军事化管理政策，在韩庆峰的《轻有力》一书中写到："在郭台铭的血液里，有着军事管理的基因，富士康的文化就是研究如何在竞争力上高人一筹。"

所以在这样的高压控制环境下，员工之间缺乏关怀，不善交际。

书中有这样一段话："田玉在令人窒息的流水线上工作了一个月，一直没有交到朋友，不是她没有人缘，缺乏交际的能力……但是到富士康后，她发现人与人之间异常冷漠。"

领导的以身作则往往会体现在企业的文化中，企业的行为方式和领导者的行为方式密不可分。富士康的"连环跳"事件，无疑是为管理者对于自身行为准则树立方式敲响了一个警钟。

在当今青年人成长的环境中，尤其是 90 后，高压式的管理模式显然已经行不通，他们更向往平等、自由，向往与老一辈进行深入化的交流。管理者在以身作则同时，要时刻检点自己的言行举止，那些过时的行为准则要及时摒弃，示范本身就是激励，示范的成果决定于管理者的素质与修养。

要使领导者示范产生激励作用，不仅要靠真理的力量，还要靠领导者人格示范的力量。两者结合，才能产生良好的示范作用。因此，领导者的综合素质，在企业行为方式建设中越来越重要。

此外，管理者要诚实可靠，不要做一些虚假、败坏道德修养的事，长期潜移默化，才能够影响身边的人。

3. 管理者如何做到以身作则

那么，企业管理者应该如何做到以身作则？

1) 提高自我管理素质

每一个管理者都必须具备自我管理素质，只有拥有自我管理素质，才能克制自己的言行举止，才能最大限度地、理性地处理每一件事。

2) 培养自身专业技能

管理者作为企业的统帅，一定要具备比他人更多、更强的专业技能，否则如何让员工心服口服？

管理者具备优秀的专业技能，才能提高团队的综合竞争力，才能领导团队不断地向前进。

3) 有魄力还要讲诚信

想要取得员工的信赖，管理者必须具备丰富的专业理论知识和较高的综合素质能力，同时要树立自己的道德标准，办事讲究效率的同时也要讲究魄力，对待某些事，要说话算数、言出必行，否则只会失信于员工，无法达到以身作则的效果。

7.2.5 榜样激励，力量是无穷的

在任何组织中，模范员工都是一笔十分宝贵的财富，管理者要懂得利用这些宝贵的财富，来带动他人的积极性。

1. 树立一个好榜样

【事例】

美国心理学家阿尔伯特·班杜拉做过一个"榜样模仿实验"。

4～6岁的儿童被分成3组，分别观看一个成年男子暴打充气娃娃的影片。

第1组儿童看到这名成年男子受到奖励。

第2组儿童看到这名成年男子受到严厉惩罚。

第3组成年男子没有受到惩罚，也没有受到奖励。

接着，3组儿童被放进一间房间，里面放着同样的充气娃娃，结果发现，看到男子被奖励的那组儿童攻击行为最多，而看到男子受惩罚的那组儿童，攻击行为最少。这组心理学实验充分告诉了我们榜样的力量是巨大的。

一个优秀的管理者，要懂得在群体组织中树立榜样。班杜拉在社会学习理论中，将个体在观察、学习社会情景中某个人或团体行为的历程，称为模仿。模仿不但能使人形成新的行为，也可使原有的潜伏的行为得以表现，或使已有的行为得以加强或改变。管理者为员工树立榜样和标兵能够激发员工内在的潜力。

如果说领导的示范激励是纵向激励，那么在员工之间树立榜样激励就是横向激励。这两者激励应用于管理事务中，可以起到不同的效果。

在任何组织和企业中，模范员工都代表着一股重大的力量。心理学研究表明，这世上最富有模仿性的生物是人，人的大部分行为是模仿行为，而榜样则是模仿行为发生的关键。

树立一个好榜样，能够引起人们情感上的共鸣。榜样内在的感染、启迪和警醒功能，在企业管理中，发挥着重要的激励作用。

2. 树立榜样要结合实际需求

【事例】

孔子有两个学生，一个叫子路，一个叫子贡。两个人都喜欢行善积德。某天，子路救下一个掉进河里的小孩，小孩的家人送了一头牛来感激他，他将牛杀了和老师、同学一起分享，孔子说，"你做得很好，从此我们鲁国，会有更多人救落水的人。"

另一名学生子贡在楚国，发现有被卖到当地的鲁国人，他慷慨解囊，把人赎回来。鲁国当时有规定，在别国赎回鲁国人，赎金由国家负责，还要支付行善的人一笔钱，但是子贡却拒绝了。孔子知道后说，"子贡啊，你太不懂事了，从此我们国家从人贩子手里救出的鲁国人会越来越少。"

从子路到子贡，两者都是施善救人的典范，但是孔子对两者的评价却大相径庭。为什么？子路救人，收了牛肉，以后想吃牛肉的人都会去做好事。而子贡自己搭钱救人还拒绝奖励，这样的典范传出去，谁还愿意做这种事？

这两则故事告诉我们，管理者在为员工树立典范、标兵的时候，一定要考虑到与大众需求层次相配合的层面上去，否则榜样不但没有正激励作用，反而起到了反激励作用。

很多企业，期望员工能够与公司一起成长，提供更多的晋升机会给那些刚毕业的企业新人。为了实现这个目标，企业会在新人入职培训的时候，把某些优秀管理者的成长经历作为榜样宣传，鼓励员工在工作中不断学习，通过提升学力与能力来适应公司规模的快速发展。

3. 榜样激励的要点

公司如何利用榜样来激励员工呢？

1) 挖掘榜样员工

在公司层面来说，有着正面的、积极向上心态的、能够推动和引导部门或公司全员努力向前的榜样，是值得树立的。

榜样在成长初期，可能并没有惊人的事迹，但是他们会随着公司的主流意识而前进，有的人拥有极强的抗压能力，有的人拥有不可替代的工作技能，还有的人拥有极强的感召力，凡是贴合公司现阶段或未来一定时间职业道德或某方面发展需求的员工，都有被树立成榜样的潜在价值。不仅仅是业绩方面，管理者也要善于透过员工的言行了解他们的心理状态，奠定初期榜样模型。

2) 宣传榜样员工

先要确保榜样的事迹的真实性，然后管理者通过多种渠道，对榜样的事迹进行宣传，鉴于一些反面的典型，也可以适当宣传，起到警示作用。不对榜样进行宣传，就无法发挥榜样激人上进的作用。

3) 奖励榜样员工

奖励可以包括物质奖励，也可以包括精神奖励，如提拔、授权，这种无形的激励会激发员工的进取心。但是有些榜样树立之后，会因为企业提供的特殊待遇而让其他的员工产生嫉妒或反感情绪，因此在树立榜样时，管理者要注意避免榜样被孤立。

针对这种现象，管理者可以稳定榜样的心态，让榜样戒骄戒躁，多与员工亲近，不要有太大的心理反差，同时也可以安慰没有成为榜样的人，告诉他们只要努力，人人都有成为榜样的机会。

4) 进行经验培训

管理者可以让榜样员工给团队成员介绍经验或相应的培训。因为榜样是他人效仿的对象，所以榜样的言行很重要，就和管理者做示范鼓励一样，管理者在端正自己的时候，也要提醒榜样注意细节，避免被人抓"小辫子"。

7.2.6 荣誉激励，激情的催化剂

荣誉激励在企业管理中具有重要的作用，它能够满足人类自我实现的需求，是一种终极激励手段，下面通过几个事例看看荣誉激励的作用。

1. 荣誉激励能够鞭策员工

【事例】

美国某公司有一个"百分之百俱乐部"，当公司员工完成他的年度任务时，那名员工就被批准为该俱乐部的会员，同时，员工和他的家人都会被邀请参加隆重的聚会。因此，公司的雇员都将获得"百分之百俱乐部"会员资格作为第一目标，以获取那份光荣。

美国 IBM 公司就是利用荣誉激励的方式鼓励员工。

在企业管理中，荣誉也是一种激励，是指对员工的工作态度和贡献给予奖励的一种激励形式，把工作成绩与晋级、提升、评先进等联系起来，以一定的形式或名义标定下来，主要的方法是表扬、颁发荣誉证书、会议表彰、记功、休假、外出培训进修等。

荣誉是一种能够不断鞭策员工保持激情和发扬成绩的力量，还具有一定的感召力，激发比、学、赶、超的动力，从而产生较好的激励效果。

2. 荣誉激励满足自尊需求

【事例】

在法国大革命中横空出世的拿破仑，一生指挥过 60 多个大大小小的战役，马克思赞许拿破仑是一位"伟大的军事家"，因为他"不用皮鞭管理军队，而是用荣誉管理军队"，他认为"战争的推动力不是恐惧而是荣誉"，恩格斯在他的许多军事著作中，都把拿破仑指挥的战役称为"具有历史意义的卓越范例"。

他一生创造了很多战争史上的奇迹，常常以少胜多，在世界军事史上画下了浓墨重彩的一笔。

他善于用荣誉管理军队，是他人生中一个显著的闪光点。

荣誉激励能够是满足人们自尊需要，激发人们奋力进取的重要手段。

人的行为是由动机决定的，而动机产生于需要。人人都具有自我肯定、争取荣誉的需要。荣誉激励是一种终极激励手段，给予优秀员工必要的荣誉奖励，既能满足员工的荣誉感，又可以使他们迸发出强大的能量。

3. 荣誉激励的方法

荣誉激励的方法包括以下几点。

1) 满足员工自尊需求

每一个人都有强烈的荣誉感,荣誉是贡献的象征。当员工获得某种荣誉时,不仅能够满足他的自尊心,还能够让他体会到生活在这个世界上的价值,因此,满足员工的荣誉感,可以激发员工的献身精神。许多企业通过给予员工各种荣誉,收到了调动员工积极性的最佳激励效果。

我们再来看看拿破仑,拿破仑是一个非常重视激发军人荣誉感的将领,他对于立了战功的官兵,总会授予一定的荣誉,来满足军人对荣誉的需求。每次在加官晋爵授予勋章时,拿破仑总要在全军中广泛地进行通报表扬,追随拿破仑的军人,总有一种至高无上的荣誉感,他们的需求被实现,不仅受到其他军人尊重,而且还提升了为荣誉而战的勇敢斗志。

现在的年轻员工,尤其是 90 后,更注重内心世界的培养,他们性格乖戾,很多人往往特立独行,面对一群"长辈同事",很难达到一种满足自我需求的归属感,如果这个时候,公司能够赋予这群人某种荣誉象征,一定会挑起他们的激情与动力,渐渐地,也会慢慢融进集体,找到自我归属感。

2) 不要吝啬头衔和名号

每个人都有一定的虚荣心,一个令人满意的头衔或是名号可以很好起到激励员工、提升员工工作热情的效果。作为一位管理者,对于员工,不要太吝啬一些头衔和名号。

以前流行一个词,叫"精英",而现在的 90 后圈子中,在网络用语里,与"精英"相对应的一个词——"大神"。无论是在哪个领域,凡是被身边的朋友安上"大神"这个词的人,总有一种莫名的荣誉感。这就是头衔和名号的力量。

日本某家电气公司在一部分管理职务中实行"自由职衔制",就是说可以自由加职衔,取消"代部长""代理""准"等一般普遍管理职务中的辅助头衔,代之以"项目专任部长""产品经理"等与业务内容相关的、可以自由加予的头衔。实践证明,这样做的激励效果非常明显。

给员工一个头衔和名号，无须任何成本，却可以获得高额的回报，这样的激励方式，何乐而不为？

3) 给予表扬和承认

对于一些工作表现比较突出、具有代表性的先进员工，企业领导应该给予充分的表扬和必要的精神奖励。

很多公司都会设立一些具有代表性和独一无二性质的奖励。如花旗集团内部设立的"花旗品质服务卓越奖"，就是奖励那些在公司内部服务与外部服务方面都表现出高品质的员工。这种奖励，很大程度上提升了获奖者的荣誉感。

除了企业以外，某些学校也懂得利用这种方法提升学生对学校的荣誉感。刚毕业的 90 后学生小林，在毕业期间，学校组织每个班级评选一名优秀毕业生，并且授予精美的奖杯，奖杯上还印有学校的名称标志，评选条件相当苛刻，成绩要求在班级前几位，4 年内没有挂科项目，通过英语 4 级考试……小林因各项指标都符合学校制定的优秀毕业生标准，所以获得了这份奖励。

"在毕业之际，能够被母校评为'优秀毕业生'，我觉得非常荣耀。"这份荣耀将伴随她的一生，不管在何时何地，她都会记得母校给予的这种认可。企业就和小林的母校一样，适时给予员工荣耀，能更加激励他们，而且，这种荣耀是终生相伴的。

专家提醒

设置各种各样的奖项，需要注意的是，这份奖项，是具有特定工作能力的员工才能完成的，并非所有员工都能做到，如果是任何员工都具备能力完成的，那么这种奖励反而会让员工不自在。

4. 荣誉激励的注意事项

使用荣誉激励方式时，要注意以下几点。

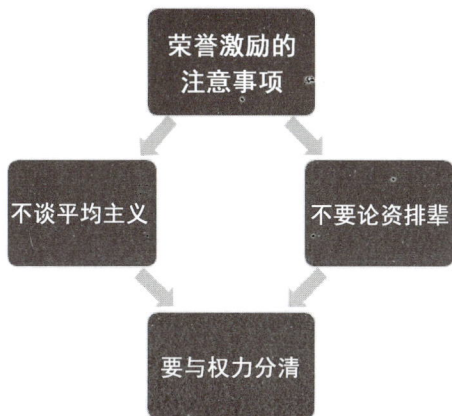

```
荣誉激励的注意事项
  ↓            ↓
不谈平均主义    不要论资排辈
  ↓            ↓
    要与权力分清
```

1) 不要论资排辈

许多企业有固定思维，一到评选，首先考虑的是资深员工。资深员工工龄大，资历老、经验足，管理者优先考虑老员工也无可厚非，但是对于隐藏着的"黑马"，管理者一定要擦亮眼睛。要记住，无论将荣誉归于谁，都要让员工觉得实至名归，不要让人感觉这份荣耀只表明他工作时间长，而不是他有能力。

有的企业将荣耀分为几个等级，用"星"来标识，一"星"表明资历浅，层级而上，这就出现了上述说到的情况，五"星"员工只说明他工作时间长，而不能代表他拥有同等荣誉的能力。而有的企业为了平衡这种矛盾，采用的是动态奖励，"星"多少主要表现在业绩，与工作时间长短无关。

2) 要与权力分清

只有精神奖励的荣耀很难让员工保持热度，荣誉激励要同利益挂钩，包括经济利益、社会利益以及机会利益等。没有利益结构支撑的荣誉激励，会慢慢僵化，悄然死亡，起不到很好的激励效果。

基层荣誉，领导不能与员工争"食"，每一层都要划分清楚，不要让员工有种权力入侵的感觉。很多企业在这方面做得不错，有一家连锁企业，门店设置"小星星"奖，企业严格就规定店长和片区主任不能参与这个奖项的评选。

3) 不谈平均主义

有一家企业，门店的店长为了平衡员工之间的竞争模式，采取荣誉"轮流制"的形式——今天你当，明天他当。这种激励模式，不但不能带动员工进步，反而丢失了荣誉激励的意义。荣誉的设置是为了奖励先进、表扬贡献、鼓舞士气的，并不适合搞平均主义。

7.2.7　竞争激励，领悟生存价值

没有竞争就没有动力，竞争激励在企业中发挥着很大的作用，下面通过几个事例看一看竞争激励的作用。

1. 每个人都有竞争意识

【事例】

某牧场上经常有狼群出没，吞噬牧民的羊，牧民很气愤，便求助政府和军队将狼群赶尽杀绝。于是，狼没有了，羊的数量大增，牧民们非常高兴，认为预期的设想实现了。可是，若干年以后，牧民却发现羊不仅繁殖能力大大下降，而且数量锐减且体弱多病，羊毛的质量也大不如从前了。牧民这才明白，失去了天敌，羊的生存和繁殖也退化了。于是，牧民又请求政府再次引进野狼，狼回到草原后，羊的数量开始减少，但是羊毛的质量却提高了。

这则故事告诉我们，没有竞争就没有发展，竞争的原则就是"优胜劣汰"。作为一名管理者，你应该让你的员工知道，如果他们不努力工作，创造良好的工作业

绩，那么他们就有可能会被公司淘汰。

热爱篮球的人都知道，美职篮(NBA)中有一个很透明的量化管理制度，每场比赛，都会将运动员的各项重要指标统计出来，并记录在案，这些指标包括篮板数、抢断数、得分、助攻、失误等。但是有的擅长助攻，防守却很弱；有的擅长防守，进攻的时候确实纯属打酱油的；有的篮板抢得非常好，得分却从来不超过个位数……但是，怎么衡量每个人对球队的贡献大小呢？有聪明人设计了计算"球员效率"的方法，把所有单个指标乘以一个系数再加和，谁的效率大，那么谁的贡献就最高。

这种量化考核是一种能够激发球员动力、调动球员积极性的有效竞争激励方式，它的结果往往简洁、清晰又明了，可以作为一种很重要的参考指标来判断球员在每一场比赛中的发挥情况。当然，其中也有一些量化考核考察不到的东西，比如，是谁在总决赛最后一秒"绝杀"，为球队力挽狂澜；是谁在众人心灰意冷的时候，一记"盖帽"重整士气……

每个人的内心都存在着竞争意识，现在的 90 后员工也是，管理者要充分利用员工的这种竞争意识，有目的地为他们设立竞争目标，或者制定综合的、科学的、严谨的量化考核标准，这些都能有效地激发员工的竞争意识。

2．竞争能够促进工作动力

【事例】

查尔斯·施瓦布是美国著名的企业家，他旗下某个子公司的职工总是完成不了定额任务，公司经理用尽了一切办法——训斥、劝说，甚至以解雇为威胁，但依然无济于事。

鉴于此，施瓦布决定亲自去一趟，当施瓦布在经理的陪同下在公司巡视时，白班工人正好要下班，接下来是夜班工人接班。施瓦布问白班工人："你们今天炼了几炉钢？""5 炉。"施瓦布听了工人的回答后，一句话也没说，拿起笔在公司的布告栏上写了一个"5"字，然后就离开了。

待夜班工人上班时，看到布告栏上的"5"字，感到很奇怪，就去问门卫，门卫将施瓦布来公司视察，并写下"5"字的经过详细地讲述了一遍。第二天，白班工人来上班，看到布告栏上的"6"字后，心里很不服气，夜班工人并不比我们强，明明知道我们炼了 5 炉钢，还故意比我们多炼 1 炉，这不是明摆着让我们下不了台吗？于是，白班工人使劲工作，到晚上交班时，白班工人在公布栏上写下了"8"字。

智慧过人的施瓦布用他无言的挑拨，激起了公司员工之间的竞争，当时最高的日产量达到了 16 炉，是过去日产量的 3.2 倍。施瓦布利用人们争强好胜的本性，激起了公司员工之间的竞争，不仅巧妙地解决了该厂完不成定额的难题，还使工人处于自动自发的工作状态。

从这则故事中可以看出，员工之间的竞争能够促进员工的工作动力。

当一个组织的工作达到较稳定的状态时，常常意味着员工工作积极性的降低，"一团和气"的集体不一定是一个高效率的集体，企业只有有了压力，存在竞争气氛，员工才会有紧迫感、危机感，才能激发进取心，企业才能有活力。而员工想要追求职业生涯的成功，就必须力争上游，摆脱下游，这是人最基本的欲望，也是员工工作的最基本动力之一。

一家销售企业新进来的员工小张，是一个性格温婉、不爱争强好胜的 90 后毕业生，他在这家公司上班，每天按时上班，按时下班，工作的时候也很努力，因此他很满意这种工作现状。

直到某一天，小张在公告栏上看到自己的业绩比另一名新来的 90 后员工要低很多，他当时就感到了一种危机感，对于老员工，他不做比较，但是与这名新员工，小张觉得自己不应该输给他。

于是从那以后，小张将那名新员工视为自己竞争对手，每天默默地不断努力，最后终于超越了他。小张说："我没想到，自己也有这么争强好胜的一面，大概每个人都有这种潜伏的心态吧，竞争意识真的能够激发人的动力。"

3. 竞争激励的方法

激发员工竞争意识的方法有哪些？下面介绍几点。

利用人们原始的竞争心理

竞争激励的方法

引入"鲶鱼"型人才

"双曲贴现"式的竞争形式

1) 利用人们原始的竞争心理

每个人都有不服输的心态，强弱程度则因人而异，与世无争的桃花源是不存在的，世界从来都是罗马竞技场，没有竞争意识的人终将一无所获。

管理者要善于抓住员工的竞争心理，有目的地设立与他们内心相符的竞争目标，有了竞争心理，才会有干劲，才能在工作中激发更多的热情。但是值得注意的是，竞争虽然能够提高工作效率，但是过度的竞争会导致员工之间感情恶化，面对这种情况，下面会介绍一种"双曲贴现"式的竞争形式，可以有效减少这种负面影响。

2) "双曲贴现"式的竞争形式

除了从外部引进人才，增加员工的竞争意识，还有一种竞争是员工内部的竞争。但有些时候，员工内部竞争不一定会起到有效的作用，反而会起到一些负面作用。比如，某些员工内部竞争，有时会导致组织成员之间，以及团体和部门之间产生对抗、摩擦和冲突的情绪，从而使组织内部的合作性和凝聚力降低。

面对这种情况，管理者可以采取"双曲贴现"式的竞争模式来降低这种负面影响。很多人都有这样一种倾向，即人们宁愿要金额较小的眼前酬劳，也不要金额较大的日后报酬，也就是说当诱惑还很遥远，人们可以忽略诱惑。但是，当诱惑就在眼前，人们就习惯于更在意眼前的利益，而忘掉长远目标。

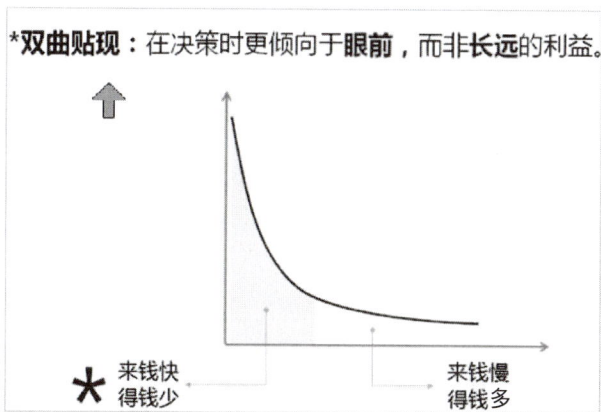

*双曲贴现：在决策时更倾向于**眼前**，而非**长远**的利益。

★ 来钱快 得钱少   来钱慢 得钱多

减肥的人们往往有这种心理，计划明天锻炼，明天吃蔬菜水果，而不是吃麦当劳、薯条，所有的计划都是健康而有利于减肥的，只要麦当劳的诱惑不是近在眼前，他们就会认为吃麦当劳的快乐抵不过体重再次上升的风险。

然而，一旦"明天吃薯条"变成了"今天吃薯条"，减肥者的心理立刻发生了翻天覆地的变化——管他什么胖不胖的，现在吃了薯条再说。

"双曲贴现"指的是人们相较于延迟和复杂的结局更倾向于简洁及时的结局。

在管理者采取竞争模式激励员工时，将近期的竞争摆在员工面前，让员工在还没有时间去考虑竞争带来的不良影响时，短时间内就树立起竞争意识。因为一旦员工有时间去思索自己的选择，他们往往会在最后一刻决定做相反的事——放弃竞争，维护组织内部和谐。

3) 引入"鲶鱼"型人才

我们都知道，挪威人喜欢吃沙丁鱼，尤其是活鱼。但是市场上活鱼的价格要比死鱼高许多，所以渔民想方设法地让沙丁鱼活着回到渔港，可是经过种种努力，绝大部分沙丁鱼还是会在运输途中窒息而死。

但却有一条渔船总能让大部分沙丁鱼活着回到渔港，这条渔船的船长严格保守着秘密，直到船长去世，谜底才揭开。

原来是船长在沙丁鱼的鱼槽里放进了另一种鱼——鲶鱼，而鲶鱼主要以鱼为食，所以当沙丁鱼一见到鲶鱼，立刻紧张地左冲右撞、四处躲避、加速游动。于是沙丁鱼缺氧的问题就迎刃而解了，沙丁鱼也不会再因窒息而死了，这样一来，一条条活蹦乱跳的沙丁鱼被运回了渔港。

这就是著名的"鲶鱼效应"。

在企业里，有一种员工，就如同沙丁鱼一样，他们在日复一日的工作中，渐渐失去了忧患意识，一味地追求安稳，这种员工主要是那些在企业里有了一定的工作年限，有了一定的职位职称的老员工。

面对这类只求舒舒服服过日子、不思进取的员工，管理者要适当引进"鲶鱼"型人才。"沙丁鱼"如果不想窒息而亡，就必须活跃起来，积极寻找新的出路，老员工如果不想止步不前，就应该提高自己的竞争意识，重新激发工作的热情。

在企业管理中，管理者如果想要改变企业内一潭死水的状况，就要引发"鲶鱼"型员工和"沙丁鱼"员工之间的竞争机制，一个组织中，如果始终有一位"鲶鱼"式的员工，无疑会激活这个团队，不断激发员工的自身潜能，提高员工的工作业绩，为企业做出更大的贡献。

7.2.8　培训激励，员工的金饭碗

人力资源专家认为，如果能够用合适的方法对员工进行培训和引导，那么其价

值会越来越大。

【事例】

美国有一家生产厨具的小型企业，大约有 100 名员工，这个行业的竞争性很强，公司为了使成本保持在最低的水平上，所以对于在岗员工的培训一直不重视。在过去的几个月中，这家公司的人事部经理，发现公司因为产品不合格问题已经失去了好几个主要客户。

经过深入的调查，发现次品率为 15%，而行业平均水平为 5%。部门经理们在一起讨论后认为问题不是出在工程技术上，而是因为操作员工缺少适当的质量控制培训。于是人事部经理接受总经理的授权负责设计和实施操作培训这一项目，在培训设计方案的最后，人事部经理为培训项目设定了培训目标：将次品率在几个月内降低到 5%。

在培训过程中，员工花费了相当多的时间来讨论教材中每章后面的案例，这样可以让他们更好地了解问题所在。还有，在案例研讨这一环节后，培训人员还会组织员工观看相关的影视作品，看完后会要求员工发表关于自己的想法，这样员工就不会觉得整个过程枯燥，从而培训效率会很高……一个月后，总经理再次检查公司的次品率，发现次品率明显降低了。

麦当劳 95%的管理人员都要从员工做起，每年麦当劳北京公司要花费上千万元用于员工培训，包括日常培训或去美国上学，麦当劳在中国有 3 个培训中心，教师都是公司有经验的营运人员，公司培训的目的就是让员工得到尽快发展。通过公司的人才培训计划，在麦当劳取得成功的人都有一个共同特点：从零开始、脚踏实地。炸土豆条、做汉堡包，是员工在公司里走向成功的必经之路。

抓好员工培训，已被视为企业生存和发展的基础。就员工个人而言，对知识、技术和个体成长的追求，某种程度上超过了对组织目标实现的追求。企业应该通过培训来开发员工的潜能，为员工提供不断学习、训练的机会，不仅能让员工对公司产生全新的看法，还能增长员工的职业技能，让其在职位上做出更出色的业绩，满足员工自我价值实现的需求。

培训是一种有效的激励手段。某份调查研究表明，企业是否重视培训及培训效果的好坏与员工的工作业绩有着直接的关系，为促进员工工作业绩的提高，企业应注重结合企业实际发展，对员工进行与其岗位相关的技能培训和能力提升锻炼。

下面，让我们从培训激励的原则和培训激励的目的两方面进行讨论。

1. 培训激励的原则

培训激励有哪些原则呢？主要有以下几点。

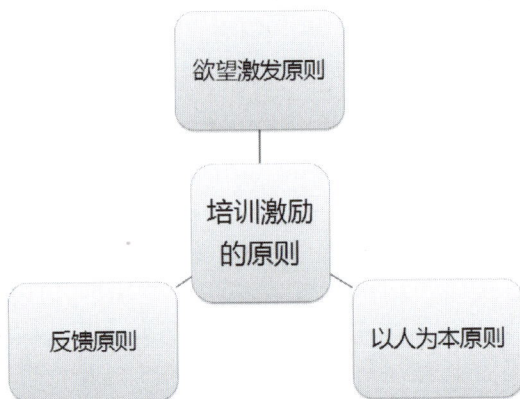

1) 欲望激发原则

如果说培训是企业提供给员工的资源，那么员工的学习欲望则是这一资源的催化剂。在面临全球化、高质量、高效率的工作系统挑战中，培训显得更为重要。

激励能够点燃员工的学习欲望，使员工对学习充满热情，管理者要让员工知道，培训能使他们的知识、技能与态度得到明显提高与改善，并且获得更好的竞争优势。倘若员工没了学习的欲望，不想或不愿参加培训，企业培训不就成了"无米之炊"？因此，企业首先要激发员工的学习欲望。

2) 以人为本原则

想要通过培训来激励员工，那么培训的内容就应以调动人的积极性为根本，切实重视和满足员工的需要。不同层次的员工有不同的主导方向和需要，狭隘单一的培训模式和内容已经不足以吸引员工，而且还容易致使抵制情绪。

因此，想要调动每一个员工的积极性，就要设计丰富多彩的全方位、多层次的培训，不仅培训内容要多层次化，培训的手段也要创新、有变化。企业应该多了解员工的需要和个性，创造性地运用各种培训形式，不断培训的方式和手段，提高培训的有效性。

3) 反馈原则

企业对员工的培训效果要及时作出反映。员工在培训前，企业可以为员工设立一个目标，当这个目标构成后，员工就会产生某种欲望值，而这种欲望值会变成员工培训的内驱力。在通过培训后，员工如果达到了这个目标，企业应及时施用其他激励因素，兑现奖励。如果延误或失信，员工就会产生失望和漠视心理，培训动力便会因此而减弱。

2. 培训激励的目的

那么，培训激励主要是为了什么？

1) 提高工作能力

给员工培训的主要目的就是要发展员工的职业技能，使其更好地胜任现在的日常工作及未来的工作任务。传统上的培训重点一般放在基本技能与高级技能两个层次上，但是未来的工作对员工的要求更高，需要更广博的知识，因此还会培训员工创造性地运用知识来调整产品或服务的能力。培训不仅提升了员工的工作能力，还为员工提供了更多晋升和较高收入的机会。

2) 获得竞争优势

员工培训就是要不断培训与开发高素质的人才，为进军世界市场打好人才基础，以获得竞争优势。尤其是人类社会步入以知识经济资源和信息资源为重要依托的新时代，智力资本已成为获取生产力、竞争力和经济成就的关键因素。企业的竞争不再依靠自然资源、精良的仪器和雄厚的财力，而主要依靠知识密集型的人力资本，员工培训就是创造智力型人力资本的途径。

3) 改善工作质量

工作质量包括生产过程质量、产品质量与客户服务质量等。毫无疑问，培训使员工素质、职业能力提高并增强，将直接提高和改善企业工作质量。培训能增加员工的安全操作知识、提高员工的劳动技能水平、增强员工的岗位意识，同时加强对员工敬业精神、安全意识和知识的培训，还能增加员工的责任感。

7.2.9 晋升激励，鼓舞员工士气

不想当将军的士兵不是好士兵，人人都渴望晋升，晋升能够激励员工的士气，帮助他们释放自己的生存价值。

【事例】

麦当劳实施一种快速的晋升制度，比如，一个刚工作的年轻人，可以在一年半以内当上餐厅经理，可以在两年之内当上监督管理员。而且，晋升对每个人是公平

的，没有特殊规定，也没有典型的职业模式。每个人都可以主宰自己的命运，只要适应快、能力强，能够迅速掌握各阶段的技能，自然能够得到快速晋升的机会。麦当劳的晋升机制大致分为以下两个阶段。

第 1 阶段，也叫实习助理阶段，在这个阶段，员工要以一个普通员工的身份投入到公司各基层岗位，他要养成保持清洁的习惯和学会用最佳的方法服务顾客。实习助理阶段在 4～6 个月，依靠这几个月的实践来积累管理经验，为日后踏上新的岗位做好准备。

第 2 阶段，有能力的人通过实习助理阶段，会担任二级助理，这个岗位带有实际负责的性质，员工每天在规定的时间内负责餐馆工作，与实习助理不同的是，他会承担部分管理工作，如订货、计划、排班、统计等，在这个阶段，员工需要展示自己的管理才能，并在日常实践中摸索经验。

经过一年的时间，工作出色者将晋升为一级助理，成为经理的左膀右臂，在此阶段，他肩负着更多的责任和义务，在店面中独当一面的同时，还要逐步完善自己的管理能力。

在胜任了一级助理的工作后，员工将被晋升为经理，等过一段时间，他的管理经验越来越丰富，就有机会成为监督管理员，负责多家餐馆的管理工作。再经过大约 3 年的时间磨炼，监督管理员将有可能晋升为区域顾问，将作为总公司的外派代表，往返于公司与各下属之间，沟通传递信息。当然，优秀的区域顾问仍然会有更高层次的晋升机会。

麦当劳还有一个特别的规定，如果员工未预先培养自己的接班人，就无晋升机会，这促使每个人都会尽心尽力地培养自己的继承人。因此，麦当劳成了一个发现与培养人才的基地，可以说，科学的人才晋升机制，不仅为麦当劳带来了巨大的经济效益，还为全球企业创造了一种新的模式，为社会培养了一批真正的管理者。

许多企业的人才结构像"金字塔"，越上去越小。而麦当劳的人才机构则像"圣诞树"，企业的员工永远有晋升的机会，只要员工有足够的能力，就可以上升一层，成为"圣诞树"上的一个分枝，再往上又是另一个分枝。

麦当劳的管理者鼓励员工，"每个人面前都有个梯子，你不要去担心自己会不会被别人挤下来，你爬你的梯子，朝着你的方向，争取你的目标……要永远追求卓越，追求第一。"

晋升是指员工由较低层级职位上升到较高层级职位的过程。我们都知道，世界 500 强企业的高层领导，大多是从企业内部提拔出来的，这表明企业内部提拔人才一方面可以为职员提供更为广阔的发展机会，另一方面又能激励那些渴望晋升的优秀员工。

晋升对于员工和组织来说都有重要影响。对员工而言，晋升能带来更高的物质回报和社会地位，还有更多的机会与权利。从企业的角度讲，晋升相对于其他激励形式，具有长期性，能够鼓励员工的长期行为，降低员工的流失率，创造员工的主人翁意识。

很多管理者采用晋升的方式来留下优秀的员工，每个人都想拥有一定的社会地位，如果一家企业晋升激励不到位，那么是绝对留不住员工的。没有人甘愿一辈子屈居人下，活在别人的光环里，日复一日地重复昨天，人人渴望晋升，渴望最大限度地释放自己的生存价值，所谓"人往高处走"就是这个道理，晋升激励就像一把火炬，将员工的前程照耀得热烈而通透。

从企业的角度来说，通过竞争激励提升员工的主人翁意识，是一种智慧的行为。一个有着主人翁意识的员工，一定是深爱着这个企业，深爱着这个部门，对组织有着巨大的献身精神的人。拥有主人翁意识的员工，拥有一定的创造性，因为需要员工通过自己的判断去解决组织内的一些困难和问题，主人翁意识会给员工带来佳绩，同时也会给企业创造出奇迹。

每当公司传出晋升的消息，总是让人欢欣鼓舞的，不仅晋升的人开心，周边人也跟着祝贺加羡慕，晋升其实是一件大快人心的事。从某种意义上来说，晋升就是满足人们对名誉需求的手段，通过晋升可以让公司内、外部的人承认自己的存在，并由此得到个人满足。

在中国三星的经营理念中，有这样一句清晰的话——以人才和技术为基础，这句话突出了三星重视人才的企业文化。中国三星一直用这一理念贯穿于各项活动中，它希望从晋升中造就出更多的人才。中国三星总部通过公平公正的审核，对业绩和能力突出的职员进行了晋升提拔，这种晋升是一种对员工的人生价值进行肯定的手段，为了能够把握住这次机会，想要晋升的员工付出了很大的努力，获得晋升的人更是得到了众多人的祝贺。

几乎所有的成功管理人士，都认为晋升激励的效果是明显的，员工在晋升之后，往往会拥有更多的自豪感和自信心，在个人成就获得认可之后，会肩负起更多的责任，也更心甘情愿地将自身投入到工作中，去创造更好的业绩。如果一个企业没有畅通的晋升渠道，那么员工不会那么卖命工作，最终企业会走向没落。

根据一项关于"企业优秀的员工为什么会辞职"的调查结果显示，40%的人认为是因为晋升空间有限，25%~30%的人认为他们的业绩没有得到赏识，只有 15%的员工认为薪资不够高。可见晋升机会在人们眼中占据多么重要的地位。

企业内部晋升作为员工激励的一种方式，不仅能够留住人才，还能更好地管理人才。

但是，在给员工晋升时，要注意以下几点。

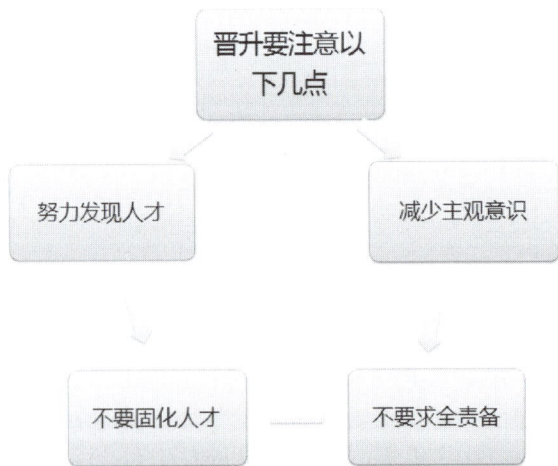

1. 减少主观意识

无论是晋升人才，还是选拔人才，管理者都要杜绝主观意识，绝不能将眼光只放在围绕自己身边转的人，而是应该在全企业各部门范围内，科学地考察和鉴别人才，要制造一种因才晋升的环境，而不是因为关系或者走后门，这样不仅能给员工带来激励，还能形成良好的竞争氛围，激发员工的积极性和进取心，实现公开、公平、公正。

某公司因副总裁的职位空缺，欲从集团公司的 8 个分厂厂长中选拔一人上来。其中 A 厂长工作勤恳，胆大心细，对待下属员工也总是和蔼可亲，他亲自带领实施的技术改造使企业效益保持在各分厂的中上水平，群众呼声很高。但最终公司选定了 B 厂长。这个结果一出，很快有人提出反对意见，有人说 B 厂长不务正业，热衷于"拉关系"，还有人说虽然 B 厂的效益名列前茅，但那与 B 厂长的特殊背景有关。

如果晋升的对象只根据管理者的主观意识来定，很有可能产生不良的后果。

2．不要求全责备

每个人都有优、缺点，选拔人才的时候，不要因为员工存在某些方面的不足，就求全责备，事实上，应该取其所长，注重晋升者有哪些优势是与公司未来的发展相同步，看员工的优势和特长是否适合所要晋升的这个职位。

3．不要固化人才

不要用固定的模式来选人才，只要能够为企业组织的发展带来实际的利益，能够给企业贡献力量的，都应该在候选之列。

4．努力发现人才

管理者要通过多种途径，去发现人才，考察人才的各个方面素质，严格地制定晋升标准，综合判断人才是否有晋升资格。

7.2.10　兴趣激励，带来活力源泉

每个员工都有自己擅长的方面，因此企业要懂得为他们提供相应的平台，下面通过几个例子看看兴趣对人产生的作用。

1．兴趣比天才重要

【事例】

科学巨人爱因斯坦，从小被当作"低能儿"看待，人家的孩子都开始学说话了，已经三岁的爱因斯坦才"咿呀"学语，后来，比爱因斯坦小两岁的妹妹已经能和邻居交谈了，爱因斯坦说起话来却还是支支吾吾，前言不搭后语，父母一度以为他有智能障碍。直到 10 岁时，父母才把他送去上学，爱因斯坦慢慢长大，没有朋友的他开始在书籍中寻找精神力量。慢慢地，他在书中结识了阿基米德、牛顿、歌德、莫扎特……知识为他开拓了一个更广阔的空间。爱因斯坦不喜欢其他的课程，只喜欢钻研自己感兴趣的知识，他很有数学天赋，对物理又很痴迷。终于，他创立

了影响我们一个多世纪的"相对论",就是这样一个曾被当成弱智的孩子,因为兴趣使然,通过自己的不断刻苦和努力,最终达到了人生的巅峰。

爱因斯坦的一生中,兴趣是他成功的开始,而成功的体验则又使他将兴趣转变为矢志奋斗的理想。

人生的成功和个人兴趣是紧密相连的,只有做自己真正有兴趣的事情,才会离成功更近。获得诺贝尔物理奖的丁肇中先生说过:"兴趣比天才重要。"爱因斯坦对物理学的浓厚兴趣使他获得了成功,是兴趣和责任让他愿意一直走下去。

作为企业的管理者,要想员工发挥出他的全部潜能,就要对员工有一个全面深刻的了解,然后根据他们的本性安排工作,这样员工才能得以施展自己的才能。现在的 90 后,很多都有自己的一技之长,管理者要结合他们的言行举止,观察他们的兴趣和爱好,帮助他们寻找适合自己的方向,为员工制造工作的内在意义。

2. 兴趣是工作的先驱动力

【事例】

一位 90 后男孩诉说自己的心事:"我刚刚步入社会,工作没多久,但是我却快要被现实中残酷的竞争压力压得窒息了,我丝毫感觉不到幸福感。"所以,这位男孩在工作了半年后,毅然决然辞职了。

探究其中的原因,是他的工作能力不够?还是他的心理承受能力不足?也许,只是领导分配给他工作并不适合他。

一个月后,这名男孩又找了一份工作,他脸上再也不是愁眉苦脸,反而神采飞扬,他说,"我之前做质检,每天被一大堆资料单子压得喘不过气,现在我换了一份工作,我感觉自己终于找到方向了,每天过得也没有那么痛苦了,我想在这里我至少能干上好几年。"男孩原本就是十分健谈的人,他这次成功转型,进入了销售行业,他一直热衷与人打交道,他与他的每个顾客都相处得愉快。

从这个故事中可以看出,人之所以能在工作中品尝着"痛并快乐着"的幸福感,是因为工作本身在很大程度上激发了员工的内在潜能,而将这种幸福感、内在潜能与工作相连的一个最重要的因素就是员工的兴趣。

现在的 90 后，很少有人是为了谋生的目的而工作的，他们大多是出于个人对某一领域问题的强烈兴趣而忘我地工作，甚至可以不计名利报酬，因为喜爱，所以坚持，因为坚持，所以成功。

在社会实践中发现，个体的心理倾向可以在人的心理和行为中发挥积极作用，因此，在任何一个企业，领导都要懂得知人善用，将员工摆在合适的位置，这是一个企业管理者的职责，更是管理者管理才华的体现，只有这样，才能发挥出员工最大的潜能。

任何一种兴趣都是由于参与这种活动而使人体验到情绪上的满足，有的快乐，有的想要为此做出成就，有的能够得到宁静的心境，这种情绪伴随着人的一生，因此会产生一种内在的刺激，也就是动力。

在企业内部，责任与兴趣相依相存，兴趣源于为实现个人目标而进行的努力，责任则源于为企业创造价值和实现共同的愿景。管理者要将两者有机地结合到员工的工作中，员工就会被巨大的使命感驱策，以主人翁的精神，投入创新性的工作中。

每个员工都有自己感兴趣的事，每个员工都希望找到满意的工作，作为管理者，当你发现你的员工工作效率下降，没有一点积极能动性的时候，你就需要考虑员工的工作安排是否合理，或许你们可以坐下来好好谈一谈，管理者可以为员工指定他感兴趣的工作，也可以设计出让员工感兴趣的工作，设计让员工感兴趣工作的本质是让员工感受到工作的意义或者体验到工作的成就感。

3. 兴趣激励的原则

兴趣激励要注意以下几个原则。

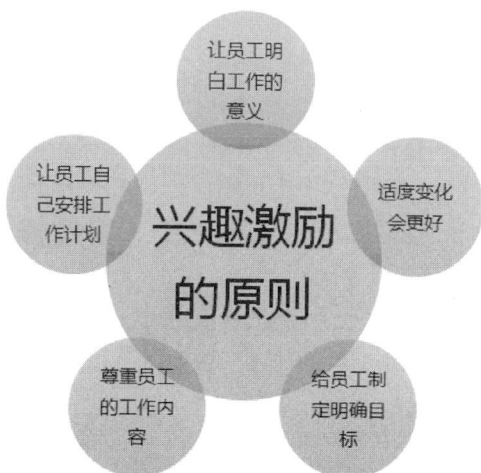

1) 让员工明白工作的意义

任何人的工作都应该具有一定的意义，管理者要让员工明白工作的意义，让他们从中获得成就感。

2) 适度变化会更好

每个工作都对专业性有一定的要求，在员工所学专业的范围内，适度为员工调整工作，这样，可以避免员工因长时间重复一项工作而觉得疲劳和厌倦。

3) 给员工制定明确目标

有目标的员工做事更加积极主动，没目标的员工相对会懒散放松一些。因此，给员工制定一个明确的目标，员工就会更加积极努力地工作，以更高的效率完成工作。

4) 尊重员工的工作内容

管理者在布置工作任务或者制定规章制度时，要对员工的工作内容体现尊重，避免员工产生自卑心理。

5) 让员工自己安排工作计划

有经验的员工，会选择自己安排工作计划，领导者只要确定完成目标的最后期限就行，这样能够更好地发挥员工的主观能动性。

7.2.11 危机激励，灌输危机观念

管理者要不断向员工灌输危机观念，才能让他们自发自动地努力工作，下面通过几则事例谈谈危机激励的作用。

1. 有危机意识才能带来生机

【事例】

早在 1985 年，海尔从德国引进了一批世界一流的冰箱生产线。一年后，有用户反映海尔的冰箱存在质量问题。海尔公司在给用户换货后，对全厂冰箱进行了检查，发现库存的 70 多台冰箱虽然不影响冰箱的制冷功能，但外观有划痕。海尔集团的总裁张瑞敏决定将这些冰箱当众砸毁，并提出"有缺陷的产品就是不合格产品"的观点。这一砸，不仅在社会上引起了极大地震动。还给员工制造了一种危机感和责任感。

在著名的"砸冰箱"事件后，张瑞敏又提出了"砸组织"，由此创造出了一套独具特色的海尔式产品质量和服务，创造一个不同于其他企业的生存理念——永远不等别人来革自己的命。就在他的办公室里，有一张照片，这张照片长期摆放在他的办公室里。照片上是一艘正在颠覆的巨轮，照片的标题是"企业为什么失败"。

海尔总裁的强烈忧患意识和危机意识，时刻激励着每一名员工不断进取、不断创新，激发出他们的积极性和创造性，为海尔公司的成功打开了一扇门。

在这个瞬息万变的经济时代，企业随时面临着各种各样的危机，在危机来临之前，企业要随时保持危机意识，任何危机都不是随机出现的，一个企业中潜伏的最大危机就是没有危机意识。明智的管理者总是能够居安思危、建立预警机制，防患于未然。

每一位管理者，都希望自己能够成为一个人生赢家，想要"赢"就要具备以下几种素质：沟通能力、对时间的掌控能力、赚钱能力、平稳的心态和危机意识。其中，危机意识是每一位成功者必须具备的基本素质，只有时刻保持危机意识才会迎来"生机"，否则就会面临"杀机"。

比尔·盖茨是如何一步步走向财富巅峰的？因为他深谋远虑、志存高远、大胆

尝试又树立了强大的危机意识。他是商业战场上的英雄，他深刻地懂得"不进则退"的道理，比尔·盖茨的一句经典名言就是："所有员工都要有这样一个意识——微软公司还有 3 个月就要倒闭！"

有人说现在的企业家是"江山代有人才出，各领风骚没几年"，当今社会，这么多的企业被淘汰，很大一部分原因是企业家没有给集团上下制造危机意识。一个企业要想在竞争激烈的市场中永立于不败之地，管理者就必须不断向员工灌输危机意识。

2. 没有危机意识容易引来灾祸

【事例】

19 世纪末，美国康奈尔大学科学家做过一个实验——温水煮青蛙。首先，科学家将青蛙投入已经煮沸的开水中时，青蛙因受不了突如其来的高温刺激而奋力跳出开水中，成功逃生。然后，科学家把青蛙先放入盛着冷水的容器中，用火慢慢加热，结果改变了。青蛙因为开始时水温的舒适而在水中悠然自得地游荡着，等到温度渐渐升高，青蛙无法忍受时，想要跳出来已经心有余而力不足了，不知不觉，青蛙就被煮死在热水中。

这个故事告诉我们失去戒备而引来灾祸的道理。

危机意识是一种强烈的生存意识，作为一名管理者，如果你不警戒你的员工，不能让他们认识到企业正在或将要面临的危机；只看到眼前发展的有利因素，忽视企业潜在的风险；只看到对手的缺点，看不到自身的不足。那么再过几年，或许再过几个月，你的企业势必会遭到残酷淘汰。俗话说：生于忧患，死于安乐。这个道理在任何一个企业都是适用的。

尤其是现在的 90 后员工，从小生活的圈子比较简单，管理者适当地给他们灌输危机观念有助于他们成长，早日步入社会。

3．树立危机意识的方法

那么如何树立员工的危机意识？有以下几种方法。

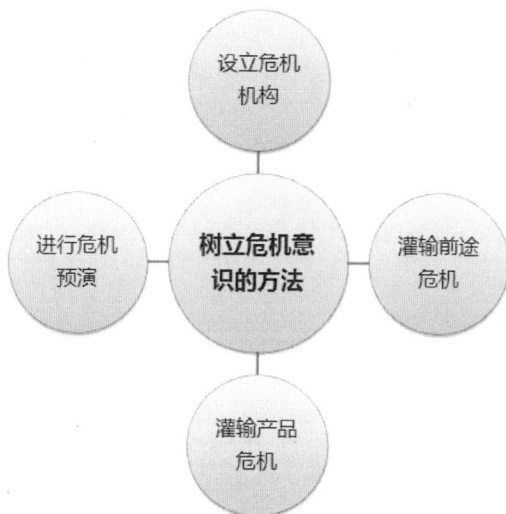

1）设立危机机构

企业可以设立危机管理机构，一是负责向员工制定危机意识，二是当危机发生时，该机构自然转型为危机领导核心。机构人员可以是高层领导负责人、公关部门负责人或其他部门的主要负责人。

2）灌输前途危机

告诉员工"今天工作不努力，明天努力找工作"，让员工潜意识里树立起危机意识，无论是管理者还是普通员工，都应时刻具有危机意识。

3）灌输产品危机

现今市场竞争激烈，同样的产品比比皆是，要想让消费者对自己公司产品产生信赖，就必须创造自己的特色，管理者要让员工明白，想要在这个残酷的竞争社会生存下去，就必须创造出让消费者情有独钟、独具特色的产品。

4）进行危机预演

进行危机预演，是一种很好地向员工树立危机意识的方法，不仅能让员工熟悉企业内部存在哪些危机，还能让员工明白危机来临时该做什么。

第8章

沟通管理，和谐人际

学前提示

在企业管理中，良好的沟通是实现企业管理的关键，优秀的管理人员，不论职位高低，都需要去接触员工，和员工进行交流，因此，要求管理者要有强大的沟通能力。

要点展示

沟通管理的意义

沟通管理的9大绝招

8.1 沟通管理的意义

有人说："沟通是一座桥梁，它连接着人与人之间的情感。"在这个社会上，不管是生活、工作、学习还是娱乐，我们都离不开人群，一旦脱离社会、脱离人群，人就无法生存，因此人类不可能离群索居。

很多时候，我们的事情处理不好，不是因为能力的问题，有可能是沟通上出了问题。人与人之间本身就充满了差异化，对于同一种行为和动机，每个人的理解也不一样，人人都希望被人理解，人人都希望得到支持。但是，如果没有沟通，别人就不会了解你，不了解你，就不会理解你，自然也就谈不上支持你。

在企业当中，作为群龙之首的管理者，不仅要重视沟通，也要善于沟通，深知就里，深得其妙，还要善听、善辩、善纳、善弃，兼听则明，偏听则暗，不可偏颇。沟通能力是管理者的基本素质之一，不善沟通的管理者，无法带好一个团队。

90 后的年轻人，个性非常强，通常不怎么说话或注重言端举止，一旦干得不开心，不是用嘴说，而是用脚做——直接走人，所以，对于管理者而，建立一个良好的沟通机制，显得尤为重要。

8.1.1 沟通的含义及原则

什么叫沟通？沟通是人与人之间、人与群体之间的思想与感情的传递和反馈过程。在企业管理中，沟通是通过交换信息、思想和情感以达成共同协议的一种手段。

沟通要坚持以下几点原则。

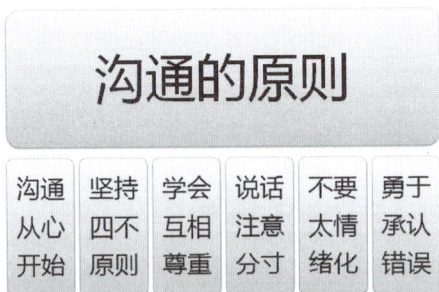

沟通的原则

| 沟通从心开始 | 坚持四不原则 | 学会互相尊重 | 说话注意分寸 | 不要太情绪化 | 勇于承认错误 |

1. 沟通从心开始

沟通要主动，千万不要以为"我不说别人也知道"，有的员工说：老板的心，深似海，我们想猜也猜不透。所以，不要以为你的员工对你很了解。

随着 90 后大部队人员进入职场，管理者会遇到越来越多的难题和困惑，作为一名有为青年或有为中年，你与他们之间总是会有代沟的，不要以为不用沟通就能了解，说白了，你们也不过是人生几十年，路途上偶遇的几叶翩翩小舟，隔水相望，他看不透你，你也看不透他，唯有沟通才能消除彼此间的这道"鸿沟"。

沟通从心开始，不论是管理者还是员工，都要学会袒露内心的感受和想法，这样，不仅自己好受，别人也能对你的想法有一个了解。

2．坚持四不原则

所谓四不原则，就是：不责备、不抱怨、不攻击、不说教。

沟通是为了使人与人之间的见解达到统一，从而化解矛盾、理顺关系、和谐人际，而责备、抱怨、攻击、说教，都是与人沟通的障碍，不仅无济于事，还会使事情变得复杂，和员工的关系恶化。

3．学会互相尊重

相互尊重的前提是：要自重。只有自重的人才能给予他人尊重，作为一名管理者，对待员工要态度和善、言语亲切，要让员工尊重你，而你也要尊重员工，没有尊重，就没有正常的沟通。

4．说话注意分寸

在和员工沟通的过程中，管理者要注意自己的言行举止，说话的时候不要太过激烈，也不要口出恶言、恶语伤人，最好与员工保持一定的距离，俗话说"距离产生美"，把握好分寸才能让沟通顺利进行。

5．不要太情绪化

在沟通之前，管理者要先审视自身，今天心情可好？如果心情不好，是否会把这种不良的情绪带给员工？是否会控制不了情绪？等确定好这些后，才能与员工进行沟通。倘若在沟通过程中带着不良的情绪，那么理也讲不清，话也说不明，如果因冲动而失去理性，很容易让事情变得恶化。

现在的 90 后，很多都是独生子，在父母的庇护下成长起来，可能没吃过太多的苦，也没受过很多的委屈，面对这样一批"独苗苗"，管理者在沟通的过程中要学会控制自己的情绪，不要让不良的情绪影响沟通的效果。

6．勇于承认错误

有些管理者，总以为向员工低头，就是丧失了自己的权威，人无完人，管理者也会有出错的时候，但是有几个管理者会主动承认"我错了"？

在沟通过程中，管理者也会犯错，不要吝啬自己的歉意，要知道卖弄自己的权势等于卖弄自己的无知。现在的 90 后更喜欢能主动认错的领导，而不是那种整天冷冰冰，让人无法接近，有错也不愿承认的领导。

所以勇于认错，不仅能够解冻、改善与转化沟通中的问题，还能给员工和自己一个台阶，这样，后面的问题也就好继续沟通了。

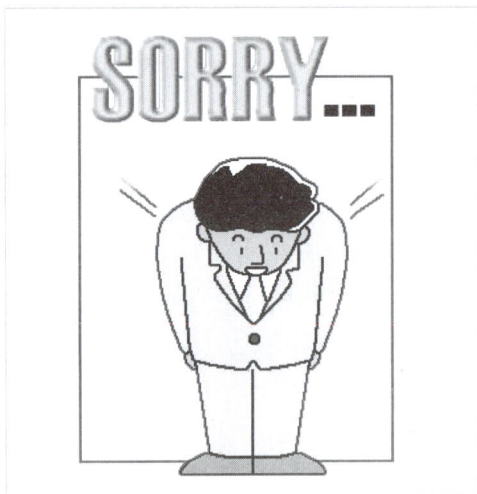

8.1.2　沟通的几个途径和工具

只有当管理者沟通的内容被员工理解时，这个沟通才有价值。沟通的方式多种多样，下面介绍几个沟通的途径和工具。

1．当面沟通

面对面的沟通是最常见的沟通方式，上级给下级布置工作、改正工作，下级向上级报告工作，反馈工作，以及同事之间互相协调问题，都是采用此种方法。

除了布置、安排工作事宜之外，管理者偶尔和员工谈心，交流心得，也是通过面对面交流的方式。

当面沟通	电话沟通	书面命令沟通
文件沟通	会议沟通	报告沟通
报刊沟通	宣传栏沟通	活动式的沟通
意见箱沟通	局域网沟通	家访沟通

2．电话沟通

现在科技这么发达，有时候因为某些原因不能进行面对面交流，那么管理者可以采用电话沟通的方式，向员工安排、部署工作。

3．书面命令沟通

命令沟通分为口头命令和书面命令，口头命令可以是面对面，也可以通过电话。书面命令带了点文件的性质，比如说有的企业创造了"经理任务通知书"的书面命令文件，这也是一种沟通方式。

4．文件沟通

公司下发有关文件是典型的沟通方式之一，有的文件不仅涉及员工的自身利益，还需要员工共同遵守，对于这类文件，管理者必须与员工进行彻底的沟通。

公司的文件下发到各个部门后，各部门的员工必须认真组织学习，以确保将工作执行到位。

5．会议沟通

会议沟通，也是一种普遍的沟通方式，一般是按时开展会议。参会人员根据开会内容来定，根据需要可分为董事会、经理层会议、部门会议、全体员工大会等。根据开会周期可分为日例会、周例会、月例会等。还有专项会议，如财务会议、表彰会议、安全会议等。

在会议中，一般是管理者与员工共聚一堂，共同商讨一个或多个核心问题，并且从核心问题展开其他的讨论。会议要有很强的针对性，讲究效率，要有结果。

6．报告沟通

报告是一种反馈沟通形式，分为口头报告和书面报告，类似于报告的沟通方式还有员工向上一级主管请示、提出意见或建议等。

报告沟通属于上行沟通，一般需要批复或口头上给予反馈，从而形成上级与下级之间的信息交流的互动。

7. 报刊沟通

企业制作自己的内部报纸杂志，可以增加企业与员工之间的沟通。例如，某集团内部的《集团情况通报》《市场动态》等报刊，在企业中发挥着很好的沟通与交流的作用。

8. 宣传栏沟通

无论什么企业，都适合宣传栏沟通方式，宣传栏放置在显眼的位置，员工进出一眼就能扫到，宣传栏沟通方式十分方便快捷。

9. 活动式的沟通

企业通过举办各种活动，如演讲比赛、拔河比赛、联欢会、年会、专题培训等，都可以有效地促进公司与员工、同事与同事之间的沟通。

10. 意见箱沟通

意见箱是一种很好的上行沟通方式，员工对公司有任何意见都可以通过意见箱的形式向领导反馈，意见箱分匿名投稿和实名投稿。

作为企业，要对此给予高度重视，也要对员工的意见或建议及时反馈。

11. 局域网沟通

随着网络科技的发展，很多企业建立了内部局域网系统。

公司根据不同的职位设置了信息阅读权限，同时建立了员工论坛、学习园地、精品课程、名师讲坛、企业新闻等栏目，通过这一媒介，同样可以进行有效的沟通。

12. 家访沟通

管理者可以到员工的家中进行家访，但这种沟通方式比较罕见。

除了以上的沟通形式之外，还有员工满意度调查式的沟通等。

8.2　沟通管理的 9 大绝招

在企业管理中，沟通是一种重要的交际手段，同事间通过沟通，可以和谐相处；上级和下级进行沟通，可以解决问题……人人都需要沟通，人人都应重视沟通，有效的沟通能让问题得以解决，让事情变得简单明了。面对企业中那些个性鲜明的 90 后，管理者更应灵活运用沟通技巧，消除"代沟"，软化冲突，和谐人际。

下面介绍沟通管理的 9 大绝招。

8.2.1　以平等的心态对待员工

平等是上下级相处的基本原则，在企业管理中，管理者要学会用平等的心态对待员工，下面用几个事例阐述这一原则在企业中的应用。

1.　"家长"式的管理起不了作用

【事例】

刚入职场的 90 后小舟，诉说自己的心事，"我的领导是一个很有权威的人，他总是摆着冷冰冰的脸，让人不易接近。每次见面，我都觉得很尴尬，想和他打招呼，但他总是不苟言笑，让我整天患得患失的，以为自己哪里做得不好，不和他打招呼吧，又显得没有礼貌，不懂得尊重领导。"

"我面试的第一天，人力资源部经理带我去见上级领导的时候，就给我打过预防针，他让我见到领导后不要紧张。看到经理欲言又止的样子，我还很疑惑，后来见了那位领导我才反应过来。其实，我本来并不紧张，但是一进入领导的办公室，我就感受到一股莫名的严肃氛围扑面而来，面试过程虽然还算顺利，但是领导的那种不易接近的感觉依然在我心里留下了很深的印象。"

有些管理者就像小舟的领导一样，在员工面前，喜欢把持权威，认为把自己放在和员工的同等位置上，就是抹杀了自己身为领导的荣耀感，总是在员工面前板着脸，时不时发顿脾气，这样一来，可能会给某些心思细腻、比较胆小的员工造成心理阴影。

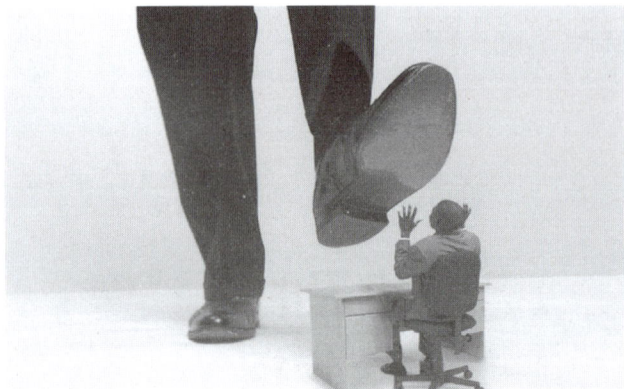

还有些管理者，看到一波波刚走进职场的 90 后，更是要耍一耍自己的威风，从气势上先把对方给"制服"，认为这样，90 后才能屈服在自己的威严下，以后才更容易管束。就像家长对待孩子一样，不听话就一顿训，训到屈服为止。

这种"家长式"的管理方式运用到职场中，不仅起不了什么作用，还会让员工出现逆反心理，该做的事故意拖着不做，不该做的事偶尔给你捣鼓一下，渐渐地，管理者会越来越头疼。

2. 平等让人高贵

【事例】

英国大作家萧伯纳，有一次到苏联访问，遇到一个聪明伶俐的小女孩，就和她一起玩耍。当送小女孩回家时，萧伯纳站着对小女孩说："知道我是谁吗？回家以后告诉你的妈妈，就说今天和你在一起玩的是萧伯纳！"

小女孩抬起头，学着他的语气回应："那你知道我是谁吗？回家后，也请你告诉你的妈妈，和你一起玩的是克里佩斯菜娅！"听完这句话，大文豪萧伯纳不禁愕然。

此后，萧伯纳每次对朋友说起此事，都会感慨地说："是这位七岁的小女孩给我上了人生最宝贵的一堂课！一个人不论有多大的成就，他在人格上与任何人都是平等的。这个教训我一辈子也忘不了。"

任何一个卖弄自己权势的人，都是无知的。小女孩的话无疑狠狠抽了萧伯纳一巴掌，他认为自己身份高贵，小女孩和他在一起玩耍，是一件值得她和她的妈妈骄傲的事，但是在小女孩的心目中，她同样也是拥有高贵灵魂的人，和她一起玩耍，萧伯纳同样也要感到自豪。

萧伯纳的故事告诉我们：人的一生要面对许多人，经历许多事，但无论如何都要活得自由而高贵。在企业管理中，管理者想要"高贵"，其实并不难，管理者只要学会平视权威，重视平等，久而久之，在员工的心目中，管理者的形象慢慢就会"高贵"起来。

3. 注入人性化管理

【事例】

　　某家公司强调家庭式的责任感和协作精神，以此来激发每个员工的积极主动性。这家公司每个季度都会开展员工自主提意见的活动，在这种活动上，高层领导为了表达对基层员工的重视，没有一个会缺席，全员到场，并且高层领导鼓励每一位员工提出自己的意见，一旦意见被采纳，公司还会有相应的额外奖励。

　　无论员工的职位是高是低，无论员工工作时间是长还是短，无论是新员工还是老员工，只要是企业里的员工，都有这种展示自己的机会。除了对公司内部发展建设提出意见以外，员工还可以表达自己对工作上的某些需求和想法，如果有员工不适应他的岗位和工种，公司绝不会漠然视之，这种平民化的沟通政策，让每个员工都感觉到了自己的重要性，在工作中，也更加积极努力。

　　在上述例子中，该公司采用平民化的沟通政策，强调开放的沟通、人性化的管理，真正做到了以人为本。

　　在企业管理中，平等不分年龄大小，不分职位高低。传统的管理者大多喜欢用

高压的方式领导和管理员工，而现代，高压式的管理模式正在逐渐被淘汰，**越来越多的管理者懂得在管理员工时，注入更多人性化的东西。**

4. 不要轻视平等的力量

【事例】

某家电台实习生小方是一名 90 后，他刚进电台不久，常常被当成"打杂工"呼来唤去，除了给领导端茶倒水，还要给老员工泡茶、泡咖啡，有时候还要跑腿买饭。这天中午，开完会之后，带小方的老员工又让他去买饭："按照人头买，规矩和往常一样。"小方似乎已经习惯这种"打杂"生活，他规规矩矩地应下来，转身准备下楼去买饭。

刚从会议室出来的主任听到了他们的对话，下楼的时候，主任叫住小方："你今天开会时提的想法很新颖。"小方听了这话，很开心，主任又接着说："你上去吧，这次午饭我去给大家买。"这话让小方吓了一跳，他被使唤习惯了，但是让主任去帮大家买饭还是头一遭，小方当然不敢这么做，最后两人一起去买回了饭。

后来小方在众多实习生中脱颖而出，他毅然决然留在了这家电视台。

美国前总统林肯认为："所有人生来就是平等的。"英国散文家理查德·斯蒂尔说过："对一个有优越才能的人来说，懂得平等待人，是最伟大、最正直的品质。"

不要轻视平等的力量，不要轻视人性化管理的力量，一个经常摆架子的管理者，是处理不好领导和员工之间的人际关系的，把自己放在高不可攀、触不可及的位置上，只会让员工敬而远之，这样留不住人才，也管理不好一个团队。员工已经不再是企业用来赚钱的工具，管理者学会平等待人，于人于己都有利处。

5. 平等待人的方法

那么，有哪些平等待人的方法？下面给大家介绍两点。

1) 机会平等

员工由于受教育程度、知识技能的不同，对企业会有不同的贡献，企业应根据员工的贡献值，提供合理的竞争机会，不应该附加任何不合理的条件来限制或助长员工参与竞争。如有些员工因为是某领导的亲戚，因此有更多的提升机会，但这样对其他的员工就很不公平。企业要给员工提供同等的机会，根据个人能力公平地竞争。

而对于 90 后员工来说，企业领导要创造性地利用各种新技术和新方法来满足他们的各种需求，在交流上多提供平等的机会。只有为员工提供平等机会，才能让员工在企业中发挥着各自的作用。

2）收入平等

这里的收入平等不是说每个员工拿一样的工资，有的员工除了基本业务掌握得非常熟练以外，还有很多其他的技能，企业为这种能够为公司带来额外利益的员工应该给予奖励。

因此，这里的收入平等是指依据员工的贡献能力和知识技术水平，给予员工相应的报酬，实行按劳分配。

8.2.2　认真听取员工的意见

员工的意见对管理者有很重要的作用，下面来看看几个这方面的事例。

1. 积极寻求意见

【事例】

在电视台工作的 90 后——小方后来说道："我当初愿意留在电视台，还有一个重要的原因。我的上级领导是一个非常有才的人，他的有才不仅仅表现在他的工作能力上，还表现在他永远都在积极主动寻求员工的意见上。"

"我第一次参加早会，很激动也很紧张，在征求意见环节，等到老员工发表完看法之后，他以一种很诚恳的态度征询了我的意见，我没有提前准备，也不知道自己会有被问到的机会，当时所有人都看着我，我很紧张，想借机随意敷衍过去，但是当我看到主任的眼睛，我知道他不是在敷衍地问我，他是认真的。"

"我为我有这样一位领导而自豪，如果你的想法能够与他碰出火花，那么接下来两天，他会一直找你，和你深入讨论这个想法。他有一个很好的习惯，把员工的每一个意见都用笔记下来，你会觉得和他交流是一件备受尊重的事……电视台的工作很累，但是我的领导会认真听取我的意见，我的创意从来不会随随便便就落空，这是我认为最开心的事。"

优秀的领导者会不断向员工寻求有创意的意见，这样，不仅能够了解到员工在做什么，还能从中得知企业目前的问题以及发展的动力。

没有人愿意做他人的傀儡，作为一名管理者，你有没有发现你的耳边经常会充斥着这样的语言："我们可不可以换个角度想？""或许用这个方法效果会更好，我觉得可以尝试一下。"前提是你一定要听，永远不要在员工还没有发表完意见的时候，就打断他的话，这是一种很不明智的做法。员工的意见也许能够提升绩效、达成任务，也许一无是处，但是无论如何，管理者都应该听取完这个意见，再发表看法，如果员工还没说完就遭到了"闭门羹"，那么员工是不会服气的。

管理者身居高位，往往不能全方位地看见公司存在的问题，员工每天在基层岗位工作，有时候看问题比管理者还要透彻，因此，他们提出的意见往往更具针对性，更有说服力。

尤其是 90 后员工，他们往往想法新颖，点子多，所以，管理者多多鼓励那些积极主动提供建议的员工吧，能够主动提供建议的员工，说明他把公司的事看成是自己的事，放在心上。对于管理者，也许不一定非要接受员工的意见，但是至少要做到尊重每一个意见。

2．不善听取意见者不会成功

【事例】

有一次，唐太宗问魏征："历史上的君王，为什么有的人明智，有的人昏庸？"魏征说："兼听则明，偏听则暗。"意思是：多听听各方面的意见，就明智；只听单方面的话，就昏庸。他还举了历史上尧、舜和秦二世、梁武帝等例子。

还有一次，魏征在上朝的时候，跟唐太宗争得面红耳赤。唐太宗实在忍受不了了，想要发作，又怕在群臣面前丢了自己举贤纳谏的好名声，只好勉强忍住。退朝以后，他憋了一肚子气回到内宫，见了长孙皇后，气冲冲地说："总有一天，我要砍了这个魏征！"

长孙皇后问及原因，唐太宗说："他总是当着大家的面侮辱我，叫我实在忍受不了。"长孙皇后听了，一声不吭，回到自己的内室，换了一套朝见的礼服，向唐太宗下拜祝贺，"恭喜陛下，陛下真是英明。臣妾听闻只有英明的天子才有正直的大臣，现如今魏征这样正直，正好说明了陛下是一个英明的君主，我怎么能不向陛下祝贺呢？"

这一番话就像一盆清凉的水，把太宗满腔怒火彻底浇熄了。

公元 643 年，魏征因病而死。唐太宗很难过，他流着眼泪感慨："人以铜为镜，可以正衣冠；以古为镜，可以知兴衰；以人为镜，可以知得失。魏征没，朕亡一镜矣！"这堪称对魏征人生价值的最高评价：用铜做镜子，可以整理好一个人的穿戴；用历史作为镜子，可以知道历史上的兴盛衰亡；用人作自己的镜子，可以知道自己每一天的得失。魏征一死，我就少了一面好镜子啊。

魏征的故事就是告诉我们，身为上级领导，要多多听取员工的意见。

在企业里，有些领导不喜欢听取别人的意见，心目中只有自己，自以为比员工高明，事事占上风，好出风头。

对于这类管理者，即使是你有很大的本事，见识比别人高明，也绝对不会成功。明智的员工，不会追随这样的老板。趾高气扬不仅使员工感到窘迫、无路可走，还会失去一大批乐于提供意见的衷心员工。

3．认真听取员工意见的方法

管理者认真听取员工意见时，应做到下面几点。

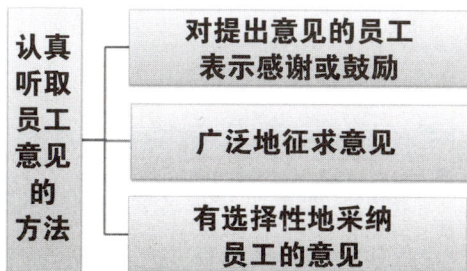

认真听取员工意见的方法
- 对提出意见的员工表示感谢或鼓励
- 广泛地征求意见
- 有选择性地采纳员工的意见

1) 对提出意见的员工表示感谢或鼓励

当员工提出某种建议时，管理者应该欣然表示，"你能想到这个办法，说明你用了脑，好样的。"

大多数 90 后，都喜欢听到领导的夸奖，如果管理者能够以这种开明的方式对待员工，员工一定会更加积极地提出意见。

2) 广泛地征求意见

当员工针对某些特殊问题提出意见时，管理者不要立马定夺，应尽量征求不同人的意见，在 90 后的管理中，多多寻求他人意见，能够更加了解现在年轻人的想法，也许他们的想法不够成熟，但是其中也不乏某些出人意料的创新想法。

3) 有选择性地采纳员工的意见

对于员工的建议，管理者可以有 3 类回复。

第 1 类——凭直觉判断，觉得这个意见有效，表示接受之后和员工进行讨论，或者先将意见记录下来，有时间找员工进行讨论。

第 2 类——这类回复是针对那些比较创新、还在摸索过程中的意见，管理者可以回复员工：我需要再多了解一些信息。这种意见就是做保留意见处理。

第 3 类——直接说 "NO"，对于一些不太实际的意见，管理者可以直接说"不"，但是这个拒绝可以说得委婉一下，在肯定员工努力的情况下进行拒绝会比较能让员工接受。

8.2.3　与员工保持一定距离

在人际交流在，掌握好恰当的距离是管理者要把握好的一个尺度，下面看看几个事例，来探究一下管理者与员工保持距离的重要性。

1. 适度距离对每一个人都是必要的

【事例】

90 后小开是一个聪明伶俐的女孩，她的领导琳达是一个爱美人士，由于小开曾经在北京参加过化妆培训，有很好的化妆技巧，因此琳达经常私底下和她讨论化妆的事，两人渐渐走得很近。

而同在琳达手底下做事的其他几个女生，却因为嫉妒慢慢疏远小开，私底下议论："小开就是一个'心机婊'，仗着自己会化点妆，就故意接近老板，博得老板的关注。"小开知道同事在背后这样议论她后，难过了好一阵，可是她又无法去向琳达诉苦，一是怕同事说她打小报告，二是怕琳达知道后，两人之间的关系会变得尴尬。于是，一个月之后，小开找了其他的理由，向琳达递交了辞职信。

一个优秀的管理者，要懂得与员工做到"疏者密之，密者疏之"，这才是成功之道。琳达没有意识到这个问题，她认为自己和小开走得近是一种平易近人的表现，但是无形中却在员工之间引发了嫉妒，造成了这种无法挽回的后果。

讲一个有趣的事，有生物学家为了研究刺猬在冬天的生活习性，做了个实验。在寒冷的冬天，把十几只刺猬放到户外的空地上，这些困倦的刺猬因为冷而不得不紧紧地靠在一起。但是无论如何它们都睡不舒服，因为忍受不了各自身上长满的刺，所以抱在一起后又很快分开。但是分开了一段距离后，又冷得受不了，因此又靠在一起取暖，然后又再度因为各自的刺而不得不分开。挨得太近，身上会被刺痛；离得太远，又冻得难受。就这样反反复复地折腾了好几次，最后它们找到了一个适中得距离，既可以取暖，又不至于被彼此刺伤，这就是著名的"刺猬法则"。

2. "无声胜有声"

【事例】

法国前总统戴高乐是一个主要靠自己的思维和决断而生存的首领，他有一个座右铭："保持必定的距离！"这深入地影响了他和智囊、参谋们的关系。在他的总统岁月里，他的秘书处、办公厅和私人参谋部等员工，没有人的工作年限能超过两年。他总是这样对刚上任的办公厅主任说："我只能用你两年。就像人们无法把参谋部的工作当作自己的职业一样，你也不能把办公厅主任当作自己的职业。"这就是他的规定。

后来，戴高乐解释说，这样规定有两个原因。第一，他认为调动很正常，而固定的才不正常。这可能是受到部队的影响，因为军队是流动的，不存在一直固定在一个地方的军队。第二，他不想让这些人成为自己"离不开的人"。唯有调动，相互之间才能够保持一定的距离，才能够确保参谋团的思维、决断具有新鲜感及朝气蓬勃，并能杜绝顾问与参谋们利用总统的名义来徇私舞弊。

戴高乐的这种做法值得我们深思，如果没有距离，领导决策就会过分依赖于员工，容易受智囊团人员干预，进而使他们假借领导名义谋一己之私，这样的后果会非常严重，两者相比，还是保持一定的距离比较好。

戴高乐就是很好地运用了"刺猬法则"，"刺猬法则"强调的就是人际交往中的"心理距离效应"。

"刺猬法则"运用到管理实践中，就是领导在与员工交流和沟通的过程中，要掌握好适当的距离，应该与下属保持一定的距离，做到"亲密有间"，这是一种不远不近的恰当的合作关系。

有管理者认为，与员工称兄道弟、打成一片、吃喝不分，更有利于工作的开展和进行，其实，这种想法是错误的。与下属保持一点的距离，可以避免下属的防备和紧张，还可以减少下属对自己的恭维和奉承，甚至可以减少因某员工比较"得宠"而受到其他员工的排挤。这样做既可以获得员工的尊重，又能保证管理者在工作中不丧失原则。

俗话说：距离产生美。这话一点儿都不假。保持距离可以让员工更好地维持身心健康，管理者和员工之间距离太近，往往给两者带来一定的压力，但距离远了又容易有疏离感。

因此，保持适当的距离，让管理者和员工之间拥有一个弹性的空间，往往更容易建立自然亲切的关系。

3．如何与员工保持距离

那么如何与员工保持一定距离？下面为大家介绍以下几点。

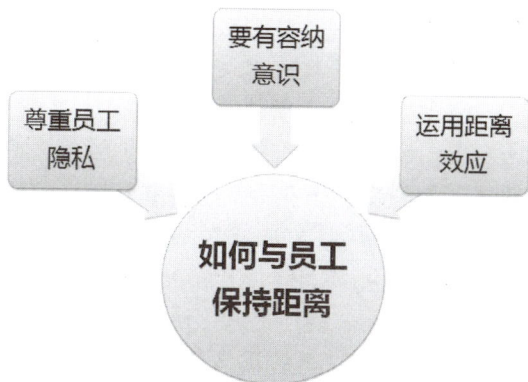

要有容纳意识

尊重员工隐私

运用距离效应

如何与员工保持距离

1）尊重员工隐私

不论多么亲密的人际关系，也应保留彼此的个人空间。在企业里，越是和自己关系亲密的员工，越要尊重对方的隐私。

这种尊重表现为：不随便打听、追问员工的内心秘密，也不随便向员工吐露自己的隐私。管理者过度的自我剖白，即使本身并不存在打听员工隐私的问题，但容易让人产生戒备感，从而失去应有的实际距离。

2）要有容纳意识

容纳意识要求管理者尊重个性差异，容纳员工的缺点，谅解员工的一般过错。如果管理者没有容纳意识，迟早会将自己与员工的关系推向崩溃的边缘。

3）运用距离效应

距离常常会给人以遐想，人们常说：距离的保持会带来良好的感觉。有了距离，员工就不会肆意妄为，不会不尊重上司，管理者也可以树立一定的权威；有了距离，就会有神秘感，有了神秘感，员工就会产生敬畏，因为他们根本就不知道领导的品性和习性。

如果没有了距离，员工可能会在上司面前很放肆，而且时间久了，对上司的习性或者品行了解得很清楚后，说话也会变得随意起来，那么管理者的威严就大打折扣，甚至是没有权威可言，因此，保持适当的距离，才会更有权威。

总之，与员工保持一定的距离，既不会使你高高在上，也不会使你与员工互相混淆身份，这是管理的一种最佳状态。

8.2.4 宽容地对待公司员工

宽容对待员工，使人保持心情舒畅，不仅有利于公司，也有利于管理者本身的工作。下面用几个事例看看宽容在管理者起到了哪些作用。

1．宽容地接受不同观点

【事例】

小张是某公司新招的市场调研专员，但是刚做了两周，他就来到总经理的办公室，十分委屈地说："不论我做什么，经理总说不行。"总经理说："我认为你应该和你的经理好好沟通一下，有些误会就是因为没有很好地沟通才造成的。"

小张离开后，他的经理来到总经理办公室，板着脸问："现在的 90 后，被教育得太好了，动不动就告状。"总经理听到这话，眉头微微蹙了一下。经理继续说道："这小孩做事太标新立异了，让他按照要求做报表、收集资料，结果他搞得乱七八糟，好多报表都被我退回去重新做，他还不服气。"

听到这儿，总经理让经理把小张做的报表和收集到的资料拿给他看。原来，小张做了两份截然不同的报表，一份是按惯例做的，一份是按照不同产品类型做的。资料也整理了两份，一份按照惯例，另一份按照市场分类做的。

看完后，总经理说出了自己想法："任何事情，一定要按照惯例做吗？按照惯例做就百分之百正确吗？小张这样做的原因，你问了吗？他或许有自己的想法，再说，小张这样的分类也有可取之处，一个新人能够有自己的想法，难道不值得鼓励吗？"

经理有些不服："可是公司有公司的规矩。""规矩是死的，人是活的！"总经理有些责怪道，"你认为一个星期有哪几天是以'T'字母开头的？"经理不假思索回答："星期二(Tuesday)和星期四(Thursday)。""但是也有人回答今天(Today)和明天(Tomorrow)，你能说他的回答错了吗？"经理哑口无言。

总经理接着说："工作中遇到问题，并不是像数学题一样，只有唯一答案，作为一名管理者，要懂得包容、接受不同的观点，而不是主观上判断对和错。现在的90 后，确实存在很多不足，但是他们也有自己的优点，我们管理者就是要学会去接受这种缺点和不足，小张就是一个善于动脑的人，他的这种优点，你应该让他保持下去，而不是直接扼杀在摇篮里。"

人生活在社会上，避免不了群居生活，万人万象，由于信息不完全或者沟通不彻底，造成人与人之间的某些误会是客观存在的，没有员工可以完全符合管理者心目中的员工标准。

在工作过程中，任何人、任何事都不是一成不变的，每个员工对待工作，可能都会有自己独立的见解。现在的 90 后，很多人都善于用自己的思维去做事，有些想发可能还不太成熟，但是管理者可以多给予一些指导，让他们形成自己独特的思维模式，如果一直套用一个模式去管理员工，可能会阻滞企业的发展。

而且，在企业管理过程中，管理者如果能够接受一些不同的观点和声音，那么将会更有利于员工的成长和企业的发展，不仅能让管理者获得一个好名声，还会让员工更加信任管理者。接受不同的观点、采用宽容式的管理模式，它不仅不会削弱公司的凝聚力，恰恰相反，还会让企业和员工之间形成强有力的凝聚力。

2. 宽容更能起到教人育人的作用

【事例】

古代有一位老禅师，很受人尊敬。一天，老禅师在庭院里散步，突然发现墙角里有一张椅子，老禅师看一眼就知道，肯定是某个小和尚违反寺规爬出去溜达了。老禅师也不声张，走到墙角边，默默地把椅子移开，自己就地蹲下。过了一会儿，果真有一名小和尚翻墙而来，黑暗中踩着老禅师的脊背跳了下来。

当小和尚双脚踏地的时候，才意识到自己踩的不是椅子，而是自己的师傅，小和尚顿时惊慌失措，不知道该说什么，站在原地等着受罚，但出乎他意料的是，老禅师并没有责备他，而是以平静的语调说："夜深天凉，快去多穿点衣服。"

小和尚听完老禅师的话后，觉得自己被上了一课，老禅师这种无声的宽容，不是一种惩罚，而是一种充满智慧的教育，小和尚被教育得服服帖帖，从此以后再也不敢偷偷爬墙出去溜达了。

这则故事里的老禅师就像企业里的管理者，偷偷翻墙出去溜达的小和尚就是企业的员工。

在现实生活中，很多管理者对自己总是很宽容，对员工却很不谅解。自己上班迟到了，就说昨晚熬夜工作，熬夜批改工作意见，反正都是熬夜为公司了；自己工作中出现差错了，就一笔带过，说下次会注意。

但是遇到员工犯错，态度就截然相反，不仅当众严厉地责备，还会长期揪住不放。很多员工都会抱怨，自己因为生病不小心迟到，领导往往不管不顾，直接"亮红灯"、扣工资。

但实际上,这种方式不一定能行得通,有些脸皮薄的员工,面对领导的指责,觉得自尊心受到打击,往往会影响工作效率。现在很多 90 后,比较有自己的主见,觉得"制度是死的,人是活的"。管理者不分青红皂白就对他们进行惩罚,更容易激发出他们的逆反心态,这种逆反心态主要表现在想要挣脱管理者的束缚,产生逃离的冲动。

宽容管理不是让管理者无底线地原谅员工犯下的错,有些时候,该罚的还是要罚,但有些时候,宽容管理反而更能起到教人育人的作用。心理学家指出:在企业中,管理者适度的宽容,对于改善人际关系和员工的身心健康都是有益的。

3. 心胸狭窄的人无法成功

【事例】

两个世纪前,美国发明家富尔顿来到了凡尔赛宫,他刚发明了蒸汽机铁甲战船,正兴致勃勃地向拿破仑建议,用之取代当时法国的木制舰船。然而这场具有划时代意义的谈判却当场告吹,富尔顿也许永远都不会知道,他失败的原因在于他毫不在意地顺口恭维了拿破仑一句:"陛下,您将成为世界上最高大的人!"

当时,富尔顿想表达的是"高贵""崇高"的意思,但他一不留神说成了"高大",这一下恰恰正好击中了拿破仑最自卑、最害怕被别人嘲笑的生理短处——个子很矮。拿破仑因为自卑,当场对富尔顿吼道:"滚吧!先生!我不认为你是个骗子,但你是个十足的蠢货!"

这之后,富尔顿的发明被英国方购买,自此英国凭借强大的海军力量,确立了世界海上霸主的地位,法国落后其一大截。直到 20 世纪 30 年代末,爱因斯坦在给当时美国总统罗斯福的信里，又一次重提旧事："总统先生，如果 1803 年拿破仑接受了富尔顿关于建造蒸汽机军舰的建议，今天的世界格局将会完全改变！"

在这个故事里，拿破仑仅仅因为容忍不了别人无意间说错的一个词，就拒绝了一项伟大的发明，也失去了一个称霸世界的机会。可以说，他的心胸狭窄，导致他失去了一个时代。

"金无足赤，人无完人"，现在的 90 后，大多比较叛逆、追求个性，身上可能存在很多的不足，但是管理者要学会正视自己的缺点，遇到问题时，不要把所有的过错都推到员工的身上，因为心胸狭窄的人，是无法成功的。

宽容可以使管理者学会如何去欣赏员工，也可以让员工学会如何欣赏领导。用宽容的方式管理员工，公司才能获得新鲜的思想和理念，才能广纳人才和培养新人，才能不断地提高公司的产品质量，提高公司的信誉和品质。

4. 宽容对待员工的方法

那么，管理者该如何宽容地对待员工？下面为大家介绍几种宽容的方法。

学会换位思考

宽容对待员工的方法

考虑事情周全

抓住事情本质

1）学会换位思考

实际上，做到宽容，也需要换位思考。

有时候，管理者站在自己的角度看待问题，容易因主观意识而产生某些误会，遇到这种情况，不要与员工进行争吵，更多的时候，管理者应该站在对方的角度思考，设身处地地为员工考虑，改变一下自己的思维方式，或许你就会了解员工的心态。

2）考虑事情周全

管理者交代员工做事时，首先要周全地考虑到事情各种可能发展的方向。任何一件事情，都有可能按照原先的轨迹一步步走，但也有可能脱离运行的轨道，与实际想要的结果产生偏差。

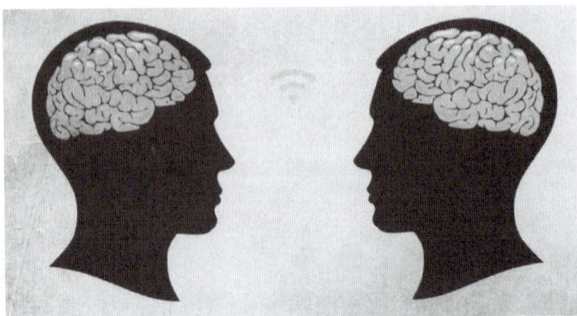

因此身为管理者，要有运筹帷幄的精神，对任何可能产生的结果都要了然于胸，当员工出现错误或者产生失误的时候，不至于措手不及，而能及时地调整好心态，帮助员工渡过难关。

3) 抓住事情本质

假设，某天下大雨，你开着车，在路上堵了很久才到公司，窝了一肚子火没有发泄，恰巧你的一位员工迟到了。你是选择不分青红皂白，将员工骂一通，还是问清楚缘由再说？

很多管理者会选择第二种方式，但是，又有几个管理者能够做到询问的时候和颜悦色？你一出口带着质问，员工可能都不想解释了。但是当你和颜悦色询问的时候，才知道原来员工家里出了事，就算急忙打车过来，还是迟到了一分钟。

事情的本质不是员工怠工、懒惰，而是突发状况造成，管理者听了心里会不会舒服很多？可能你说话的语气都会温和很多，就算按照公司制度扣钱，员工心里都会存有感激。

8.2.5　幽默感能够为你加分

幽默，在一个气氛融洽的环境里，能够起到推波助澜的作用。下面通过几个事例，我们来看看幽默在企业管理中的作用。

1. 幽默更容易拉近人心

【事例】

美国前总统林肯少年时聪慧过人，有一次在学校上课，老师想出个题难住他，便问："我想考考你。你是愿意回答一道难题呢？还是两道容易的题目？"

林肯想了想说："回答一道难题。"

"好吧，那么你说，鸡蛋是怎么来的？"

"鸡生的。"林肯答道。

"鸡又是哪里来的呢？"

"老师，这是第二个问题了。"林肯说。

老师原本想把林肯引进"鸡生蛋，蛋生鸡"这个纠缠不清的问题中，没想到被林肯巧妙地避开了。某位作家说过这样一句名言："生活中没有哲学，还可以应付过去，但是没有幽默，则只有愚蠢的人才能生存。"一个人如果拥有很高的学识、才华和能力，但是却没有幽默感，那么这个人在人际交往中，可能不那么惹人爱。

在企业管理中，管理者每天要领导手底下那么多员工，每个员工的性格可能都不一样，有的喜静，有的易动，有的是动静皆宜，有的容易相处，有的偏冷淡……面对这样一群性格迥异的员工，管理者除了要具备真知灼见的才华外，还要有一点点幽默感，幽默感不仅能够拉近管理者与员工的距离，还能让员工知道管理者是一个有趣的人，而不是一个"老顽固"。

在 90 后员工心里，与一个有幽默感的上司相处，比与一个严肃、呆板、不会变通的老板相处要融洽得多。由于 90 后生在这样一个繁复多变的网络时代，耳濡目染以后，铸就了某种幽默感，对于 20 世纪六七十年代的人来说，网络是一个新奇的世界，他们更愿意通过网络去观看时事类的新闻，关注民生大事，那些网络八卦、论坛、恶搞、段子手更多的是 90 后去接触，所以他们的思维更活跃，幽默意识也更强。

随着越来越多的 90 后员工进军职场，管理者若还不能改变自己的思维方式，让自己与 90 后更融洽地相处，那么最终，员工内部会怨声载道，人才流失率也会越来越高。

幽默感是一个人智慧的象征，幽默语言可以让人与人之间紧张感和压力释放出来，化作轻松的一笑。在职场中，管理者与员工进行沟通，善用幽默语言能够消除某些"权力代沟"。幽默语言就如同一支润滑剂，可有效地降低管理者与员工之间的"摩擦系数"，化解冲突和矛盾，从容地摆脱沟通中可能遇到的困境。

2. 用幽默指出员工的缺点

【事例】

某天,顾客在一家酒店喝酒,杯子里只有半杯啤酒,在他喝完第二杯后,转身问老板:"你一星期能卖多少桶啤酒?"

"35桶。"老板扬扬得意地回答说。

顾客想了想说:"我倒是想出了一个能够使你每星期卖掉70桶啤酒的方法。"

老板听后很惊讶,又很高兴,忙问:"什么方法?"

顾客说:"很简单,只要你将每个杯子里的啤酒装满就行了。"

老板因为唯利是图,所以每个杯子里只有半杯啤酒,而顾客本意就是想指责老板的这种心态,所以聪明地下了一个"圈套",让老板不知不觉钻进去,然后出其不意地指责老板的这种行为。

用意想不到的语言,达到某种目的,这是幽默的本质。用幽默的言语往往更能够说服对方,达到更好的沟通效果。

在企业管理中,如果员工犯了错误,管理者可以不要直接训斥,用幽默的方式指出员工的缺点反而更好。这种方式虽然揭露了员工的不足和错误,但是绝对不会让员工感到管理者锋芒毕露、咄咄逼人,相反,员工觉得管理者和颜悦色、心宽气爽,很有领导风范。

企业管理中,采用幽默的语言道出员工的缺点与错误,不仅能够让员工认识到错误,还能让员工领悟到管理者的良苦用心,保证下次不会再犯同样的错误。

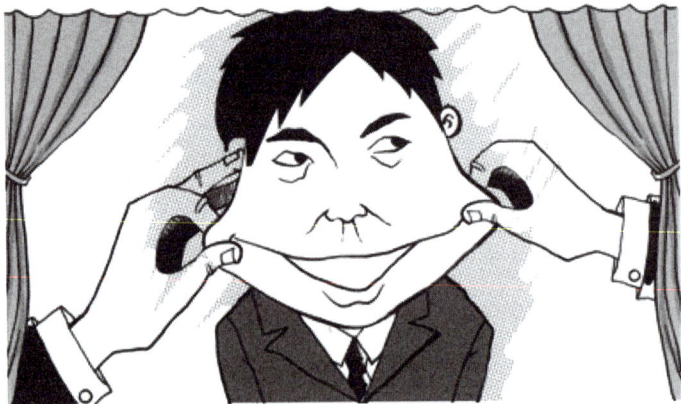

3. 用幽默提高权威

【事例】

一天晚上,华盛顿与几位客人坐在壁炉边聊天,因背后的壁炉烧得太旺,华盛顿觉得太热,就转过身来,面对着壁炉坐下。

在座的一位客人开玩笑说："我亲爱的将军啊，您应该顶住战火呀，怎么能够畏惧战火呢？"

华盛顿笑着说："您错了，作为将军，我应该面对战火，迎接挑战，假如我用后背对着战火，不就成了临阵脱逃的逃兵了吗？"

华盛顿用机智幽默的语言挽回了自己的面子。

在企业管理中，领导的幽默，不仅仅能给大家带来欢声笑语，还能帮助自己树立良好的形象，更有助于提高威望。

4．培养幽默感的方法

那么，如何培养幽默感呢？

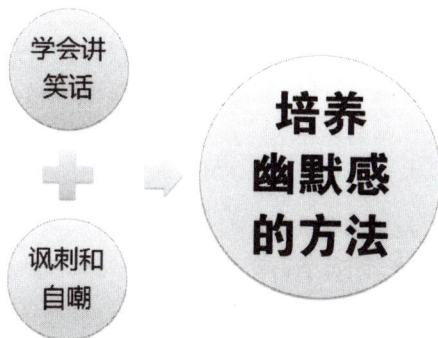

1) 学会讲笑话

搜集搞笑的笑话，能够提升幽默感。根据笑话，揣摩其中的意境，找出其中的笑点，积少成多，慢慢地幽默感也会跟着提升。

讲笑话要注意以下几点。

(1) 笑话只能说一遍，任何一个笑话，讲两遍以上都会感到枯燥无味。

(2) 笑话只能意会，不能解释，解释就变味了。

(3) 不要别人没笑的时候，自己哈哈笑个不停。

(4) 不要以"我今天要讲一个超好笑的笑话"作为开场白。

讲笑话是培养幽默感的一种简单的方法。

2) 讽刺和自嘲

除了讲笑话，讽刺和自嘲也是一种提升幽默感的渠道。

管理者偶尔和员工谈谈儿时的糗事，也绝对是一种能够拉近彼此之间距离的方法，还可以从个人形象、特质、网络用语入手，要管好 90 后，管理者还真的需要在这上面下点功夫。

8.2.6 信息传递、接收要精准

在企业管理中，信息传递是每天都要经历的事，上级向下级传递信息和指令、同事之间互相传递信息、下级向上级反馈信息，精准地传递和接收信息对企业工作效率具有重要作用，下面通过几个事例看看这些作用。

1. 失之毫厘，谬以千里

【事例】

有一天，某家公司的老板告诉秘书："你去帮我查一查我们有多少人在南京工作，我希望你能准备得详细一点，因为下个星期一的会议上董事长将会问到这个情况。"

于是，这位秘书打电话给南京分公司的秘书："请在两天之内，把你们公司的所有工作人员的名单和档案准备好，下周一董事长开会时需要用到。"

南京分公司的秘书告诉分公司经理："董事长需要我们公司所有工作人员的名单和档案，这些材料需要在两天之内送到。"

于是，两天之后，几大箱装着人员档案的航空邮件被送到了总公司大楼。

这则故事告诉我们，人与人的沟通中，最大的敌人就是信息失真。

"失之毫厘，谬以千里"，这个道理大家都懂，有时候在布置任务时，说话者采用不同的语气，不同的词语，表达的意思就截然不同。

就像上面的故事里，老板的意思是想让秘书去查在南京工作的人有多少，但是最后却收到几箱员工档案资料，闹了个大笑话。

在企业管理中，不论管理者发布什么命令，都要确保信息的不失真，这样，员工才能以最高效率完成工作。

有时候，公司的高层领导向中层领导发布消息，而中层领导又将消息传达给下面的员工，在这样一级一级地传递中，很难保证某些信息在传递的过程中不出现误差，因此管理者在表达观点时候，要表述清楚。

并且，每个人的理解能力不同，因此在传达任务时，管理者要多与员工进行沟通，任务下达后，执行的过程中，下级要向上级及时反馈，以确保信息在传递过程中没有出现误差，从而保证工作的顺利开展和进行。

2. 让传言消失

【事例】

一家公司，有员工问总经理："听说公司要裁员。"总经理说："谁说的？公司一个都不会裁。"

对于总经理的回答，员工不但没有相信，反而产生了怀疑，于是，消息在公司里不胫而走，大家都相信了公司要裁员的事。

总经理听到这样的谣言，觉得很郁闷，明明自己已经说了不会裁员，为什么大家还会这样想。

后来秘书向总经理提出建议，让总经理尝试着换一种说法，让"机密"变得不那么机密。

于是在某次会议上，总经理说："关于大家听到的裁员问题，在这里和大家郑重说明一下。在理论上来说，全世界没有哪个公司不裁员的，就算我们跟 IBM 不合作，也是要裁员的。那么怎么裁员呢？公司有几个打算，现有的销售团队，我们打算减少百分之八，现有的生产队伍打算增加百分之六，海外市场打算扩张百分之十七，而国内市场打算收缩百分之五，这个方案我们已经决定，下个礼拜公布。"

原来公司不是要裁员，听总经理这么一说，大家就都放心了。

从企业管理的角度来看，越是一些机密的、不愿意让人知道的事情，员工越会东猜西想，于是传言就这样产生了。

下面从传言的成因以及如何让信息准确化等两方面进行阐述。

1) 传言的成因

大家特别喜欢讲传言，主要有 4 个原因。

(1) 焦虑：人会有一种这样的心理，当对某件事感到焦虑的时候，就会更加趋向于了解这件事，以此来消除内心的焦虑感。而公司里也是一样，一旦有什么消息传出来，底下的员工就会非常焦虑，对传言就会更加关注，茶余饭后，传言就是大家的谈资。

(2) 信息：许多人喜欢散布传言，是想把大家的消息拼凑起来，看能不能获得更多的信息，加深对这件事的了解。

(3) 手段：传言是一种联合群体的手段，因为大家都在传一样的故事，就会变成同路人，同病相怜。

(4) 权力：古代就有君王的"心腹"之说，待在权力者身边，或者知道某些内幕，大家就都会凑过去，无形中就形成了一种权力。

2) 让信息传递、接收更精准

那么，如何让信息的传递和接收更精准？

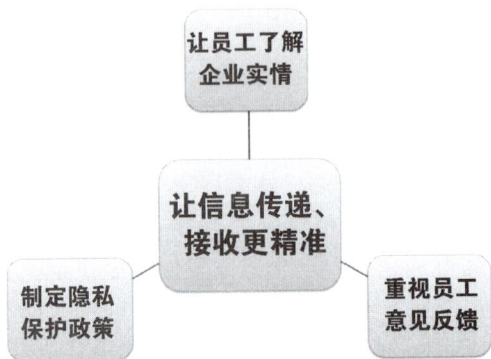

(1) 让员工了解企业实情。

【事例】

一个化妆品公司经理在办公室教育一位刚招来的员工："你知道我们即将向彩妆市场进军，难道不明白，试探消费者对我们新产品的接受程度有多重要？你怎么就不懂得多下点功夫？你不下功夫我们怎么去完成这一项工作？"

员工惊讶，她第一次听到公司要进军彩妆市场这个事，她说道："我承认，我在消费者、护肤品客户群里进行调查的时候，确实把重点放在了消费者对产品的反馈上面，我把精力集中在这个上面，是因为这一款护肤品是我们上一年的主打，我需要消费者的反馈来确定下一年计划。但我并不知道我们即将进军彩妆市场。经理，你知道公司目前的现状，但是你从来没和我说，原本负责这一块的是琳琳，她也没有和我说过。如果我知道，我一定会采取不同的方式，你们应该至少让我知道这个消息。"

从这个事例可以看出，让员工了解公司的信息是多么重要，这就要求管理者及时和员工沟通，把关于公司的信息传递下去。

因此，不论公司是怎样的，员工都有知情的权力，特别是战略转变，或者是公司出现危机时，更应该及时地和员工进行沟通，让员工知道企业目前的状况和面临的问题，而不应该采取掩盖的方式。

管理者不向员工说明情况，很有可能要背负一些无法察觉的风险，在员工做决策的时候，往往会根据已知的公司的情况进行工作，这也直接耗费了公司的人力物力，浪费了员工的时间。

告诉员工公司的实际情况，可以让员工从中得到公司业务的主次信息，然后更合理地安排自己的工作内容，在面对主要业务时，花更多的心思在里面，提早完成，而面对次要业务时，可以稍微缓一缓，这样主次分明，就不会耽误事。

并且，员工还能更好地了解到自己在工作中的职责，有时，公司的业务方向改变，员工的工作内容也会发生相对应的改变，了解到公司的目标指向之后，员工就能更好地朝着公司的目标前进。

(2) 制定隐私保护政策。

比如，某个员工家里出了事，员工可能会私底下议论纷纷，有些信息传着传着就失了真。人总是趋向于自己比别人好，或者潜意识里，喜欢看他人笑话，所以在口舌上，容易说出一些不利于当事人的信息，而这些信息被别人捕捉到，就有可能"以讹传讹"，越传越离谱，这样，不仅对当事人带来不良影响，还会造成员工之间的不和谐氛围。

90 后中，很多人在社交论坛、微博、微信里侵染多年，往往不太注重保护他人隐私，因此，管理者要时刻注意这种情况，制定一些保护员工隐私的政策，避免员

工太过八卦，造成公司内部的不稳定和不协调。

(3) 重视员工意见反馈。

有一家公司吸收了一大批高质量 90 后，但是短短几个月后，就流失了一大批人，于是公司紧急招了一位资深人事经理。

这位人事经理进入公司后，做了一番细致的调查，弄清了人才流失的病根——老板一直沿用老套的管理方式，对于 90 后员工提出的那些创新类的意见，不怎么放在心上，也从来不给予反馈。

于是，那些 90 后员工觉得在公司里待得没意思，便纷纷辞职离开了。

这则故事就是告诉我们，要重视员工的意见，并且要及时反馈，即使员工的意见不好，或者管理者拿不出具体的解决方案，也要给予反馈。

因为，管理者重视反馈就相当于重视员工。而且，在工作上，及时地反馈能够帮助管理者及早发现问题，从某种程度上说，重视反馈，也能够保证信息传递和接收无误。

现在的 90 后，常常会冒出一些奇思妙想，他们渴望被人倾听，管理者只要能够保持倾听的姿态，就足以让他们心安。

很多企业意识到这点后，都开始慢慢贯彻这样的制度：所有信息和意见，无论是否具有价值和可操作性，都必须要有反馈。

8.2.7　营造良好的沟通氛围

良好的沟通是良好的工作氛围的基础，在一个氛围良好的环境里工作，对员工的工作效率有很大的提升作用。

【事例】

王经理今天到公司，第一件事就是要和员工小美讨论一下工作上的事。

小美上个星期制定的某个方案在预算上出了点问题，因此王经理想和她谈谈。但是小美性子冲动，又好面子，王经理如果开门见山就提出批评的话，肯定会让小美产生厌恶心理。小美半年前来到公司，工作能力很强，做事也很扎实，是公司重点培养对象，这次出现失误，让王经理很意外。

为了不伤小美的自尊心，王经理决定先制造一个良好的谈话氛围，再切入主题。

小美在门外敲响了门，一进门就见王经理微笑着向她打招呼："小美，来坐。"

小美在王经理对面坐下说："经理，你找我什么事？"

"最近工作累不累？"王经理关切地问。

小美笑着摇摇头说："还好，偶尔会加班，但是总体来说不是很累。"

王经理点点头，从抽屉里拿出一盒感冒药，"我看你前几天一直在打喷嚏，这个感冒药你拿去，吃点预防一下，别突然感冒了。"

小美没想到王经理竟然会注意到这些细节，顿时心里感动不已。

见氛围慢慢融洽起来，王经理才慢慢进入主题："有时候身体不舒服了，就要和领导讲，带病工作，公司可不会额外给你奖金。"

小美禁不住笑了起来。

王经理继续说道："而且带病工作会影响工作效率，你上个星期那份方案就出了一点小差错。"说到这，王经理停顿了一下，小美立马紧张地问："是哪方面出错了？""预算方面出了一点问题，你工作一直很认真，很少会出现这种问题，这次我替你把关，希望下次不要再犯了。"

小美立马点头，"嗯，我一定会注意的。"

在这个事例中，融洽的沟通氛围冲淡了小美的不满心理，以王经理对小美的了解，知道她做事认真，但是不能接受指责和批评，因此王经理采用热情、关心的方式打开话匣子，营造了一种温馨的氛围，然后再切入主题时，就不会让小美产生厌恶反感的情绪了，而且还可能激发小美的工作热情，让她在以后的工作中更加仔细认真。

在沟通管理中，针对不同的员工采用不同的沟通方式，想要取得积极、正面的沟通效果，营造良好的氛围是必不可少的沟通方式之一。

在90后员工里，频频跳槽已经不是什么新鲜事，很多管理者认为员工辞职是因为他们期望太高，而大部分90后则认为与领导沟通不顺，或者工作氛围太压抑。

管理者要多和员工沟通，关心一下他们近期的工作情况、关心员工的身体，或者单纯地谈谈天气、说说双方共同感兴趣的话题等，这些方法都能在沟通中营造出良好的氛围。

相信不少管理者都意识到这一点，和90后之间存在明显的代沟，这种代沟被大多数管理者认为是一种"不可调和"的冲突，而更多的管理者是因为生活经验丰富，觉得90后很多都不懂还装懂，就不愿和小一辈去谈论工作以外的话题，或者谈起来也总是一副说教的形式，导致两者之间的冲突一直存在。

有些时候，领导和员工谈话，看似氛围很好，其实不然，有的员工是因为畏惧领导的权威，因此隐忍着自己的反抗，有些员工则不想隐忍，特别是 90 后，和领导一言不合就会"翻脸"，这时，领导才会开始反思，自己某些工作是否还不到位？但是，有的领导却把责任推给年轻人，说他们年轻气盛，容易冲动，不好沟通。

事实上，这个世上没有任何一个人是不好沟通的，关键是沟通者是否用对了沟通技巧，制造良好的沟通氛围在任何一场沟通谈话中都适用，不管沟通的中心思想是嘉奖，还是批评。

那么，该如何制造良好的沟通氛围？

- 寒暄式的开场白
- 诚恳的态度交流
- 注视员工的眼睛
- 接受员工的意见
- 舒适的沟通地点

1. 寒暄式的开场白

交谈开始时可以向员工问候，寒暄的主要作用是在人际交往中打破僵局，缩短上级与下级之间的距离。

对于刚来公司面试的员工，那么双方可以先简单地做一下自我介绍，有了交谈氛围后，再转到正题中来，这样有利于消除彼此间的隔阂和戒备。

2. 诚恳的态度交流

诚恳的态度往往可以拉近管理者和员工之间的距离，在谈论工作时，人的情绪往往能够互相影响，如果管理者态度诚恳，没有给人一种高高在上的感觉，那么员工也一定感受得到。

有一名 90 后女孩，她说和她的老板谈起话来真累，问及原因，她说："和我们老总说话，总是要把姿态放得很低，他就像古代的人，有种很强的等级观念，而且给人的感觉总是高高在上的，让人很不舒服。虽然坐到他那个位置确实不容易，但是我想他的人缘一定很差，也许他会受到同龄人的喜爱，但是一定不受我们员工的喜爱。"

因此和员工交流的时候，不要把职位等级摆得太明显，你是公司的老总，员工都知道，因此你没有必要处处在员工面前彰显，诚恳的态度会让沟通氛围更融洽，"傲慢"反而会降低沟通的质量。

3．注视员工的眼睛

这个细节不知道有多少管理者注意过，人和人交流时，注视对方的眼睛能够给人一种被重视的感觉，因此在交流过程中，管理者应该注视员工的眼睛，表示你对他的尊重。但是我们所说的盯着别人的眼睛，并不是那种直接直视，死死地盯着，这样反而给人压迫感，让对方感觉不适，盯着对方的眼睛，尽量盯住眼睛和鼻子这个倒三角区域。

4．接受员工的意见

在谈话过程中，管理者要保持在理性状态下进行沟通，切勿情绪化。只有让大家感受到这是一种公平的交流，而不是"家长式"的说教、胜利者对失败者式的命令，员工才能够保持愉快的心情各抒己见。

在交谈的过程中，管理者也要虚心接受员工的意见，即使对自己所说的话没有独到的见解，也不要武断地否定员工的意见，造成僵局，破坏气氛。

5．舒适的沟通地点

舒适的沟通地点也是一种营造良好沟通氛围的方式，有时候还可以根据不同的沟通目的选择不同的地点，这样可以确保达到最大的沟通效果。

8.2.8　互相理解与被理解

在企业管理中，沟通有双向沟通模式——向下沟通和向上沟通。在双向沟通过程中，管理者、员工都渴望理解与被理解，下面看看双向沟通模式在企业中的应用。

1．向上沟通需要支持和理解

【事例】

在美国，有一个替人割草的男孩出钱请朋友为他打电话给他的老板。电话拨通后，男孩的朋友问道："您那里需不需要割草工？"

男孩的老板回答说："不需要了，我已经有割草工了。"

男孩的朋友又说:"我会帮您拔掉花丛中的杂草。"

老板回答:"我的割草工已经做了。"

男孩的朋友再说:"我会帮您把走道四周的草割齐。"

老板说:"我请的那个割草工也已经做了,而且他做得很好。谢谢你,我不需要新的割草工了。"

男孩的朋友挂了电话,接着不解地问男孩:"你不是就在那儿割草吗?为什么还要打这个电话?"

男孩说:"我只是想知道老板对我工作的评价。"

这个故事中,男孩采用了典型的向上沟通方式,通过这种沟通方式,他了解到了老板心目中的想法,知道了老板对他的评价。

在企业中,员工只有勤与老板沟通,才能知道自己的长处和短处,了解自己目前的处境,在将来的工作中,也能够更好地调整工作状态。但是,很多员工不敢和领导沟通,觉得领导者太有权威,自己的沟通想法往往不能被理解,就算提出,也害怕领导觉得自己多事。

在企业中,大部分员工都是处于等着"被沟通"的状态,有的员工还特别害怕进入领导的办公室,总觉得进入领导的办公室是一件很可怕、很羞耻的事。

小张最近在做城区开发的项目,早上又被总经理叫去办公室了,不少员工在底下窃窃私语:"哎,又被boss喊进去畅谈大事了,这次不知道会不会踢到铁板凳。"

人天生就有一种看热闹的心态,看到同事被叫进办公室,被领导批评,就会有种幸灾乐祸的感觉,同时还会有些庆幸被批评的不是自己。

这就给向上沟通带来了一定的阻力,"凡是进办公室就准没好事",这种带有口头禅性质的话语经常在员工间可以听到。

在企业管理中,向上沟通是一种有效的方法,沟通的效果取决于员工的自觉性和自发性,这种沟通往往最能把员工的积极性发挥出来,也许他们沟通的内容都是一些小事,尤其是现在的90后,遇到不管是小事还是大事都喜欢找领导,提意见、表达自己的看法。

【事例】

刚从学校毕业的小岚,是一个典型的北方姑娘,做事热情直率,她进入公司没多久,发现公司重技术,却缺乏人力资源管理理念,于是她主动找到了自己的领导:"刘经理,您好,我进公司快两个星期了,有些想法想和您谈。"于是小岚把自己对于公司的某些看法说了。

刘经理听了,就说:"公司有一套自己的管理模式,而且公司目前一直处在上升阶段,就说明这种模式是正确的。"

小岚不太认同这种观点,于是小岚还是表达了自己的看法,她认为没有有效的人力资源管理制度,对公司长远的发展会造成不利的影响。

刘经理说："那你写一份具体的方案，我看完了再给你回复。"

小岚觉得很失落，觉得经理并不能理解她，这样回答完全是在敷衍她，她预测到自己的建议书应该会石沉大海。

果然，递交上去的建议书没有得到任何回复，小岚很纠结，不知道是该找领导继续沟通，还是干脆换一份工作。

这是一个典型的"向上沟通"不被重视的事例，从这个事例中可以看出，这家公司对于人的使用，并不重视和理解，自然也就让员工觉得自己不被尊重，最终小岚辞掉了工作，而公司也失去了一个得力的员工。

被尊重和理解是一种欲望，人天生就渴求被自己身边的人理解。在企业，员工渴望被自己的上级领导理解，人一旦得到了理解就会感到莫大的欣慰，尤其当员工向上沟通时，领导的理解会让员工浑身充满激情，随之不惜付出各种代价，达到自己的工作目的。

这就是理解与被理解的力量。

2. 向下沟通举足轻重

【事例】

小欢在某家金融企业实习，公司安排了一位师傅带她，刚实习了一个星期，小欢就陷入了困境，她感觉她的师傅总是冷冰冰的，似乎不愿意带她，小欢感到很苦恼，因为师傅的刻意疏离，让她在业务学习方面，觉得力不从心。

某天，部门主管王经理把她叫到了办公室说："小欢，你的情况我向你师傅了解了一下，觉得有些方面，你还需要好好提升一下。"

小欢挠挠头："经理您和我说说吧，不然我也不知道自己的问题出在哪。"

看她态度还好，经理放下手中的笔："你工作认真，很有上进心，你的师傅向我赞扬了你。但是，在业务学习中，你的态度不行啊，你不能直呼你的师傅'哎'，这样让人听了很不舒服，也不是对长辈该有的态度啊。"

小欢点点头："你不说我还不知道，这些都是在学校里养成的坏习惯。"

王经理继续说道："还有，你师傅在说话的时候，你不要随意打断她，要学会耐心倾听，沟通中，很多技巧都是要学习的，随便打断他人说话是很不礼貌的行为。"

小欢认真地记下："我知道了，谢谢经理提醒，以后我会注意的。"

这则故事是一则成功的"向下沟通"的事例，王经理帮助小欢找到了问题，并且提出了解决办法，让小欢的疑惑瞬间解开了。

可见，管理者懂得"向下沟通"的技巧，对企业管理有着举足轻重的意义。

松下幸之助先生的管理思想里面，沟通和理解占有重要的地位，他经常问下属："说说看，你对这件事是怎么考虑的？"他还经常到工厂里去走动，一方面便于发现问题，另一方面有利于与员工进行沟通，听取员工的意见和建议，让公司收益的同时，又令员工感到很温暖。

在企业团队里，管理者一定要学会和下属沟通，当你试着去了解每个人、理解每个人的时候，你会发现，往往一件小事就能够打动员工。

企业里，可能每天都会遇到各种各样的问题，只有员工来"诉苦"是不够的，管理者也要学会主动潜入员工的圈子中，多咨询员工的意见，只有充分地了解下情，才能为公司存在的问题，制定更好的解决方案。

3. 如何实现双向沟通模式

那么，如何实现这种双向沟通模式？

1) 选择题和问答题

向上沟通时，员工尽量给领导出选择题，譬如：

"李总，您看开会时间安排在下午怎么样？"

"李总，您喝苹果汁还是葡萄汁？"

而不是出问答题，譬如：

"李总，开会的时间安排在什么时候？"

"李总，您想喝什么？"

上面两种沟通方式，得到的效果是完全不一样的，譬如采用选择题式的方式沟通，会得到这样的答案：

"李总，您看开会时间安排在下午怎么样？"

"下午我没空，要见一名客户。"

"那安排在明天上午如何？"

"明天上午我要见另一名客户。"

"那后天下午两点以后呢？"

"可以，就定在后天下午两点。"

如果采用问答题式的沟通方式，或许会得到下面这种回答：

"李总，您看开会时间安排在什么时候？"

"这个你来安排吧，我没空。"

于是，问题就被搁置了，聪明的员工在与领导沟通时，往往不会出问答题，而是会出选择题，这样，工作效率会大大提升。

2）紧盯过程很重要

管理者和员工沟通过程中，最重要的一个环节就是提供方法和紧盯过程，管理者把自己的方法传授给员工，那么也要随时对执行的过程进行"监视"，从而避免新的问题产生。

3）要学会掌握信息

不管是领导，还是员工，在沟通之前，都要先掌握所要沟通的信息。如果事先不了解，就多做功课、多询问、多学习，等了解状况之后，再进行沟通，这样就能避免很多误会，也能避免尴尬。

员工向上沟通之前多了解一些信息，这些信息包括：公司中的各成员之间关系；公司以前是否有人提出过类似建议，结果如何；了解上司的脾性以及他在公司中的地位和影响力；公司中存在的可以说明问题存在性和严重性的各种事实……

领导向下沟通前要了解的信息包括：公司各成员的职责分工和工作内容分配；公司长期的发展目标；公司以前是否出现过类似现象以及解决方法；存在的问题和哪些部门相关联；员工的性格和心理素质……

4）提出解决的方案

比起听下级抱怨不休，领导者更希望员工能够提出问题的解决办法，很多 90 后往往忽略这一点，遇到问题了，找到老板一通说，然后等着老板帮助解决问题。

其实，如果员工能够在遇到问题的时候，自己在心里拟定一个解决问题的草案，再去向领导提，不管方案是否正确有效，但至少在领导心目中，你是一个用脑的人。

8.2.9 必须掌握的说话技巧

说话有一定的技巧，通过对方的言行举止以及语气神态，能够感知对方要表达的意思，包括某些弦外之音。下面介绍沟通要掌握的说话技巧。

1. 对事也对人

小赵是一名出色的员工，但他性格比较胆小，不善与人交际，领导在和他沟通时，告诉他："小赵，你是名很出色的员工，我知道你喜欢安静，喜欢独自待着。同样，我很高兴你能出色地完成工作。"

而小金也是一名出色的员工，他同样也不太合群。然而，领导在和他谈话时，却说："小金，我知道你是一名很出色的员工，但是，也要试着和其他同事处好关系，不要让人觉得你恃才傲物，这样会对你产生很不利的影响，而且你的性格也要改，这么不喜和人打交道是不行的。但是，你的成绩大家都是有目共睹，希望你继续努力，好好干！"

这是一个很典型的对人不对事的例子。

小赵和小金两个人都是工作出色的员工，而且因为某些原因，有点不太合群。对于小赵来说，因为性格腼腆，不爱热闹，所以有点不合群，领导在交流时，并没有责怪他这一点，反而给予了理解和鼓励，这样就大大拉近了两者之间的距离，小赵也会觉得领导这样说是对他的一种尊重。

而对于小金这样员工来说，骄傲自满，孤芳自傲，因此也和其他同事相处不好。领导就及时提出了批评，帮他指出了不足之处，让他改一改自己的脾性。对于这类员工，既要批评又要同时给予表扬，否则很可能引起他的不满。

对人不对事，是指在沟通问题或者解决问题的时候把人作为关注的焦点，只有先把人的问题解决了才能从根本上解决实际的问题。

在公司里，小燕是一名性格开朗的员工，她很有人缘，深受同事和领导的喜爱，而小园性格孤僻，喜欢独来独往，不太合群，就连领导也不太喜欢她。

某次，两人同时接手一项工作，小燕完成得并不出色，其中还出了 2 个不大不小的错误；而小园却完成得非常出色。因此，领导在会议上，重重表扬了小园，同时严肃地批评了小燕工作中出现的失误。

小燕觉得很委屈，就去找领导谈话，领导说："我评论的是这个事情，并不是你这个人。在工作中，我们要实事求是地看待一个问题，有错就要指出来，指出来就要改正，避免以后再犯。你的人品我还是很相信的，以后好好干，我相信以你的能力，不会再犯这种错误。"

这一席话，让小燕心里舒适很多。

对事不对人，追求的是：在批评或者表扬别人时，只针对事情本身，进行客观的评价，不掺杂任何感情因素在里面。

在企业管理中，很多人都推崇管理者在处理问题时，要采用"对事不对人"的处理方法，但实际上，现实中很多管理者都做不到。

一个企业的高层会议上，一个管理者说："我交了一项重要的事给一个骨干员工做，他没有按时完成。但我知道他付出了努力，而且别人配合得也不好，所以这事不能全怪他。但不说他，我自己心里过不去，毕竟交给他的事情没有做好。我应该如何办？是批评他还是不批评他？"

很多管理者几乎都会遇到这样的问题，在情感方面来讲，看到员工付出了那么多的努力，就不忍心再批评他，但是从理性方面来说，看到交代下去的工作没有做好，不说他两句，又觉得心里过不去。

这种情况，管理者在语言表达上，就需要应用到一定的技巧了。"你的努力我们都看到了"、"这段时间辛苦你了"，首先要对他的努力给予一定的肯定，适当地调节好沟通的氛围。接着，要指出工作过程中，出现了哪些问题，在这个过程中，管理者要尽量就事论事，不要牵扯到员工的品性和人格上，不要给人侮辱，"对事不对人"地看待这一系列问题，等把问题都分析得差不多之后，员工会惭愧，其实领导的目的也已经达到了，在这一过程中，实际上已经间接给予了批评。

最后，还是要就员工这个人，给予一定的鼓励。

这种沟通技巧，称为"对事也对人"。

2．以偏概全最伤人

"你真的什么都做不好。""你就是一事无成！"

因为员工做错了事，很多管理者会因为情绪失控而说出以偏概全的话，把员工的错误深层化，扩大到他的人生。

如果交流的对象是一名 90 后，他可能会立马摔本子走人，即使忍耐了下来，心里也会产生很大的不满，在将来的工作中，对管理者会处处不服，严重的还会动不动唱反调，非常不利于企业的发展。

因此，管理者不可以偏概全地对员工下定论，事情是变化的，人也是在变化，每个人都有善良的一面，每件事都有积极的因素，就事论事，绝不概全。

3．寄予希望比命令更有效

命令式的语言往往让人觉得不被尊重，这种感觉会削弱员工的积极性，有时还会让人反感，从而对结果产生不良的影响。

如："你必须在一个星期之内完成这项工作。"变成"以你的能力，相信你会在一个星期内出色地实现我们的目标。"

相比较之下，这两种表达方式，第二种交流方式，在工作中的效果是最显著的。对于管理者来说，用寄予希望的方式布置任务或工作，不但不会降低管理者的权威，反而会更大提升管理者的魅力。

4. 运用好肢体语言

在交流过程中，文字、语调、肢体动作构成了一个系统，只有各个部分完美的配合，才能产生最佳的效果。有研究表明，交流时文字、语调、肢体动作等产生的作用是不同的，其中文字占8%，语调占35%，肢体语言占57%。

因此，在沟通中，恰当地运用好肢体语言，能够让人更深层次地理解说话者的潜台词，不管是员工还是管理者，都要懂得运用肢体语言表达自己的情感和需求。

5. 换一个角度表达

汉语是这个世界上最复杂的语言之一，这种复杂性，也体现了它的丰富多彩，因此，同样的一个观点就会有多种表达的方法。比如，我们要说一个员工不认真努力工作，一种表达方式是："对待工作，你真的很不认真。"另一种表达方式是："我想你曾经一定也是个认真努力工作的人。"

这两者相比，哪一个让人听了会舒服一些？当然是第二种，让人听着舒服的同时，又让这个员工明白自己的问题所在。所以，我们在表达自己的观点时，不妨深思3秒钟，换一个角度表达，也许会生成更精彩、让人喜欢的语言。

6. 不使用否定性的词语

心理学家调查发现，在交流中，不使用否定性的词语，会比使用否定性的词语效果更好。如："我不同意你现在去北京"这句话，如果换一种说法："对于你现在想去北京这个想法，我希望你重新考虑一下。"相比起第一种说法，第二种说法更能够让人接受，因为第一种说法使用了否定词语，给人一种命令的感觉，虽然明确地说明了说话者的观点，但更不易于别人接受。

尤其是现在的90后，往往是你不让他做什么，他就越想尝试做什么，假设采用商量的语气和他说，他的态度反而会好很多。所以在和员工交流过程中，很多问题都尽量避免使用肯否定的词语来表达。

第9章

授权管理，解放自己

学前提示

在企业管理中，合理授权是一种重要的领导方法，也是一项基本的组织管理原则，凡是下级能够承担的任务，管理者全部授权给他，这是一种科学的授权管理方式。

要点展示

授权管理的意义

授权管理的 7 大绝招

9.1 授权管理的意义

合理授权在现代企业管理中有着重要的意义，随着社会的发展，现代企业的规模越来越大，管理者每天面临的管理工作也越来越复杂，即使是才能超群的管理者，也不可能有时间和精力包揽一切。

现代企业的经济活动、生产技术和组织管理的持续发展，决定了企业管理层的主要职能不再像以前一样，凡事必躬亲，他们做得更多的是依靠管理组织，让下面管理人员去组织指挥他人实现企业的目标，而下面的管理人员也不必事事躬亲，有些权力可以下放给下面的员工，让他们去实现最终的目标。形象地说，企业管理者就如同统率千军万马的将军，他们发挥着战略决策和组织指挥的职能，而不是像普通士兵一样，亲自上战场、攻堡垒。

随着时代的进步，90后慢慢成为公司的主力。未来企业的管理重任会落到这一代人的肩上，因此，管理者要给予他们多一分信任，将他们能够承担的任务分配下去，这样既能减轻自己的负担，又能培养90后的管理能力。

9.1.1 什么是合理授权

合理授权是指管理者把本来属于自己的一部分权力授给下属，并为其提供必要的工作条件，指明工作目标和要求，放手让下属去完成工作任务的一种领导方式。

下面从授权者保留的权力和被授权者的权力两方面进行阐述。

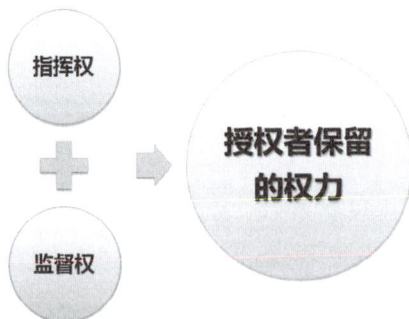

1. 授权者保留的权力

授权是管理者完成工作任务，实现领导活动目标的重要环节。在授权关系中，授权者对下属保留着两种重要的权力。

1) 指挥权

管理者将自己的部分权力授给下属后，依然保留指挥权，这样能够避免被授权者犯方向性的错误，确保任务目标的达成。

2）监督权

授权过后，管理者不会再干涉下属的工作活动，但是管理者依然保有监督权，这也是为了避免被授权者在工作过程中，犯下不可挽回的错误。

2. 被授权者的责任

从被授权者的角度看，他们在被授权之后，就有了一定的责任。

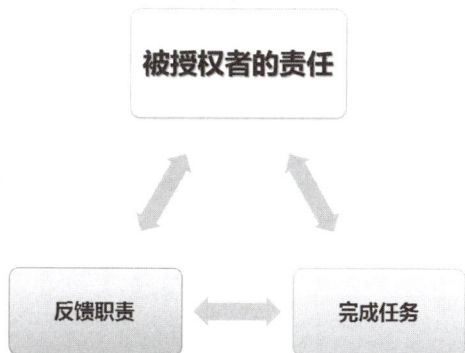

1）反馈职责

被授权者对授权者负有报告任务完成情况的责任，这种报告是一种反馈，将工作的情况及时反馈给上级，才能避免工作失误。

2）完成任务

既然上级把权力授予下级，那么下级就负有完成工作任务的责任，因为上级将权力授予给下级，是对下级的信任。因此，下级要努力地完成工作任务。

现代企业面临着很多问题，管理者也越来越重视授权管理，因为他们明白：现在已经不再像以前那样，任何事都是管理者一手遮天。要想管理好企业，就需要进行合理的授权，如果授权合理的话，管理者就宛如有了"分身之术"。

一个人的能力是有限的，即使能力再强，也必须有他人的协助。因此，管理者更多应该是依靠群体的力量，把工作任务科学地分解开来，凡是下级能够承担的任务和职责，就将任务和权力委任给下级。

在授权过程中，管理者可以卸下永久决策的重担，他可以吸收有各种专业才能的人，让他们加入到决策的环节中。在授权管理中，管理者不再只是提出问题解决方案，而是可以同其他人以共同协商的方式来解决问题。这样，不仅能够从员工身上获得灵感，还能不断改进工作。

作为一名优秀的管理者，应该把精力放在以下几个方面。

对于下属的工作控制协调方面，管理者应该考虑的问题如下。

(1) 想要达成的目标是什么？

(2) 如何达成预期的目标？

(3) 哪项任务应该授权下属去做？

(4) 分几个阶段检查工作，检查工作如何开展？

(5) 全局工作进展如何？

(6) 如何帮助下属解决遇到的问题？

(7) 最后结果如何争取？

9.1.2 合理授权的作用

合理授权是现代企业管理的重要领导方式，它不仅能激发下属的潜能，给予下属展现个人才智的机会，还能鼓励下属全身心投入到工作中，发挥自我决策和执行的精神，从而取得良好的工作业绩，而良好的工作业绩还能使管理者对下属产生更大的信任。

授权是对权力的创造性分配，总体来说，在企业管理中，权力的分配分为创造性的权力分配和不恰当的权力分配。

对于"90 后"员工来说，授权意味着一种信任。相对于控制型的领导，员工更喜欢授权型的领导，两种管理风格会带来不一样的效果。

控制型领导

- 独自做决定
- 对自己的观点充满信心
- 不愿听到不同的声音
- 喜欢用高压手段

授权型领导

- 鼓励员工做决定
- 帮助员工树立主人翁意识
- 鼓励员工的自主性
- 为员工提供帮助

生活中，我们常常看到这样的现象：管理者承受巨大的压力，每天加班到很晚，而下属却没有饱和的工作量，管理者常常不能将精力投入到最重要的事情上，而是像消防员一样，不停地救火。面对日益缺乏的资源、不断升级的竞争压力、人们日益增长的产品需求以及股东们对金钱永不满足的追求，合理而有效的授权可以帮助管理者从繁杂琐碎的工作中解脱出来。

因此，在日常管理工作中，合理授权具有重要的意义。

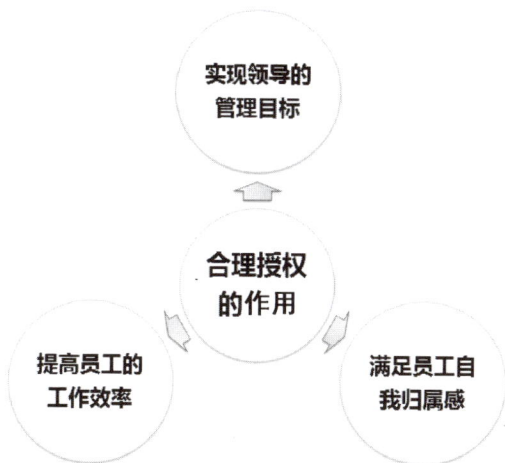

- 实现领导的管理目标
- 合理授权的作用
- 提高员工的工作效率
- 满足员工自我归属感

1. 实现领导的管理目标

不同领导岗位的管理者必须实现的领导目标是不同的，较低领导岗位层的管理者要实现较低层次的目标，较高领导岗位的管理层要实现较高层次的目标。管理者将自己所属的权力授予下属，就是使用"分身之术"，即把自身领导活动的总目标分解为若干个子目标，交由下级分担。

对管理者来说，优先处理最重要的工作是非常重要的，因为管理人员的时间和精力是有限的，通过授权可以合理利用公司资源，发挥其他人员的作用，使管理人员有更多的时间和精力去思考和处理关于公司全局的战略性问题，真正发挥出领导者的作用。

管理者不愿授权或者不会授权，就会给自己积累越来越多的繁杂事务，导致很多大事、要事无法在第一时间得到解决。

2. 满足员工自我归属感

管理者应该给员工们创造一种氛围，这种氛围使员工在理性之外，也能接受工作，即从情感上热爱工作。适当的授权，就能提高这种情绪，因为它不仅调动了员工工作的积极性、创造性和主动性，激发员工的工作情绪，还能培养人才，满足员工的自我归属感。

面对复杂多变、竞争激烈的市场，管理者面对的不仅是外面竞争激烈的问题，还有如何使员工全身心投入到工作中去的问题。企业需要员工的智慧和力量，为确保组织目标的实现，管理者就要学会授权。

试想一下，如果员工没有权力，凡事都要请示领导，让领导做决定。那么，这项工作的好坏都只是管理者一个人的事，这样不仅降低了员工的工作效率，还会降低员工的工作热情。

从某种程度上来说，授权能增强员工的自我归属感和工作满意度。在目标达成时，员工会生出一种成就感，同时，它能提升员工的自信心和责任感。

3. 提高员工的工作效率

合理的授权，不仅能使员工在工作中得到锻炼和发展，还有助于提高他们的工作能力，从而提高管理体系的总体水平。每个人都有自己的优势，管理者应当充分利用这些优势，随着员工在实践中得到更多的经验，管理者可以根据具体情况授予他们更大的权力。一般来说，管理者想要员工有一定的担当，就要学会授权。

在大多数情况下，被授权的工作往往能够被完成得更出色，在时间充裕的情况下，员工可能比管理者做得更到位。如果管理者不对下属放权，或者放权之后横加干预、指手画脚，必然造成管理失衡；另一方面，员工会因为没有获得必要的信任，而失去工作的积极性。

对于管理者来说，敢不敢授权，是衡量其用人艺术的重要标志；会不会授权，是衡量其管理艺术高低的标准。

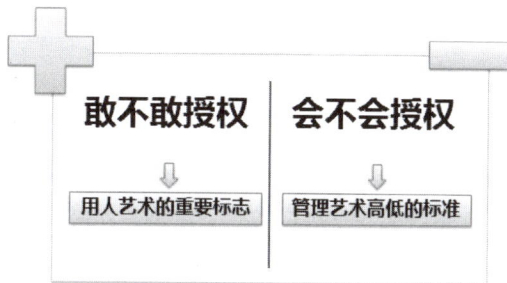

9.1.3 合理授权的类型

授权是管理者日常工作中的一项重要内容，它分为不同的类型。

1. 口头授权与书面授权

口头授权指管理者将任务和权力以口头的形式授予下属，这种授权是随机性的或者临时性的，当工作任务结束时，授权即被收回。

书面授权相对比较正式，指管理者将任务和权力以书面形式授予下属。

2. 随机授权与计划授权

随机授权一般都是临时性的、非计划性的，是根据某些随机工作的需要，将某方面的权力授予下属的一种方式。

计划授权指按照授权的程序和步骤有计划地授予下属权力和任务。

3. 个人授权与集体授权

个人授权指管理者自己决定将所属的权力授予下属。

集体授权指经过集体讨论研究之后，将某项职权授予某个下属，在日常工作中，常见的是集体授权，集体授权属于常规授权的一种。

9.2 授权管理的 7 大绝招

在网络时代和知识经济时代的今天，信息量的剧增导致管理者的工作量倍增。管理者如果想更有效地完成指挥、协调、决策和监督等职能，就需要通过科学授权的方式，把部分权力授予下属，让自己从烦琐的事务性工作中解脱出来，用更多的时间和精力去考虑、解决关乎全局性的重大问题。

美国通用电气公司前 CEO 杰克·韦尔奇有一个精妙的管理原则：管得多不如管得少，管得少才是管得好，也就是说管理者只要管好自己该管的事就可以了。但很多管理者显然缺乏这种观念和这份自信，他们什么事都喜欢大包大揽，不仅让自己受累，也剥夺了员工发挥才能的机会。

诸葛亮是蜀汉政权的重要领导者之一，他"鞠躬尽瘁，死而后已"的风范为后世所敬仰。但是，诸葛亮并不善于授权，他凡事亲力亲为，抓大也不放小，过于高估一己之力，对下属能力不信任，同时又不注重培养下属的能力，致使自己积劳成疾，劳累而死。

成功的管理者最聪明的地方在于：最大限度地调动各个方面的力量。当今社会，一个企业只依赖管理者个人的力量是非常危险的，这样的企业往往很难成功。管理者要更注重培养集体和团队的力量，纵使乔布斯这样的旷世英才，背后也必须有一支强大的团队支撑，才能走向成功。不愿授权或不会授权的管理者，最终会陷入日益琐碎的事务性工作中难以自拔，成为"事务管家"，最后得不偿失。

当 90 后这一代人"长江后浪推前浪"般走向职场舞台时，管理者就要做好迎接他们的准备。有一项调查显示，80 后、90 后员工最不喜欢紧握权力的领导，这类领导也被称为"蜜蜂型"领导，他们每天像蜜蜂一样辛勤地劳作，事必躬亲，苦了自己，又让下属少了很多学习和提升自己的机会。因此，这类领导在下属心目中是不合格的领导。

一个真正优秀的领导要像一个球队的教练，他的主要作用就是打造团队，互相建立起充分的信任，激励队员取得胜利，因为他明白：一个人的力量和智慧无法替代一个团队的力量和智慧，身为领导，他最重要的职责是推动集体前进，而不是"单干"。

因此，从另一个角度来看，现代的企业管理，已经慢慢实现从"蜜蜂型"领导向"教练型"领导的转变过程。

"蜜蜂型"领导 >>> "教练型"领导

既然团队需要"教练型"领导，那么让我们来看看，授权管理的 7 大绝招。

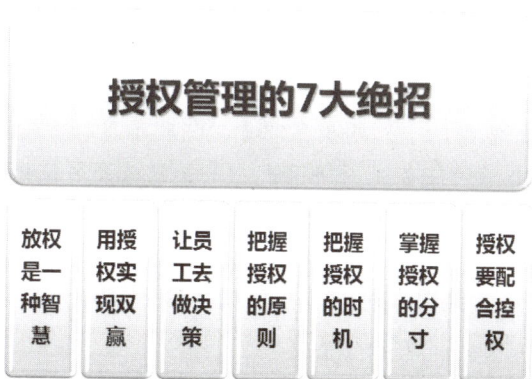

授权管理的7大绝招

| 放权是一种智慧 | 用授权实现双赢 | 让员工去决策 | 把握授权的原则 | 把握授权的时机 | 掌握授权的分寸 | 授权要配合控权 |

9.2.1 放权是一种智慧

"放权"一词，似乎更多的是针对经验丰富的 70 后、80 后员工而言，而初出茅庐的 90 后，常常被放置在一边，看着领导每天忙忙碌碌地辛勤劳作着，自己却无所事事。

【事例】

当很多企业还在纠结 90 后身上的一系列"叛逆""乖张""不负责"等标签时，一家公司已经迈出了这个坎，经过一年时间的磨合，管理层开始花大量的时间和精力对这些职场新人进行不计回报的培训和管理。

公司的一名管理者表示："在过去的一年时间里，我们和 90 后员工彼此不断地磨合，我们重新认识了彼此……从前，我看 90 后，常常会冒出'怎么能这样'的想法，现在我反而觉得'他们似乎更容易相处'，在我看来，他们并没有传说中的那么不可理喻，相反，他们思维活跃，敢想，敢做，敢直言，有很多人没有的优点。"

事实上，这一年的时间里，很多管理者在对待 90 后员工的问题上，都产生了巨大的变化。

- 一年前，管理者并不愿意把钱砸在这些新生代员工身上，在他们看来，这些员工说不定哪天就会"跑路"了。
- 一年后，公司的管理者开始对 90 后员工产生信任，他们不仅愿意花钱在这群新人身上，更是愿意将权力和资源分配给这些看似不靠谱的新人。

在一次全体职工大会上，董事长发表谈话："这是一个年轻的时代，公司要保持年轻和活力，要从发展的角度看未来。90 后新生代，能够给我们公司注入新的活力，希望公司的所有人都做没有包袱没有负担的年轻人……企业拥有一批思维新颖却有棱有角的 90 后职场新人，对我们来说，是挑战，也是新的航程，要想公司年轻起来，就要把更多的权力分配给他们，这是一种勇气，也是一种智慧！"

这段话让全体员工备受鼓舞，尤其是 90 后员工，因为在他们当中，就有这样的榜样存在，身为 90 后的一员，这是他们的骄傲。

90 后小阳去年年初加入公司，他的上级是一个非常开明的领导，小阳在参加了一次内部的技能比赛后，因获得第一名而被他的领导看中。后来，领导钦点小阳加入公司的产品开发团队，他帮助小阳明确了职责，指明了目标方向，然后将部分权力授予他，半年过去后，小阳的任务完成得很出色，并且被公司提拔成为产品经理。

小阳的上司说道："90 后思维活跃，但是也并非没有缺点，他们不喜欢限制约束，常常蔑视权威，也不喜欢奉命行事，承受挫折能力和抗压能力较差。为此，公司为年轻人创造了开放的氛围来规避这些问题。给年轻人空间，通过小团队的方式对其授权，让他们按照自己的想法做事，即使失败也没关系，我们公司的理念就是，给予员工失败的机会。"

"90 后跳槽"似乎成为企业管理者近几年来最常谈的问题，很多管理者仅仅是把 90 后当作"临时工"看待。因为 90 后做事常常缺乏稳定性，受挫能力弱导致他们难以融入一个相对陌生的环境，遇到挫折，他们不会像老一辈那样容忍坚持，而是会立马寻找下一个"栖身地"。

先不说这些言论是否有夸大之嫌，但是我们通过自身的经历和观察，确实发现 90 后身上存在着种种不足和缺陷，但这些缺陷也没有网络上传的那么"神乎其神"，而管理者要做的，就是放下对 90 后的偏见。很多的 90 后员工在一次次被信任、被无条件栽培和被授权之后，逐渐萌生了对企业忠诚的想法。

但是依然有很多管理者喜欢做"蜜蜂型"领导，不愿把工作授权给员工去做，为什么这些管理者不想授权给员工呢？可能有以下几种原因。

管理者不想授权的原因

怀疑能力　　害怕取代　　没有人选

1．怀疑能力

很多管理者会有这样的想法：把工作授权给别人去做，他们是否能够达到我想要的标准？这种怀疑有两种可能。

(1) 管理者对员工的不了解，在不知道他们的能力和处事行为之前，不敢随意地把工作和权力授予他们。

(2) 管理者对员工的不信任，即使知道员工的处事能力，也明白他们的行为特征，但有时候员工没有做过类似的事，管理者还是会犹豫。

遇到这种情况，管理者要从另一个角度想：只有把工作交给员工去做，才能知道他是否能胜任，没有人想失败，但是失败却是无法避免的，管理者要给予员工失败的机会，这样才能找出适合授权的人才。

2．害怕取代

也许有的管理者怀有这样的想法：如果充分授权给别人的话，万一他比我表现得还好，把我从位置上挤下去怎么办？

人都是自私的，这种想法无可厚非，但是同样说明了这类领导人不够自信，其实从另一个角度想，这种想法完全是多余的。把日常的、事务性的工作交给了员工，那么管理者就有更多的时间和精力做更有价值的工作，这样的领导难道还会害怕员工把他从位置上挤下去吗？

还有的管理者认为：我把自己的任务和责任授权给员工，那我自己不就没有事情做了吗？

要知道公司的事情是永远做不完的，企业的发展需要不断地创造，管理者把责任和任务授予他人，就可以做其他更有价值和创造力的工作。

3．没有人选

没有合适的人选，可能是管理者不想授权的最大原因，很多管理者常常表示公司里找不到可以授权的人。但实际上，这是不太可能的，任何人都有自己独特的能力和做事方法，管理者没有发现合适的人选，只能说明：

(1) 自己本身太忙，忽略了对员工的观察和了解。

(2) 员工不想接受这种授权。

(3) 害怕员工犯错，不想受权。

一个企业，如果管理者真的想要培养员工的能力，就一定可以克服以上几点障碍，唯一的可能是他并不想把权力授予他人，才会有此类借口。而害怕员工犯错的管理者，更加要明白，一个企业，如果不犯错，那就永远没有成长进步的机会。

当然，确实找不到合适人选的话，那么管理者就要考虑招募新人了。

9.2.2　用授权实现双赢

有一份研究报告显示：我国企业管理者 80%的时间是用在管理上，仅有 20%的时间用在其他工作上。管理者喜欢"管"员工、"管"琐事，事必躬亲，死抓权力不放，最终可能会把员工逼走。

【事例】

90 后员工小陆在某家公司行政部门工作了一年，这一年间，他每天都在处理相同的业务，渐渐地，对工作产生了倦怠感。

某一天，小陆无意间听到经理跟同事抱怨工作内容太多，压力太大，每天都很辛苦，小陆听了之后，觉得可以借此机会和经理谈一谈，帮经理分担压力的同时，还能转变一下自己的工作内容。

小陆找到经理，开门见山地说道："经理，冒昧打扰，听说您最近工作比较累，不知道我能不能帮您分担一下？"

小陆的话让经理十分诧异，他从来没遇到过这种问题。

小陆又说道："经理，您别误会，只是我来公司一年了，每天都在做重复的工作，觉得有点枯燥。"

经理听到这话，有些不高兴："每个人都是这么过来的，你觉得枯燥，大家都觉得枯燥，那公司还怎么管理？"

小陆点点头："我知道，但是其他人不提不代表我不提，我把自己心里的想法说出来，就是想要换换工作内容，您可以安排点其他的事给我做，比如说您手上统计类的图表，让我来做，您自己也可以轻松一点。"

经理想也没想摇了摇头："这个统计图表你从来没做过，肯定很容易出错，我现在也没时间教你做这些，所以还是我自己做比较省事。"

经理的话让小陆有些丧气，但他仍然不死心地说道："经理，我并不赞同您这样的观点，您用几天的时间教会我，可以换来您长时间的轻松，而且工作哪有不出错的，我出一点错，下次就不会再出错，我来公司待了一年了，却还没有什么实质性的成长，我想要争取一些机会，如果您实在不愿意，那就算了，打扰了。"

小陆说完这段话就出去了，他心灰意冷地走回座位上，想着是否应该另谋高就。

第二天，经理把小陆叫到办公室，和蔼地说道："小陆，你昨天的话我想了很久，你说得很有道理。我平时把工作和权力抓得太死，常常把自己累得要死，交给下属，又有点不放心，不过遇到你这样主动的员工，我觉得尝试尝试也是可以的。"

一个有智慧的领导，绝对不会让自己成为一只"忙碌的蜜蜂"，他们会把自己打造成抑制团队的"教练"。"教练型"领导近几年越来越受到企业的青睐，很多企业内部都在推行教练文化。"教练"的目标是——通过授权，最大限度地运用企业中的宝贵资源，将人才最大化地训练成企业的生产力。

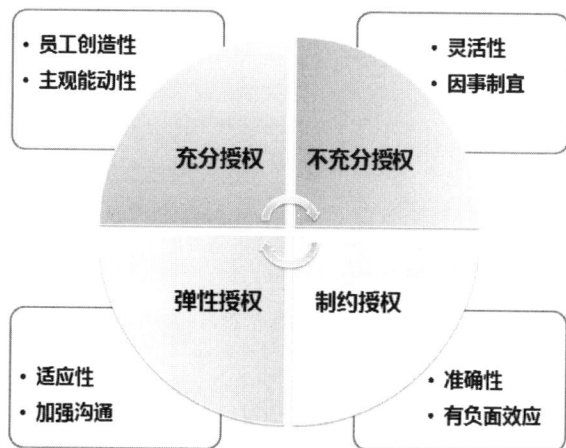

- 员工创造性
- 主观能动性

充分授权 | **不充分授权**

- 灵活性
- 因事制宜

弹性授权 | **制约授权**

- 适应性
- 加强沟通

- 准确性
- 有负面效应

授权的具体操作方法有很多，不同的授权方法会产生不同的效果，授权的管理者应该对主要的授权方法清晰明了。

1. 充分授权

充分授权指管理者在向员工授予任务和权力的时候，不给员工设定权限，也不明确这样的或那样的权力，而是让员工在职责范围许可的情况下，自己拟定职责方案，根据自己的方案，自由地发挥创造性和主观能动性。

这种没有具体权力的授权，实际上是管理者将自己的权力大部分下放给员工的一种表现。其优点是能够让员工在履行职责的工作中实现自我价值，获得成就感和满足感，最大可能地调动员工的主观能动性和创造性。

专家提醒

对于管理者而言，这种授权方式大大减少了自己的工作量。充分授权几乎是一种完全信任的高难度授权方式。因此，只在特定的情况下使用，它要求被授权者具有很高的能力水平、责任心和心理素质。

2. 不充分授权

不充分授权指管理者将工作和权力授予员工的时候，还设定了部分权限，其可以分为以下几种情况。

(1) 让员工了解情况后，管理者做出最后的决策。

(2) 由员工拟定详细的方案，由管理者做出最后的选择。

(3) 由员工提出详细的计划，由管理者审批。

(4) 员工在行动之前，要及时向管理者汇报。

(5) 员工采取行动之后，行动的结果要向管理者汇报。

在现实工作中，不充分授权是最常见的授权方式，它灵活多变，可因人、因事制宜，但不充分授权要求领导和下属必须实现明确具体的授权形式。

3. 弹性授权

弹性授权是综合不充分授权和充分授权两种形式而成的一种授权方式，它是一种混合型的授权方式。每个工作都可以划分为若干个阶段，弹性授权就是在不同的工作阶段采取不同的授权方式，它具有一定的动态性和适应性，当工作条件和工作内容发生变化时，管理者可以调整授权的方式来帮助工作顺利地进行。在使用弹性授权的过程中，管理者和员工之间要加强双向沟通，确保授权过程中没有失误。

4. 制约授权

制约授权指管理者将任务和职权同时委托给不同的员工，以形成员工之间的制约关系。制约授权的应用，要求管理者准确地判断和把握使用的场合，它一般适用于那些重要的、容易出现疏漏的工作。

应用过程中，管理者要注意制约授权可能带来的负面效应：过分的制约授权会形成员工之间的不良关系，还会抑制员工的积极性，不利于提高管理工作的效率。一般采用制约授权的方式，要求与其他的授权方式配合使用，取其精华，去其糟粕。

9.2.3　让员工去做决策

做决策是每个管理者必须要做的工作，很多管理者在把工作和职权授予员工之后，依旧保持着这种习惯，无论多么简单的决策，都喜欢抓在自己手里。其实，管理者可以适当"放手"，让员工自己做决定。

1. 员工也想要自己做决策

【事例】

一家广告牌制作公司，部门经理把一项任务安排给了一名 90 后员工，在外人看来，这是一件非常简单的事，只需要把客户的构想绘制在胶合板上即可，但是在部门经理看来，每一项任务都必须做出无数决策。

部门经理虽然把任务交给了这位 90 后员工，但是在其工作过程中，部门经理总是会时不时地跳出来，把自己的想法强加给他，渐渐地，这位 90 后员工感到了不满。

"经理，你喜欢决定一件事吗？" 90 后员工问经理。

经理说："有时候不喜欢，但是我每天要做无数个决策，比如你现在制作的这个广告牌，从重量、色彩、质地到效果，我都要做出相应的决策，虽然客户给了我们整个框架，但是我还是要做许多的决策，因为这些决策加起来才能把工作做好。"

"我也可以做决策，经理，如果您把这项工作交给我，就请相信我，如果每一个决定都需要你来做，那我和一台机器有什么区别？"

90 后员工的话让经理一愣，他似乎太习惯做决定，所以常常忽视了员工的想法。

无论什么企业和组织，管理者一旦授权给员工，员工就必须做出决策，而且在很多事情上，员工更喜欢自己做决定，因此，管理者要适当放权。

让员工做决策的作用
增强归属感
培养处理问题的能力

(1) 能够让员工感受到自己在组织中的重要性，增强员工的归属感。

(2) 还能培养员工处理问题的能力，在出现问题时能够立即采取行动。

如果管理者把工作授权给员工后，又强加干涉，那么势必会引起员工的不满，相对于 70 后、80 后的员工，90 后的员工更具有独立自主性，对于领导的决策，70 后会绝对服从，80 后会质疑，而 90 后选择推翻，他们认为："我可以自己做决定，不用你来教。"

因此，管理者在对 90 后授权的时候，要注意让他们自己做决定，你只要把握好大方向不出错就行。

管理者授权以后不去干涉员工的决定，是一种信任的表现。授权以后，管理者可以通过对下属的观察和监督，来实现最终的目标，这样不仅能够拓宽自己的眼界，还能够更清楚自己的目标所在。从而高瞻远瞩，有更多的精力去思考其他更重要的事。

员工会由于这种重视和信任，激发出更强烈的责任感和创造性，做出更好的成绩。这样，整个团体就能够齐心协力，人人都能发挥所长，给组织带来新鲜的活力，公司的事业才能蒸蒸日上。

2．小决策也有大影响

【事例】

某天，一位 90 后去商店买礼物，她站在那儿等了近 10 分钟，几个服务员一直没有理她，从此以后，她再也没有光顾过这家商店，即使后来这家店的服务态度有了很大的改观，也依旧没有摆脱曾经给她留下的不良印象。

在谈到这件事情时，她是这样描述的：其实我不介意等多久，但是我站在那里，没有一个人注意到我，也没有一个人看我，我就好像是一缕空气。我记得当时有两个服务员的确在忙碌，但是第三个服务员是空闲的，她根本没有要理我的打算，也没有上前来和我说一句"麻烦您稍等一下"，又等了几分钟，她终于注意到了我，却没有一点抱歉的意思，她让我觉得我不是顾客，而是一个物件，后来，我再也不去那家商店了。

由此可见，员工的一些不恰当的决策会给企业带来很大的影响。那么，如何让员工做出有利于企业发展的决策？

1) 让员工感到被信任

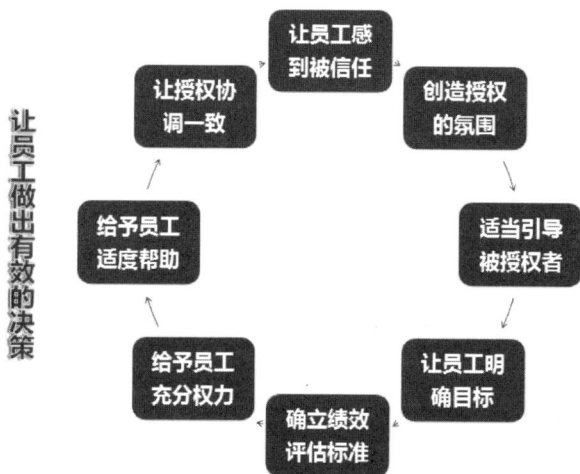

让员工做出有效的决策

让员工感到被信任

创造授权的氛围

让授权协调一致

适当引导被授权者

给予员工适度帮助

让员工明确目标

给予员工充分权力

确立绩效评估标准

首先，管理者要学会调试自我心态。

我们前面说过，许多管理者不敢把权力授予员工有很多种原因，这些原因概括起来就是：

(1) 管理者对员工不信任。

(2) 管理者内心对权威缺乏安全感。

(3) 管理者对授权缺乏领悟。

这些原因导致管理者不敢轻易授权，其实这是一种潜意识的抵御思想。很多管理者还没意识到这个问题，这种潜意识的想法会让管理者忽视授权的管理方式。如果管理者想要授权给员工，那么首先必须要调整好自己的心态，勇敢地面对自己内心的恐惧，建立自信心。

心态决定行为，一旦管理者心态放开了，对于"授权给员工"这件事也会变得更加从容淡定，不会因为内心缺乏安全感而强加干涉员工的某些决策，从而让员工感到被信任的力量，这种力量会帮助员工做出更有利于企业发展的决策。

授权，是以上下级之间的信任为基础的，一旦管理者把职权和任务授予员工，就应该表现出绝对的信任，不得处处干涉其决定；员工在接受职责权力之后，要努力做好分内工作，不必事事向领导请示，正所谓"用人不疑，疑人不用"，信任，将是现代企业人本管理的精髓所在。

2) 创造授权的氛围

授权和沟通一样,也需要良好的氛围,管理者在授权之前,应该为员工努力创造一种承担责任和风险的氛围,可以告知员工这项任务会有哪些风险。当然,也不要太耸人听闻,不然很容易给员工造成心理负担。同时,这种氛围更能够培养员工的责任心,让他们在关键时刻,做出更有利于企业发展的决策。

3) 适当引导被授权者

授权是一种双向的管理手段,它需要管理者和员工互相配合、互相帮助。也就是说,授权需要得到两方的认同才能顺利地进行下去,管理者应该引导员工,让他们认识到接受授权是追求进步的一种方法,得到权力,也就有了相应的责任,这些会使他们日后成为更好的管理者。同时还要让员工建立起这样的想法:眼前有一个机会,这个机会能够帮助自己更快地成长,才华能够得到充分的展现。让员工发自内心地接受授权行为,能够树立他们的责任心。

4) 让员工明确目标

管理者要告诉员工自己期望的结果,让员工对被授予的工作有一个正确的认识,然后把这个期望和目标作为前进的动力。但是,这个期望和目标必须是清晰可见的,不能模棱两可,因为员工在接受任务的同时,会估计自己是否有能力达成目标,如果管理者给的目标太过模糊,就很容易误导员工。同时,清晰地、明确地告知员工目标,管理者可以确切地了解到员工对期望绩效的认知程度。

5) 确立绩效评估标准

为了帮助员工和管理者之间恰当地衡量工作成果,在授权的同时就必须建立起绩效评估标准,并且公之于众。在"以人为本"的管理模式下,公司的考核标准应该由管理者和相关的工作成员一起制定出来,这样才能凸显公平、公正。

6) 给予员工充分权力

管理者将权力下移至员工,就要给予充分的权力,强加干涉或者指指点点,都会对所要执行的任务造成不良影响,一般而言,这些权力包括调用公司的人、事、财等各方面资源。

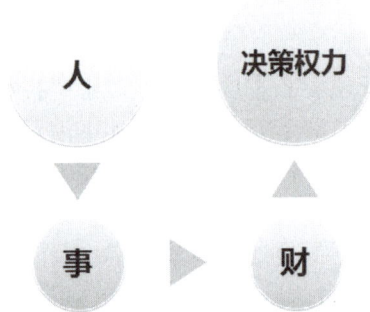

人 → 决策权力

事 → 财

(1) 用人之权。授权中的用人之权包含两个方面。

● 特定时间内增加若干人的权力。

● 在增加的人员中，选用特定人员的权力。

(2) 做事之权。做事之权需要依据员工的个人能力、工作性质等因素授予，让下属能够自主地、及时地承担工作责任，而不必事事都来请示领导。

(3) 用钱之权。授权中的用钱之权需要注意几个问题。

● 考虑预算内外的账目种类。

● 金额的大小。

● 正式或非正式的授予形式。

● 员工的级别层次。

7) 给予员工适度帮助

管理者对员工负有两方面的责任：一是监督员工达到预期目标的责任，二是在员工需要帮助时，为其提供帮助的责任。

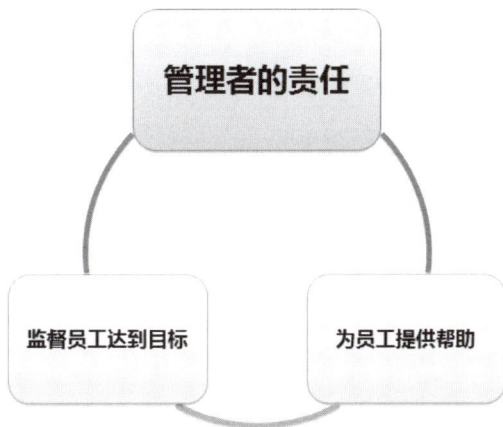

8) 让授权协调一致

管理者必须将授权从最高主管推行到基层员工，让每一个层级的人，对授权都有一个深刻的理解，同时，每一层级的管理者都应该明白：

(1) 为了公司和员工的共同成长，管理者必须容许员工自己做决定。

(2) 发生错误，应妥善处理。

(3) 为了授权制度的可持续性发展，公司必须做好为错误付出代价的准备，将此作为员工追求进步的成本支付。

有心理学家认为：犯低层次的错误，是为了避免更高层次的错误。

授权也是一样，员工在低层次的问题上犯错误，往往会从中吸取经验，从而避免在将来犯更大的错误，而后者获得利益远远大于前者付出的代价。因此，在授权过程中，容许员工犯错误，其实是一种"双赢"的策略。

管理者一旦授权给员工，那么员工自己做决定就是必然的结果，很多人会说："员工做的决策都是一些小问题，这些小决策加起来也不及整个企业的战略性决策重要。"其实，这种观点并不正确，固然，企业的战略性决策能够决定企业的发展方向，但是，非战略性的决策同样也会给企业带来一定的影响。

9.2.4 把握授权的原则

授权是一种双向活动，如果管理者能够遵循一些原则，大胆地放手让员工去做，即使他们犯了错误，仍然鼓励支持。那么员工一定会全身心地投入到工作中，回报给管理者更好的业绩。

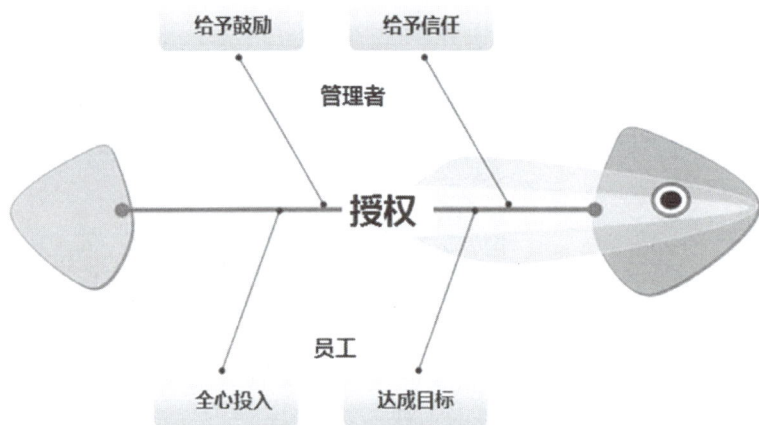

我们知道，管理既是一门科学，也是一门艺术，管理会随着实际管理者的领悟力和才能而呈现出不同的局面。授权，作为一种管理技能，同样是科学和艺术的结合，它包含了能用科学概括、总结的内容，又依赖于管理者的艺术思维。

无论哪种授权，都存在共同的特性和准则。

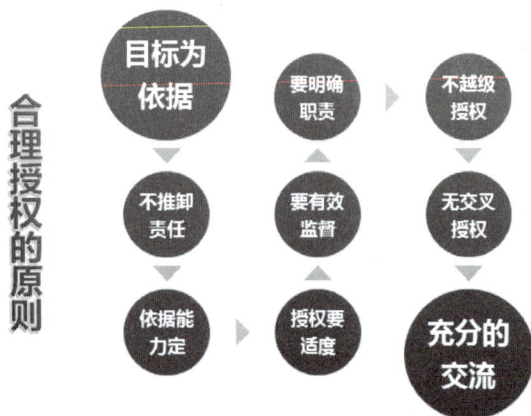

1. 目标为依据

授权讲究目的性。首先，管理者在分派职责、委任权力和任务时，都必须围绕组织的目标来进行，即授权要以组织的目标为依据，任何一项工作都有其目的性，只有有目标的工作才能设立相应的职权。其次，授权本身就是带有强烈的目的性，分派职责和任务时要明确员工的工作内容是什么，达到目标的标准是什么，对于目标实现有何奖励措施等。只有目标明确的授权，才能使员工明确自己的使命和职责，盲目授权会带来难以预料的结果。

2. 不推卸责任

授权之后，如果员工在工作过程中出现了问题，不仅员工要承担责任，管理者也要承担相应的责任，不能把所有的责任都推给员工，"士卒犯罪，过及主帅"就是这个道理。

3. 依据能力定

管理者要根据工作的性质来选人，任何一项任务，在最后的分析中，人员的配备都是至关重要的一部分。在授权之前，管理者要对被授权者进行认真的挑选和考察，并做出相应的分析，授权给员工的依据包括以下几点。

(1) 员工才能的大小。

(2) 知识水平高低。

(3) 人员结构合理性。

根据员工的能力来判定应该向其授什么权，授多大的权，并且在实际工作中，要随时进行调整，争取把权力和任务授予最合适的人。最明智的做法是，一旦管理者发现授予员工职责而员工不能承担时，管理者应及时地收回职权。

4. 授权要适度

授予的职权是领导职权的一部分，而不是全部，对员工来说，这是他完成任务所必需的。不是所有的权力都适合下放，管理者必须分清哪些权力可以下放，哪些权力应该保留。过度授权就是把应该保留的权力下放给了员工，这样的授权方式等于放弃了职权，很容易导致管理失控，授权的客观合理性要以工作所需为界限。一般而言，有关公司全局的重大职权不能下放，尤其是战略层面的决策权，这些职权是必须保留在自己手里的。

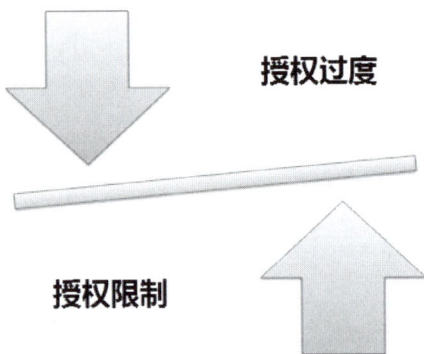

管理者要防止两种情况发生：一种是放任授权，把工作完全交由下级去做，管理者不闻不问；另一种是限制授权，对下级不放心，不断地检查工作、横加指点，甚至连细节都不放过，使下级无法放手开展工作。

5. 要有效监督

授权以后，不是撒手不管，否则容易导致局面失控，后果将不堪设想。所以授权既要调动员工的积极性和创造性，又要保持管理者对员工的有效监督，要想做到合理监督控制，就必须先建立一套完善的控制制度，制定可行的绩效评估体系、工作标准和监督机制，以便能在不同的情况下迅速采取补救措施。但控制不是干预授权、控制员工的日常行为，控制的目的是使员工的行为不偏离计划，实现最终的目标。

6. 要明确职责

授权有利于调动员工的积极性，但在实际的操作过程当中，要防止发生以下几种现象。

(1) 有权无责：如果有权无责，员工在用权时就会出现随心所欲、缺乏责任心的现象。

(2) 权大责小：如果权大责小，那么员工在用权时就有可能责任心不强，对工作疏忽大意。

(3) 权小责大：如果权小责大，员工可能无法承担肩上的重担。

因此，授予多大的权，就应该让员工肩负多大的责任，"权"和"责"应该保持对应、对等的关系。同时，管理者还必须让被授权者了解自己职务的目标、权力和责任，不能含糊不清、模棱两可。否则，被授权者可能无所适从，管理者也没有考核他们的客观依据，从而工作没有效率，授权的作用就体现不出来。

7．不越级授权

管理者只能对自己的直接下属授权，绝不能越级授权，越级授权会打击到直接下属的自信心，也势必会造成权力紊乱，造成中层主管人员的被动，同时也很容易给公司带来不良的影响，产生部门之间的矛盾，破坏上下级之间的正常工作关系。

8．无交叉授权

任何一个公司，都是多个部门协调发展的组织形式，每个部门都有相应的权利和义务，管理者在授权的时候，不可以交叉委任权力，这样会导致企业内部发生矛盾，造成不必要的浪费。

9．充分的交流

授权后，上下级之间的交流不能阻断。管理者在授权之后，授予员工的工作任务实际上并没有从他的肩上卸去，只是换了一种方式被执行下去，管理者不能因为把任务职权授予员工就放弃对职权的责任，授权之后不应该存在管理的独立性。管理者和员工之间，应当保持密切的交流，确保信息能够自由流通。在当今社会，网络的介入，为开放式的沟通渠道提供了极大的便利，很多公司都在公司内部建立了交流的主页，为上下级之间的信息沟通、咨询求助、协调互助提供了便利的途径。

9.2.5　把握授权的时机

授权要选择一个恰当的时机，因为不同时机的选择对于授权的效果可能会有不同的影响。

【事例】

一家公司的部门经理最近事务缠身，每天都加班到很晚。某天下午，他从员工的办公室门口经过，发现大部分员工都比较闲散，他没有过多地停留，回到办公室继续工作。工作到一半，就有员工进来敲门，向他询问某个策划案的细节要求，又过了一会儿，这位员工又来向他请示策划案的某些细节问题。

员工走后，经理就这个策划案迅速列了一个"授权计划表"，这个计划表包括 5 项内容。

- 任务细节：经理列举了此次策划案的职责范围、完成任务的关键点、特殊目的和时间要求等。
- 人员资料：经理把刚才那名员工的能力、兴趣、主观能动性水平、时间闲散度以及以往相关的经验都列了一遍。
- 权力要求：这一项，经理把此次策划工作所需的人、财、物等资源调用的权限详细列了出来。
- 反馈方式和频率：经理把任务过程中，需要反馈的几个要点罗列出来，同时注明反馈的几种方式。
- 绩效评估标准：这一项待定，经理列举了几个评价工作执行力的方法，但他还是想要和员工共同讨论完成。

把计划单列出来之后，经理认为以这名员工的能力和工作经验，能够胜任这份工作，于是便决定将这项任务分配给他，当员工第三次敲响办公室的门时，经理就将这个想法告诉了他，员工听了，也很赞同这样的授权，因为可以省去很多麻烦。

下面从授权的步骤、适合授权的情况以及不适合授权的情况 3 方面进行阐述。

授权的步骤

- **制订计划**
- **授予权力**
- **监督检查**

1. 授权的步骤

授权一般分为以下 3 个步骤。

1) 制订计划

授权要避免盲目性，盲目的授权，或者未经过仔细斟酌、严格设计的授权都会给公司带来不良的影响。在授权之前，管理者必须对要授权的任务制订一个完整的计划，这个计划可以不是文字形式的，但是必须在管理者的头脑中形成清晰的轮廓或框架，授权计划的核心在于弄清楚授权要做哪些事情，这些事情有何程序和步骤，同时还要了解任务中的要点，以及预测可能出现的情况等。

下面谈谈授权计划的基本内容。

(1) 确定授权的任务和内容，以及这项任务涉及的范围和关键点。

(2) 授权的预期目标。

(3) 任务评估标准。

(4) 任务完成的时间。

(5) 细分职责，被授权者的职责范围。

(6) 工作过程中所需要的权力。

其中，细分职责是最重要的内容，权力是表象，而责任才是内容和实质，管理者在授予员工权力的同时，还要让员工担起责任。为了让员工清晰地了解到自己所要从事的任务，就要把任务进行明确的细分，让员工在工作过程中不会因为某些问题而推卸责任，把人物细分得合理明确，要求管理者了解和认清事情的本质特征，掌握事情的发展规律。

因此，在细分任务的时候，管理者应该做到以下几点。

- 掌握信息。在细分任务之前，管理者应该了解任务相关信息。
- 收集资料。主动收集资料能够帮助管理者更好地细分任务。
- 集思广益。征求他人意见能够建立起双方的信任感。

除此之外，细分责任还要求管理者向员工指明任务的预期目标，其中包括：

- 长远目标和近期目标。
- 总目标和子目标。

2) 授予权力

前面说过，授予员工权力不是简单地让下属放手去做，而自己撒手不管，在授予权力的过程中，管理者必须抓好两个环节。

(1) 帮助员工提出政策方针和战略性规划，有以下几个方面的要求。

● 让员工制定有效完成任务的方案。

● 审议、论证方案的可行性，提出意见，达成共识。

● 指出应注意的问题、隐患及预防方法。

(2) 保持畅通的沟通渠道，建立合理的反馈机制，随时把握员工的工作进展情况，在授予人力、物力、财力等条件时，还要及时纠正员工的错误。

3) 监督检查

监督检查是双向性的，上级对下级保持有效的控制，下级对上级及时地汇报和反馈。没有监督检查，就没有真正的授权，监督检查是必需的，上级对下级进行授权，下级就有汇报反馈的义务。理论上，汇报反馈是一个自愿的过程，但是在现实中，很多员工总不能主动汇报工作。

某公司的经理老王以前也遇到过这种情况，当时他手底下带了几个 90 后新员工，"这些年轻人思维活跃，学习能力强，很多方面都不错，但就是有一点很让人头疼。"老王说道，"每次给他们分布任务了，他们总是喜欢默默地干，从来不向我汇报工作进展，虽然最后工作都没有出什么问题，但是难保以后不出问题，后来我在分布任务的时候，就给他们制定了反馈政策，我把几大关键点列出了，要求他们在任务的关键点时必须向我进行反馈，慢慢地，他们也明白了反馈的重要性，后来养成了向我汇报工作的习惯。"

因此，为了达到监督检查的目的，授权一定要建立健全的汇报制度，以制约员工的行为，同时，管理者要体谅员工工作中的困难，监督检查不是走过场，而是为了上下沟通、齐心协力、共同履行职责、完成任务。

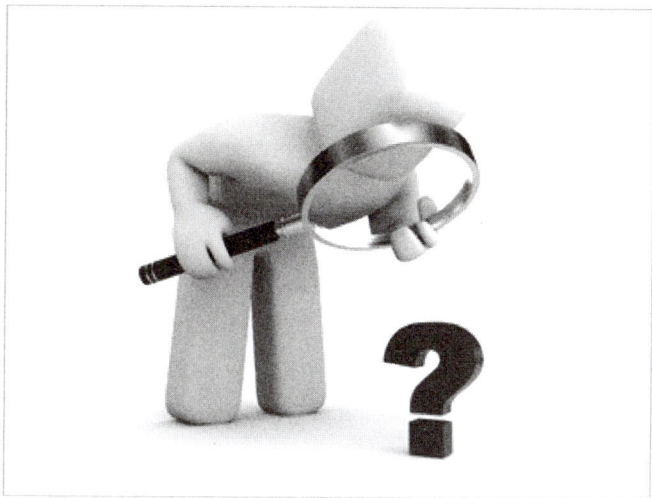

2．适合授权的情况

授权除了要做好计划之外，还要选择一个恰当的时机，将任务和职责切入到员工之中，让员工感受到授权的重要性和必要性。通常情况下，有效的授权在以下几种情形中出现。

(1) 管理者任务繁重，总觉得时间不够。

(2) 管理者时常被员工打扰到工作。

(3) 管理者的办公时间全部用在处理例行公事上。

(4) 员工因工作量太少而绩效低下。

(5) 员工因为缺乏决策权，致使公司错过盈利的良机。

(6) 管理者因独揽大权而造成公司上下级之间的关系不和谐。

(7) 公司发生紧急情况时，管理者没有时间和精力去处理。

(8) 公司因拓展业务成立新的部门或分公司。

(9) 公司涌进一大批 90 后员工，而管理者无法理解他们的某些行为和思想。

(10) 公司走出困境，想要更上一层楼，需要多样化的决策思维。

3．不适合授权的情况

还有些时候，是不适合授权的，比如：

(1) 公司即将裁员，员工陷入恐慌。

(2) 公司刚刚经历裁员，员工还没从恐慌中走出来。

(3) 公司内部经历了大变革，各部门还未稳定。

某公司销售部经理，在工作中慢慢意识到了授权的重要性。某天，他把员工召集过来说："我下周出差，从现在开始，有些事情你们可以自己定夺，但是在做出重大决策之前，都必须征求我的意见，还有，有些我不会做的决定，大家不要做。"

但是一周后，出差回来的经理傻眼了，这一周，员工不仅自作主张给客户赠送了大量赠品，还向客户承诺提供更多的服务，而这样做的后果是，虽然产品销量上去了，但是实际的利润额却下降了。

之所以会出现这样的情况，是因为经理没有抓住授权的时机，他在不了解新老客户的需求和员工的具体情况之下，草率地授权了员工。

这则故事充分说明了把握授权时机的重要性。

9.2.6 掌握授权的分寸

授权要有分寸，即把握好授权的度和授权的时间。在日常管理中，管理者应该根据实际情况调整授权的度和授权的时间。

【事例】

一家公司的总经理发现一个 90 后员工穿着拖鞋和热裤上班，按照公司规定，这个岗位的员工必须穿职业装上班，而 90 后喜欢标新立异他也有所了解。因此他没有直接找这个员工谈话，而是将她的直接主管叫过来，让他去纠正这个员工的日常行为规范。

这名主管立马去找 90 后员工谈话，过了一会儿，这名 90 后员工怒气冲冲地从主管办公室走出来，她跑去找总经理，开门见山地说："刚才主管说我着装有问题，我说我今天换不了，她却说如果我不换就不要上班，难道我今天不换衣服，公司就要开除我吗？开除就开除，大不了不干了。"

总经理听了很吃惊，他觉得这只是一件很小的事，没想到那名主管竟然会把事情办砸，他知道现在的 90 后员工都不怎么听话，但是有些时候，这些人做事情很有头脑，就是不怎么喜欢遵守纪律，但是这些问题也不至于要炒掉他们，眼前这个小女孩平时工作效率很高，而且很聪明，总经理最终劝说这个女孩留了下来。

虽然从公司的制度上讲，员工的直接主管有劝退他们下属的权力，但是总经理这次却把这个权力收了回来，不仅是因为这名主管没有把他的意思领悟到位，还因为这名主管在沟通方面存在着一定的问题，他当时以为这名主管有五六年的工作经验了，不至于对这样的问题处理不好，但到底是高估了他的能力。

从这以后，总经理授予这名主管的权力便缩小了。

下面从授权的分寸、授权的特点以及工作的类型 3 方面进行阐述。

1. 授权的分寸

授权绝对不是口头上说说的那么简单，在实际操作中，授权比预想的要复杂得多。管理者把握好授权的分寸，既能让自己从繁杂琐碎的事务中脱离出来，又能调动员工的主动性和创造性。那么，如何把握好授权的分寸呢？这个分寸主要包括以下两点。

授权的分寸

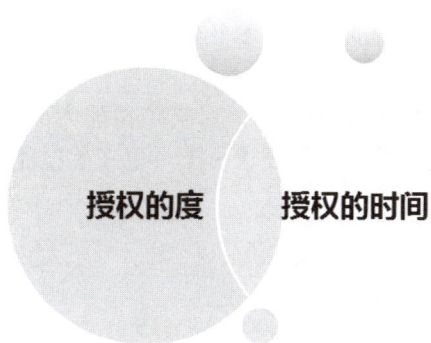

授权的度　　授权的时间

1）授权的度

我们知道，凡事都有个度，授权也一样。授权的度要控制在一定的范围内，但是在现实管理中，有很多管理者把握不了授权的度而导致很多问题。例如，完全放权，越放越乱；授权后管理者依然严加控制，不给员工发挥的空间；过度放权，把不该放的权力也统统给了下属，最后导致一片混乱。

作为一名管理者，心里要清楚哪些权力可以授予员工，哪些权力不能授予员工，掌握好这个度了，才能称得上一名合格的管理者。

2）授权的时间

授权的度要根据时间考量，当发现员工有能力在某个时间段内办好某项任务，就可以把手头的"风筝线"放松一些，即授予员工在这一时间段内更多的权力。

2．授权的特点

不论是高层管理者，还是中层管理者，在授权方面都有一定的特点，要想把握好授权的分寸，就要了解管理者在授权方面的特点。

授权的
特点

变动性　　日常化　　技能性

1）变动性

对于高层管理者来说，中层管理者的变动性要大一些，由于中层管理者的特殊地位，导致一旦高层管理者在授权方面发生变化。那么，中层管理者对员工的授权也会发生相应的变化。

2) 日常化

高层管理者和中层管理者最大的一个区别是：高层管理者的授权一般都是制度性的、定期性的，而中层管理者的授权则多发生在日常工作中，相对随意一些。

3) 技能性

对于中层管理者来说，授权给员工时，对员工技能方面的要求会更高一些，因为很多时候这种授权都是临时的，所以要求员工有更高的技能去适应。

3. 工作的类型

对于工作，可以分为以下 4 种类型。

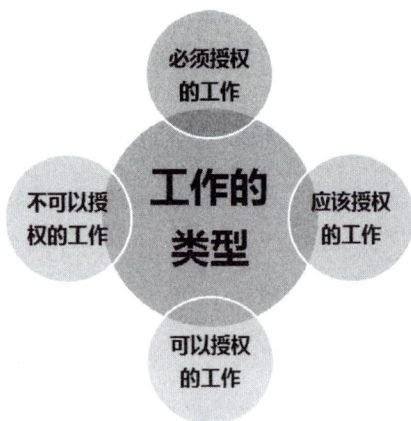

1) 必须授权的工作

管理者要学会衡量事务的轻重，有些工作是员工能够胜任的，这类工作就应该交给员工去做。

有一个年轻的主管，做事不太会权衡轻重。一天，公司的业务员拉来了一笔生意，当时这位主管正在忙着收拾办公室的摆设，他煞费苦心地想：垃圾桶放在什么地方好？杯子怎么放？书籍怎么摆放整齐……他做事喜欢这样按部就班，把手头的事做完以后再做其他的事。

但是最终，这笔生意没做成，主要的原因是他没有分清事情的主次，把明明可以安排员工做的事，自己揽了下来。

那么，哪类工作是必须授予员工做的呢？

(1) 重复类的工作：这类工作对员工来说是非常熟练的工作，而且最重要的一点是员工对工作的细节会把握得很到位，管理者无须操心，可以放手让他们去做。

(2) 风险低的工作：对于风险低的工作，管理者完全可以交给员工去做，因为风险低要付出的成本就少，即使工作做砸了，也不会给企业带来太多的损失。

(3) 专职性的工作：有些工作，员工可能做得更好，遇到这种情况，管理者可以全权交给员工负责。

(4) 能胜任的工作：从各方面考察，员工完全有能力胜任的工作，管理者就应该交给员工去做。

2) 应该授权的工作

有些工作是应该授予员工做的。

(1) 员工有能力处理的工作。

有些时候，员工经过一段时间的锻炼和学习，对某些工作已经有了清晰的了解，完全具备了工作的能力，因此，对于这类工作，管理者不应该独揽而应该授权给员工去做。

某公司的市场部新来了一位经理，其主要任务是负责某一产品的市场调研工作，且每个月要上交一份市场推广方案以及市场调研报告。

过了半年，公司发现，这位经理的报告还是由他的上级亲自来写。这种做法是不合理的，因为经过半年的学习和了解，这名经理已经对工作有了一定的认识，完全具备了完成任务的能力，因此，他的上级应该将这份工作授权给他做，而不是自己独揽。同时，假若这名经理完成不了这份工作，那么他的上级就要反省自己是否给过他锻炼机会。

(2) 有风险但是可以控制的工作。

有的工作可能存在一定的风险，但是这种风险并不大，完全可以人为地控制，那么对于这类工作，管理者可以授予员工去做。

3) 可以授权的工作

如果有些工作既可以由上级领导来做，也可以让员工来做，那么管理者就可以授予给员工去做，这样既能给自己减轻负担，又能激发员工的积极性，锻炼他们的工作能力。

4) 不可以授权的工作

作为管理者，不能只想着自己轻松，把工作任务全部授予员工去做，有些工作是不可以授权员工去做的。

(1) 同等身份级别的工作：有些工作是显示领导身份的，譬如和某公司签署合约，双方签署者都是公司的老总级别，这类工作不能交给员工去做。

(2) 制度标准的工作：例如制定工作规则、流程，或者知道绩效标准等工作，不能授予员工去做，但是可以让员工参与进来，体现公司的人性化管理，具体依实际情况而定。

(3) 重大决策的工作：关乎公司战略发展方向的重大决策类工作，管理者不能授予员工去做。

(4) 重大奖惩决策：重大奖惩类的决策性的工作，也不能交给员工去做。

(5) 签字权：签字权不能授权，例如财务支出的签字权、合同的签字权、承诺书、汇款等需要签字类的工作，管理者不能授予员工去做。

(6) 人事或机密事务：人事方面的工作相对来说比较敏感，对于这类需要保密的工作，管理者还是亲自处理会比较好。

管理者要掌握好授权的分寸，就要明确哪些工作需要授权，哪些工作不能授权。一般来说，对于一些日常事务性的工作，可以交给员工去做，而制定工作目标和规划、下达指示、人事奖惩、成果检验、培养员工等工作，则应该由管理者自己负责。

9.2.7　授权要配合控权

控权和授权一样，有时候就像"放风筝"，很多时候，管理者要根据实际情况，掌握好手里的"风筝线"。

【事例】

又到了一月一次的部门聚餐时间了，以往这种小额费用申请的流程都是由财务部的某位员工执行，无须经理参与管控，但是由于这位员工上个月的季度报表出了一点差错，经理决定对他的授权进行一定的管控，他把这名员工叫到办公室，给他列了一系列规定：

300元以内的餐费，无须上报，可自行处理。

300~500元以内的餐费，需要向经理汇报，获得了同意才可处理。

500元以上的餐费，需要通过内部系统申请，让经理签字，才能通过。

这位财务部经理做出这样的规定，还有一个很重要的原因是因为公司近一年的时间来，招进了很多新员工，这些新员工大部分都是90后，为了防止各部门派来的申报人员经验不足引发差错的现象，这位经理决定亲自接手申报的事项，他提前把申报流程和申报金额的规定罗列在一张纸上，并提前给各部门的主管发了集体邮件，让他们提前知会员工申请餐费的种类和申请的流程。

没想到第一个跑来申报的90后员工开口就说："领导，我觉得我们部门餐费的申请流程太过复杂了，可否有简化一点的方法？以前那样就挺好的，很省时，以后如果都这样，会很浪费时间的，我们也有自己的事要做。"

经理一下就愣住了，没想到他随意的一个把控行为，竟然会给其他部门的人带来麻烦？

经理的这种控权行为，看似合理，实则不见得有多大效用。控权的目的是防止员工出现滥用职权的现象，但是却不能作为批评或者惩罚员工的手段，尤其员工做错的事和被授权的工作是不相干的事。

授权、控权的成功与否，一方面决定着企业的兴衰成败，另一方面对工作的顺利开展也有影响，因此，授权必不可少，有授权，必定有控权，授权和控权协调发展，才能掌握好权力这根"风筝线"。

在授权管理中，如果把 90 后员工分成几个等级，管理者常常会有这样的体验。

- 最没有工作经验的一群人，往往也是最不主动的一群，他们习惯坐在那里，等待主管吩咐他们做什么事情，就像老和尚敲木鱼一样，敲一下响一声，响声还闷闷的。有时候，这种不主动发挥到极致，还会想着推活，把活推出去后自己放松了，更想着找借口："不是我不做，我要是想做好的话那是分分钟的事。"这类员工应该是主动性级别最低的。

- 比上面那类好一点的员工，看到领导忙得焦头烂额、无力抽身，而自己又相对比较空闲，就会主动去询问一句"我能做点什么"来帮助领导减压。其实，能够做到主动询问的人已经很不错了，这类员工的主动级别要高级一点，尤其是那种"菜鸟"级别的员工，比如小助理、刚入职场的 90 后等，他们能够做到这一点就已经让领导刮目相看了。

- 再往上，就是比较有想法的员工，这类员工会在请示的时候提出自己的想法和建议，譬如，"老板，我想到了两个办法，您看哪个更好"，"我觉得换一种办法也未尝不可"，这类可供选择性的方法，能够让领导更加省心，员工也能以更快的速度得到老板的请示，这类员工的主动性级别会更高一些，可授权的力度也更大一些。

- 继续往上走，就是能够主动解决问题的一类人了，这类人一看到问题，都不用去征求领导的意见，直接自己解决了，解决之后再向领导汇报进展和情况，让领导了解实情，做到心中有数。

- 主动性级别最高的员工，往往获得的授权也最多，这类员工遇到问题，可以自行解决而且无须报告，领导也会觉得这类员工很让人信得过，通常会告诉他们"以后遇到这种问题不用向我汇报"或者"这类事情，以后你看着办就行"。

大部分 90 后都是停留在第一等级，想安逸，又过高地估计自己的能力，对工作以外的事却很上心，"生活不仅仅是工作"，喜欢游戏人生。管理者才不愿将权力交给这群人。

我们生活在一个"权力"社会，这种权力化足以影响年轻一辈，但他们又生在一个相对开放的年代，他们爱权，但是不喜"腐败"，有权固然是好，但是无权也过得逍遥。

然而，他们最终要走向权力的中心，这是社会发展的必然结果，也是历史上亘古不变的道理，正所谓"长江后浪推前浪"，管理者终要将这年轻的一代扶持上去，而要让他们步入权力的中心，就要循序渐进地将权力依次传递下去，权力流通才能展现更高的价值。

我们知道，风筝要舍得放才能有高飞的可能，有时候，越舍得，风筝才会飞得越高。授权也是一样，对于那些手握大权的管理者来说，事事躬亲未必是好事，总是把权力紧攥在手里，手下又如何为其分忧解劳，如何承担责任，如何成长？

常常说 90 后是"垮掉的一代"，但实际上，他们和任何一辈人一样，都能肩挑大梁，负起自己的责任。管理者要维持企业的持续性发展，就要将权力有限地下放，培养他们的才能。

授权是好的，但是授权之外必须学会控权，授权意味着激励员工承担更多的责任，控权意味着防止员工滥用职权。很多管理者在授权之后就放松了对手下员工的跟进工作，以为手里拽着"风筝线"，就能控制整个局面。要知道任何一阵风都有可能把你手里的"风筝线"扯断，如果不注重把握控权的度，就很有可能造成权力脱控的情况。

所以，"先放后收"是管理者授权、控权的一种手段，控权不是盲目地掌控，而是要讲究一定的原则。

控权的原则

互相牵制机制

表扬式的批评

重申职责范围

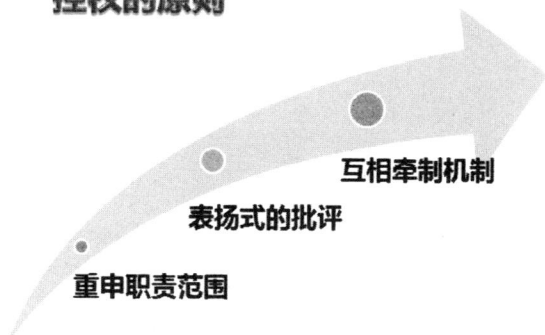

1. 重申职责范围

一旦员工出现了越权、脱权的行为，就要不失时机地召集员工，当着所有人的面明确各自的权责范围，并且要重申不得越权。对于已经越权的员工，管理者可以让他叙述自己的职责范围，借此让他检点自己越权的行为是否有失妥当。

2. 表扬式的批评

有些员工虽然越权了，但是把工作做得很完美，比管理者还要好，遇到这种情况，管理者如果还"摆脸色"，不是就显得自己很小心眼了吗？以后授权给员工，谁还敢放开了去做？

我们工作的目的就是让企业变得更好，把每一项工作都做到有效收益是每个人的目标，对于某些越权行为，管理者首先要搞清楚员工这种越权行为是哪一种。

(1) 不得已而为之？

(2) 故意借势招摇？

如果是第一种，那么管理者要适当体谅，也许是某些突发情况，自己不在场，恰好员工在，虽然员工的这种处理方式存在一定的风险，但是幸好没有出现意外，管理者可以就事论事地帮着他分析这样有可能会出现的后果，不需要说其他的，员工自然而然会明白其中利弊。

如果是第二种，管理者要谨慎处理，可以借着在会议上表扬的名义，就事论事地阐述事情经过，这种"表面上赞扬，实际批评"的做法也是一种控权的手法，但是要慎用。

3. 相互牵制机制

遇到一些重要的事，管理者如果想要对下属的权力进行控制的话，也可以采取相互牵制的方法，即让两个或两个以上的具有相互制约的人共同接管任务。